抗日战争时期
细菌战与防疫战

张宪文 吕晶 —— 主编　文献集

皮国立　杨善尧　吕晶　编

中国藏细菌战与卫生防疫档案

[五]

江苏人民出版社

图书在版编目（CIP）数据

中国藏细菌战与卫生防疫档案. 五 / 皮国立，杨善
尧，吕晶编. — 南京：江苏人民出版社，2025. 3.
（抗日战争时期细菌战与防疫战文献集 / 张宪文，吕晶主
编）. — ISBN 978 - 7 - 214 - 29565 - 1

Ⅰ. K265.606

中国国家版本馆 CIP 数据核字第 20244ZW941 号

抗日战争时期细菌战与防疫战文献集

主　　编　张宪文　吕　晶

书　　　名　中国藏细菌战与卫生防疫档案（五）
编　　　者　皮国立　杨善尧　吕晶
责 任 编 辑　孟　璐
装 帧 设 计　刘亭亭
责 任 监 制　王　娟
出 版 发 行　江苏人民出版社
地　　　址　南京市湖南路 1 号 A 楼，邮编：210009
照　　　排　江苏凤凰制版有限公司
印　　　刷　苏州市越洋印刷有限公司
开　　　本　718 毫米×1000 毫米　1/16
印　　　张　18.75　插页 4
字　　　数　298 千字
版　　　次　2025 年 3 月第 1 版
印　　　次　2025 年 3 月第 1 次印刷
标 准 书 号　ISBN 978 - 7 - 214 - 29565 - 1
定　　　价　98.00 元

（江苏人民出版社图书凡印装错误可向承印厂调换）

国家社会科学基金抗日战争研究专项工程项目
2021年度国家出版基金资助项目
"十四五"国家重点出版物出版专项规划项目

--------- 学术委员会 ---------

王建朗　张连红　张　生　马振犊　夏　蓓

--------- 编纂委员会 ---------

主 编

张宪文　吕　晶

编 委（按姓氏笔画）

王　萌　王　选　皮国立　吕　晶　许峰源　李尔广　杨善尧

杨渝东　肖如平　张宪文　林少彬　贺晓星　谭学超

总　序

　　人类使用生物武器的历史由来已久,古代战场上"疫病与战争"的关系对现代战争产生了深远的影响。20世纪以来,随着微生物学和医学等学科的长足发展,通过生物技术人为制造病菌,在军事上削弱并战胜敌军成为重要的战争手段。第二次世界大战时,德、日、美等国均开始研制和使用生物战剂。当时,主要以细菌、老鼠和昆虫为传播媒介。30年代起,日本违背国际公约,在中国东北等地组建细菌部队,针对我国平民实施大规模细菌战。为真实记录这段历史,南京大学牵头组织20余位海内外学者,承担了国家社科基金抗日战争研究专项工程之"日军细菌战海内外史料整理与研究"项目,经过多年艰苦工作,先期推出11卷"抗日战争时期细菌战与防疫战文献集"(简称"文献集")。

　　关于抗日战争时期的细菌战与防疫战,既有的研究基本以收集七三一等细菌部队的罪证为主,以之批判侵华日军细菌战暴行的残虐与反人类。在此基础之上,部分学者分别从社会学、心理学、医学、军事学等角度开展跨学科研究,有力地推动了该领域研究的发展。而日本对华细菌战的推行者,并不仅限于臭名昭著的七三一,还包括荣一六四四、甲一八五五、波八六〇四和冈九四二〇等细菌部队,形成了一个完整严密的研究与实战体系。

　　"文献集"以日本在二战期间发动细菌战为中心,全面发掘梳理战前、战时与战后各阶段所涉及的细菌战战略与战术思想、人体实验、细菌武器攻击,以及战后调查与审判的相关史料。"文献集"以中日两国史料为主,兼及苏联等相关国家或地区的史料,对已发现的重要史料尽可能完整地收录,辅以必要的简介和点评,最大程度地保持史料的原始面貌和可利用性。

"文献集"将细菌战研究置于全球视野之下,从多方视角进行实证分析探讨。一方面追踪七三一等细菌部队隐秘开展的活体实验,深入挖掘其所从事的日常业务,深刻理解军国主义时代日本医学的"双刃剑"性质;另一方面关注国民政府战时在卫生防疫方面的应对策略,以及中日双方开展的攻防战。同时,不能忽视战后美苏两国因各自利益所需,对战时日军在华细菌战罪行的隐匿与揭露,包括1949年末苏联组织军事法庭,针对日军在战争期间准备和使用细菌武器罪行的审判材料,以及美国基于对日军细菌战参与人员长达四年的问讯记录而形成的《桑德斯报告》《汤普森报告》《费尔报告》和《希尔报告》等第三方史料。

"文献集"立足于对日军在华细菌战核心部队、重要事件和关键问题等史实的具体呈现。此次出版的11卷由史料丛编和调研报告组成,其中史料丛编为"文献集"的主体部分,包括几个方面:(1)日本防卫省防卫研究所、国立公文书馆和战伤病者史料馆等机构所藏档案,亚洲历史资料中心的数字资料,以及各类非卖品文献、旧报刊、细菌部队老兵证言等资料;(2)受害国中国当时医疗卫生、传染病调查,以及受到细菌武器攻击后的应对情况方面的资料,考察选收中国大陆重要省份和台北"国史馆"、台北档案管理局的相关史料;(3)苏联时期及部分当代俄罗斯出版的关于细菌战、细菌武器、生化战历史和科学史专题的俄文史料及文献著作;(4)英国、澳大利亚等国家档案馆馆藏有关日本战争罪行的档案。

具体而言,中方史料主要包括日渐被学界关注的国民政府针对日军细菌武器攻击的调查与应对,涉及战时防疫联合办事处、中央卫生署、省卫生处、防疫委员会、医疗防疫队和军方防疫大队等一系列国民政府防疫机构以及中国红十字会总会的相关档案,还有60余种近代报刊中关于抗战前后细菌战与传染病知识的科普与传播、日军具体投放细菌行为的报道,以及战时各地疫情与防疫信息等方面的内容;此外,20世纪50年代新中国审判日战犯,获得日军甲一八五五部队等部官兵回忆投放细菌及从事人体实验罪行的供词,这些战犯口述笔供中的细菌战相关情报,具有较高的史料价值。

日方史料围绕日本细菌战作战指挥系统、细菌战战略思想、在中国相关地区的细菌武器攻击、以往研究较少涉及的两支重要的细菌部队(荣一六四四部队和冈九四二〇部队)等核心问题,吸纳小川透、近食秀大、山内忠重等细菌部队军医发表的研究报告和学术论文,重新整理、翻译内海寿子、镰田信雄、三尾丰、千田英男、天野良治、沟渊俊美、鹤田兼敏、丸山茂等多名细菌部队老兵证言。其中细菌部队卫生防疫研究报告不仅揭示战时中国地区疫情传播的实相,也反映这些细菌部队的研究课题之侧重所在。尤其是从军事医学、微生物学角度去看,这几支细菌部队依据所在地区特点,"因地制宜"地开展相应研究,为后期作战做了较为充足的准备,由此不难窥见日军细菌战战略的意图和布局。

第三方史料,主要系统地介绍和引进苏联和俄罗斯有关生化战和细菌战的文献资料,包括苏联早期引进的细菌战研究著作、伯力审判材料、《真理报》所刊登关于伯力审判的内容、朝鲜战争中美军生化战报告及其与日本侵华生化战有关的材料、苏联和俄罗斯关于生化战的研究与引进成果、俄安全局档案分局2021年解密的日军生化战档案、俄国内对于解密材料的新闻报道等。这些资料呈现了苏联和俄罗斯在历史上与生化战和细菌战之间的关系,以及苏、俄军方及科学界对其认知、研究、防范的变化过程,为中国史学界提供了生化战和细菌战研究的另一视角。

"文献集"另一组成部分是课题组当下采集到的口述资料,即2018年前后在浙江衢州江山等县村对当地"烂脚老人"进行田野调查,形成的"日军细菌战创伤记忆口述调研实录"。依据老人证言和地方史志的对照,从时间序列和空间分布上分析,不难发现"烂脚病"的出现与日军细菌战之间有密切关联。在日军实施细菌战之前,衢州等地从未有过此病及相关记载,而在细菌战之后,此病在这些地区频繁出现,且出现病例最多的村落与日军曾经控制的浙赣铁路线高度重合。课题组保存了日本在华细菌战的底层受害者的声音,将受害者的个人记忆与文本文献有机结合,从而在证据链上达到最大程度的充分性、多样性和丰富性。

　　"文献集"得以顺利出版,首先感谢国家社科基金抗日战争研究专项工程和国家出版基金的支持,在编写和出版过程中得到抗日战争研究专项工程学术委员会各位专家的悉心指导,也感谢中央档案馆、中国第二历史档案馆和台北"国史馆"等合作单位的支持与帮助。课题组相信本系列图书的出版,或将有利于提升抗战时期细菌战与防疫战研究的深度与广度。

　　"文献集"全面揭露日本发动细菌战的罪行,并非为了渲染仇恨,而是为了维护人类尊严和世界和平,助力中华民族伟大复兴和人类命运共同体建设,以史为鉴,面向未来。兹值"文献集"出版前夕,爰申数语,敬以为序。

目　录

导　言

日军对华细菌战,是在战争结束近 80 年的今天仍留在中日两国面前亟待解决的历史问题之一。中日学者利用双方资料研究,取得了一些共识,同时也有相当的分歧,尤其是在中国某些地区疫情的突然爆发和蔓延究竟是自然因素引起还是日军使用细菌武器攻击所致等关键问题上,学者间的看法难以一致。除了日方尽可能公布日军防疫给水部队军方文件等核心史料,中方也需要提供更为丰富的民国时期卫生防疫方面的档案,以期多角度、多层次地认识这段历史。

抗战时期中国的疫病流行严重,各种疫病交叉流行,致死率甚高,有的疫病发生与具体战争行为密切关联,呈现典型的战时特征。造成疫情加剧的原因复杂而多元,一方面战争带来的饥馑造成民众抵抗力降低,生存环境恶化使得人们更加容易染疫,加之难民流徙和军队调动引起传染病大范围传播,各种疫情频发,可谓当时的大背景。另一方面,日本入侵给中国刚刚起步的现代卫生防疫体系建设带来巨大的破坏。地方割据,行政管理效力受减,加大了疫情防控的难度。但最为重要的因素则是,日军利用自然环境(如:气候、自然灾害、自然疫源地等)和社会环境(如:地方病、交通、城乡环境卫生等)作掩护实施细菌战,直接导致疫情大面积流行。抗战爆发前后,日军开始试验各种疫菌威力,伺机在战场上发动细菌战。进入相持阶段,鉴于细菌战具有杀伤力强大、成本低廉的特性,又兼具重创中国军民士气、降低中国军队战斗力、折损中国政府威信等多重效果,日军为打破战争僵局,调整作战策略,公然违反 1925 年《日内瓦议定书》规定,同时使用了细菌(生物)和毒气(化学)两种大规模杀伤性武器。各类毒菌的散播致使鼠疫、霍乱等疫病的致病菌肆意扩散,施用毒气更是带来严重致命的卫生问题,不仅威胁民众生命安全、耗损中国军队作战能力、扰乱中国社会秩序,更严重污染生态环境,导致传染病不断复发,影响延续至今。

以往细菌战研究以战争史视角为主,集中在日本侵略者实施细菌战史实和罪证的溯源考证,或从不同区域出发,或从不同传染病种入手,揭示了细菌战导致中国抗战时期疫病横行及其后果。

随着研究的推进,对日本侵华细菌战的研究不能只着眼于"受害研究"或地区性个案研究,还应看到在战争状态下,民国时期卫生防疫工作的整体概貌与公共卫生应急反应与发展轨迹。疾病在和平时期从港口或边境传入,而在抗战时期的某一天突然被空投细菌造成蔓延,是战时的一个新的且更大的威胁。国民政府在其统治区为对抗这种威胁,建立了发行《疫情旬报》等简报的"战时防疫联合办事处",以及中央的"卫生署"、地方的"省卫生处""防疫委员会""医疗防疫队",军方的"防疫大队"等一系列国民政府的防疫机构。当各省、市、县遭到日军细菌战攻击,地方卫生防疫机构发出预警、隔离病患开展救治,并设法围堵疫源,防止扩散。中央迅速派出相关专家组亲赴实地调查灾患缘起,掌控疫疠变化,防堵疫情扩散,优化了战时全国卫生防疫体系,在防范日军对华实施大规模细菌战时起到了重要作用,从而存续中国对日抗战的整体战力。而普通民众逐渐接触报刊宣传画和普及性读物介绍细菌战的基础知识,防疫卫生的观念也得到进一步的传播。对细菌战内涵的进一步深化,拓宽了该研究领域的外延。

基于以上研究思路,我们对中国大陆及台湾地区的档案馆进行了资料摸排查阅和搜集整理工作。2016 年以来,课题组成员先后走访了中央档案馆、中国第二历史档案馆、台北"国史馆"、台北档案管理局、台湾"中央研究院"近代史所档案馆、浙江省档案馆、吉林省档案馆、湖南省档案馆、福建省档案馆、江西省档案馆、广东省档案馆、广西壮族自治区档案馆、内蒙古自治区档案馆、贵州省档案馆、上海市档案馆、重庆市档案馆、广州市档案馆、贵阳市档案馆及浙江省内市县档案馆等二十余家档案部门,经历了档案馆在新冠疫情期间无法正常对外开放、各家档案馆开放进度和程度不同、档案利用政策调整等各种困难,在课题组全体同仁的努力下,终于编就五卷《中国藏细菌战与卫生防疫档案》。

《中国藏细菌战与卫生防疫档案》侧重 1937 年至 1945 年全国抗战期间的档案资料,但考虑到战时传染病潜伏的后发性及战后继续开展法定传染病调查统计等因素,收录时间延伸至 1949 年,并吸纳日本侵华细菌战战犯在 20 世纪 50 年代接受中方调查的材料。五卷资料集中为档案馆藏民国档案和民国报刊,根据这批史料涉及的内容和性质,大致分为卫生防疫体系建立与行政管理、细菌战及各类传染病调查、疫情报告制度与传染病数据统计、传染病预防与疫病救治、细菌战知识科普与社会宣传等五个专题,全方位地展示在日军侵华过程中,进行细菌武器试验和实施攻击的情况下,中国从中央到地方的应对之策,医疗卫生专业人员、官员和民众,以及外籍专家深入调查、组织预防、开展救治的过程。包括了两岸存档机构藏有的行政院、军事委员会、卫生署、军医署、中国红十字会总会等部门下发的关于卫生防疫、细菌战调查、应对措施等方面的行政公文,中央地方协力对抗细菌战的往来文件,日军遗留"特别移送"档案,关于"细菌武器"知识的科普报道,以及战后日本战犯有关所犯细菌战罪行的亲笔供词等。对了解日军细菌武器攻击下的实况、战时卫生机构的运作、战争因素对卫生防疫的影响、战时防疫联动机制对卫生防疫的促进及"细菌战"知识教育宣传提升民众卫生意识等问题提供了全面的资料。

其中,本分卷为《中国藏细菌战与卫生防疫档案(五)》,主要围绕全国抗战前后细菌战与传染病知识的科普与传播、日军具体投放细菌行为的报道以及战时各地疫情与防疫信息等方面内容展开,涉及近代报刊史料 60 余种。本卷内容为读者呈现了细菌战与防疫知识在这一时期的宣传脉络与引介程度,并从时间与空间的维度展示了反战防疫资讯的流播路径、相关工作的动态图像及舆论报道的基本面向,对读者进一步理解细菌战背景下的知识传播与群众心理、战时公共卫生体系的构建与运作等方面史实具有重要意义。

　　史料实证的前提是要有真实、可靠、翔实的史料作支撑。研究者从各个角度出发,尽可能获取研究所涉及的各类资料,以进行甄别和利用。编者则是多维度、全景式地去搜集、整理这些档案资料并选编成册,供学界应用,也希望这些档案史料的出版、流通,能够带来更多对细菌战与防疫卫生等议题的深入研究。

凡　例

一、《中国藏细菌战与卫生防疫档案》(以下简称《中国档案》)共五卷,按不同专题分卷编排,收集、整理当时全国范围的档案、报刊等资料,依照原件录入,以浙江、湖南、江西、福建四省为主要范围。所选史料均在文后注明出处来源。

二、本《中国档案》采用规范简体字横排形式,尽量保持原文体例,但为兼顾当下阅读习惯与规范,对部分行文格式略作调整。

三、本《中国档案》尽可能忠于原本,对于因时代原因或作者语言习惯所形成的特定用词,如委靡(萎靡)、豫防(预防)、曝露(暴露)等,或表意不清但无从判断的,均保留原貌。对于无对应简体字或因原文所述内容要求须以其他字体形式出现者,仍沿用原字体。对于字迹漫漶但可大致确定者,径为校正。对于字迹模糊、破损以致无法辨认者,以□标示。

四、原文无标点或仅有简单句读者,一律改为新式标点。原文标点不当或与现代通行标点使用规范不符者,则对其作部分改动。

五、内文日期采用公元纪年。部分统计数字与函电文号、发文日期,改以阿拉伯数字呈现。

六、部分表格为配合排版,样式略有更动。部分附图、附表,原件即无。其中内容重复或与主题无关部分,编者则略加删节。

第一章　全国抗战前生化战相关科技知识引介

未来大战中的毒瓦斯战与细菌战

（1933年9月15日）

寄　滨

一

　　在欧洲大战阵亡的一千万兵士之墓土未干，凡尔塞媾和条约签字的墨水还湿着的时候，世界各帝国主义便又在开始新战争的准备了。到一九一四年为止的供给于世界的氮气含有化学制品，都是来自藏有丰富的智利硝石的智利，可是欧战一经爆发，在智利沿岸航路的德国武装商船就一连几个月阻止了硝石向英国的输出。及英舰捕获了德国船之后，英国就在智利封锁了硝石向德国的输出，因此德国便无炸药原料的输入了。此种难关由哈巴教授的空中氮气取留法发明以来就被解决。战后各国都采用此法，更加以种种改良而大兴氮气工业。欧洲大战以前的化学工业是一种爆炸物制造与药品制造的工业，可是牠已一跃发达为新兴的氮气工业与毒瓦斯即化学军事工业了。第二次世界大战的准备已着着开始了。

　　各国政府与化学工业之间，用补助金保护关税政策，科学的协力等等方法以表示其相互间密切的关系。例如美国现时于各化学工场驻有豫备将校，日本在氮气工场或染料工场都派遣监督官去监察，由此又可知诸列强虽然在假惺惺地做种种和平的努力及军备缩小等等的粉饰，可是这不是很明白地证明着在准备更惨酷的战争么？萨马克斯马斯普拉多在一九三〇年十月曾说过:"化学工业现在已经是到在极短期间内可以将无限制的地域完全毁灭的地位了。"这话谁又能加以否认呢?

二

军需品之中比氮气,炸药及药品更重要的就是毒瓦斯。兵器中如战斗舰,巡洋舰潜水舰以及大炮等在平时并无必要但必须豫先制造以备战时之用,至于毒瓦斯则贮藏长久会分解或变质,所以不能豫行制造贮藏的,其实地亦没有贮藏的必要,因为其制造原料及机械等都是平时化学工业所具有的,并且制造期间亦是很短的。因为毒瓦斯,细菌,飞机,坦克车,潜水舰等新兵器的发达,又正巧碰着列强间经济的破绽,遂使军备制限有相当可能。军缩会议的目的与界限,不过是废止了已属于旧式效果极少而且需要多额的经费之武器而将采用新式的更有效而且费用少的武器而已。不但丝毫不能防止战争的可能性,反而是更使战争变为惨酷化,机械化,化学化,能率化而已。

毒瓦斯及细菌战的化学战,实在是可以达到此种目的的战争手段,关于这一点军事专门家的见解都是一致的。在一九一八年指挥着全英军战线的航空战队的苦罗扶斯氏说:"将来的战争以毒瓦斯的爆击在数小时之内是可以使包含有数百万男女老幼的大都市或广大的地域全灭的。"又为军缩准备委员会作了关于化学战的报告之专门家哈巴特大学奇雅农教授的意见也与此相一致。又德国军事专门家波埃尔开中校寄给毒瓦斯战的创始者哈巴教授的信中曾云:"让我们来想象一下向人口稠密的都市实行毒瓦斯攻击时的结果吧! 大众的恐慌,最可恐怕的肺之疾患受了种种毒瓦斯的影响,在数日间或数星期之后才发生的各种各样的中毒。像这样的情形,是一定要招致超过人们想象力以上的破灭的。"

这决不是一种假想,法国朗古佛昂根据了巴黎空袭演习的实验曾说:"积藏有一吨的毒瓦斯弹的飞机一百台,在一小时之内可以用厚二百尺的毒瓦斯云遮蔽全市,如果没有风的时候,就可以使巴黎市完全毁灭。"一九三〇年夏实行了里昂空袭演习的结果,报纸都记载着:"里昂的防护是不可能的。"关于空中袭击的结果,德国的阿鲁托罗库中校亦说:"下次的战争也许不采取军队间的战斗而采取一般住民之大众的杀戮的形态吧?"

　　三

　　以上所说的情形,就是现在已经在军缩会议的烟幕的背后正在看准之备的新世界战争的凄惨的形相。给这残酷的战争以巨大的助力的,就是毒瓦斯这东西。世界化学研究所之研究的数十种的有机化合物之中,在欧洲大战当时实地应用过的有二十八种,又此等毒瓦斯的混合物约有十六种。大别之则有致死瓦斯,催泪瓦斯,喷嚏及呕吐瓦斯,与糜烂瓦斯的四种。

　　致死瓦斯的原料是在漂白工场,洗衣工场及制纸工场等地方常见的绿色气体称为氯的一种,即一九一五年德国最初用于毒瓦斯攻击之物质。其后氯气虽被废止,可是现在牠作为其他毒瓦斯之原料依然占有极重要的地位。由氯及一氧化碳所制造的光生气(Phosgene $COCl_2$)更有效力二光,生氯比光生氯持有更永续的性质而不发散。催泪瓦斯是警察常使用以对付工人的毒瓦斯,催泪瓦斯成分中的氰溴化甲烯(Brombenzylcyanid $C_6H_5CH\text{-}BrCNBncn$)在空气中含有一千万分之二就可以使眼不能张开,并且在三十天之间能维持其效力。喷嚏及呕吐瓦斯的目的是先使受毒者不得不除去面具,乘此机会就可以使其他的毒瓦斯生效。此种瓦斯在空气中含有一千万分之一时,即能使喷嚏频发,再浓厚时能就催成呕吐。糜烂瓦斯是对于皮肤的毒瓦斯,亦称为发泡瓦斯。这一种中的代表就是"芥嗅瓦斯"(Senfgas),又有称为"死之露"的莱维捷脱(Lewisit),芥嗅瓦斯在一九一七年的依浦耳战争时德军曾试用过,在今日的毒瓦斯中仍占有重要的地位。其制造就用硫黄,氯与酒精的三物质为原料,在液体或气体的形态时只要通过衣服就有剧烈的糜烂作用。此种成分含有一千二百万分之一时,眼就会发炎,三百万分至五百万分之一时,皮肤就起火伤甚至亦能使机械腐蚀。牠侵入皮肤的细胞复因细胞中有水分存在故分解为盐酸而发生剧烈的刺激。治疗时轻则数星期,重则需数月方可痊愈。

　　更可怕的就是对于此种毒瓦斯并无完全的防御法。一九二八年在海牙开过的国际红十字的第十三回大会,认为即使组织最完备的救援队,可是在此种状态之下也是束手无策的。倘若冒着危险想行救援,亦无非增加无益的牺牲而已。

四

化学工业现今在新军事产业之中所以占有优越的地位者，就是因为牠的制品在平时与战时都是最重要的缘故。如果没有漂白材料与染料时，则纺织业与制纸业决不能成立。如果没有硫酸时，则无良质的挥发油，减摩油及肥料的存在。如果没有碱类时，则亦不能有肥皂或玻璃。而且此种的化学工场一到战争突发时，在极短期之内可以使之转化为杀人的毒瓦斯制造工场。反之，欲使重工业转化为军需品工场，则要费很多的时日。例如在英国制造大炮须费时六月，甚至在军需品制造的能率达于最高潮的大战最后的一年制造炮弹时，在接到定货的通知后尚需时九个月。又如美国虽有莫大的天然资源与大产业的设备，而且几乎费了无限的资金，可是将平时的产业动员使变为军需品制造工场而行大量生产时，尚且费了十二个月至二十个月。可是像染料的化学工场想转变为毒瓦斯制造工场时，则不过需要数星期至多两三个月而已。

因此所以在一九三〇年十一月美国的陆军长官培因上校将平时产业的制品三千八百七十六种，作为战略的制品即军需品而加以分类而且为了在必要时可供陆军的使用起见，和二百六十一个工场缔结了条约。日本自赛璐珞肥皂（可制火药），漂白粉，碱（毒瓦斯），食盐（毒瓦斯原料），镁（烧夷剂），人造丝（绵火药），棉花（火药原料），甘油（炸药），酒精（酒精燃料）等工业以至其他全化学工业的九九％，无论什么时候都可以转化为军需品制造工场的。

五

如上所述下次的大战事必然地是一种化学战，其惨害之大而且巨是在我们的想象之外的。比法国的吾利阿特型爆击机所用的五百克爆弹以及法国和美国所制的一千以至一千八百克超爆弹的威力更可怕的就是重量仅有一克的电力烧夷弹。牠如果穿通了屋顶时，则充填在爆弹中的"萨玛依脱"（镁之合金）便发生三千度的高热，其外壳亦起燃烧。此种灼热之物质是连钢铁也会化为火焰的。在这种惹起猛火的混乱之中，如果再用毒瓦斯攻击则居民必将完全失去其自制力而趋于灭亡。德国鲁登道夫元帅的回想录中曾谓德军在一九一八年已准备着以充填着镁火药与三氧化二铁（Fe_2O_3）的烧夷弹烧却伦敦及巴黎两市，因为德军战败，所以未能实现。

英国菲利浦培卡教授亦说过，在欧洲大战中德军用于伦敦空袭最大的飞机并未超过三十六台但现在欧洲大陆的列强在廿四小时以内至少都可动员一千台的飞机。又德国对一九一九年的攻击所豫备的炮弹，说是可以杀掉其爆发地点起以至六百或八百米以内的人，但现今爆发机所用的高力爆弹就更可怕了。现在的毒瓦斯不用说比以前是还要强烈，称作莱维捷脱的"死之露"仅以二滴就可以杀取人命。

关于毒瓦斯的效力如何，有一位曾任英国陆军部爆发物局长的哈尔斯倍里卿于一九二八年七月在上院曾说过"欲使伦敦的全市民灭亡时，仅以四十吨的二燋基氰化砷（Diphenylarsinayanid）就够了。"二燋基氰化砷是在大战中试用过的青十字型的毒瓦斯，比从前的毒瓦斯更有五十倍的强力。

又根据英国国立飞行队司令官萨托伦恰多元帅的计算时，则在下次的战争一日的投弹重量将达三百吨，这实在是与大战中投下于伦敦的爆弹之总重量相匹敌的，在苏俄的国防飞行协会的出版物中亦可以找出这样的材料，其中的一节记载着"欧洲大战以来的技术的进步，现在是可以使飞机积载重量三千以至四千克的炸弹，不着陆而航空一千至二千粁[1]。"照这样看来飞机是可以在战线背后威胁着五六百粁的地方的。这表示着从前人们所说的战线，后防以及战场以外的这种旧式的区别，已经是全没有了。即人口约有五十万的近代都市（约有二百平方粁的居住区域）若以四五十台的爆击飞行队攻击时，在顷刻之间就可以使之化为灰烬的。

六

一九一五年八月在依浦尔战线德军开始用氯瓦斯，英法联军因此致死者有六千之多。此种瓦斯的中毒是侵害肺脏及呼吸器官的组织，故会不绝地发生苦咳，渐陷于呼吸困难终至咳出血来而毙命。但氯瓦斯因为不久就

---

[1] 粁，公制长度单位"千米"的旧译。

有防毒面具的出现，很容易被牠吸收，致其效力顿行减少；并且牠那刺激性的臭气亦容易被人们发现，所以不久就又以更着效力的别种毒瓦斯来代替牠了，例如称为绿十字的光生气的中毒效力，比之氯瓦斯又强大了十五倍。在一平方籵的空气中含有四百五十甀①的光生气时，即可使吸收了光生气的人于肺脏充溢着血液，终以自身的血液而致溺死，硝基三氯甲烷（Chlorpikrin）能使受毒者起肺部水肿，血液凝固，故其结果能呈现与中风同样的病症。称为黄十字的芥嗅瓦斯，是以沸腾点的液体用细微的喷雾撒布于空中。于是因其自身之重量能于地上，在所接触的物质的上面堆积着。牠如传染病的细菌一样，是肉眼所看不见的，附着于通过的人的靴底或衣服而被带到屋内或堑壕内，受热后则蒸发而与空气相混合，在不知不觉之间被人吸收了去，迄六小时至十八小时后始有最初的病征发现。

其他尚有种种毒瓦斯，为篇幅所限不能一一枚举。不过我们敢断定的，就是在下次的大战中，是将以可怕的毒瓦斯猛火及高力的爆弹的结合而实行的。倪依少校曾豫想到将来伦敦的空袭，总说"将来的敌军的豫想战术是先实行对伦敦的爆击而将住民逐于地下室中然后再施行毒瓦斯的攻击，因毒瓦斯的云层重于空气，所以想在地下室中停留着是不可能的。"

七

据意大利罗马尼中将所说，若要防御现在的最大爆弹，则避难所的防弹屋顶需要厚六呎以上的铁筋水泥，可是牠并不能防止毒瓦斯之侵入。对于毒瓦斯攻击防御的方法，第一是要居民的训练。躲藏在公私避难所的妇女切不可因财产家具的破坏而生动摇。妇人们再也不能挂虑到由学校回来的子弟或由工作回来的丈夫，欲图避难所的安全起见就不能不把最爱的丈夫及子弟们关在避难所外。因为在外面与毒瓦斯相接触过的人是很容易将其感染的毒质传染给别人的，所以公私避难所中就不能让他们进去了。第二还须要超人的忍耐。做亲的目睹其子女为饥渴而号泣也不能给与已被毒瓦斯侵润过的饮食物，因此有时便不得不眼看着爱儿苦闷而死。自大人以至

---

① 甀，公制重量单位"毫克"的旧译。

小儿为节省避难所中的氧气起见不得不极度地限止动作。第三是氧气的供给。苏俄的生理学者抛罗夫氏曾说过："若呼吸了在六十粁以下的撒布过毒瓦斯的地方的空气,亦是危险的。"可是欲将通风筒建筑到六十粁(十八丈)以上从种种的理由想来是很困难的一件事。纵使建设起来,可是亦马上成为被敌人爆击的目标。所以地下的避难所就有用电力的毒瓦斯滤过装置的必要,可是发电所亦是爆击的第一目标。不然就除非是在避难所设备人工氧气保藏器与吸收氧二化的碳药品,可是这亦要用尽的,终非长久之计。

这样看来最后只有逃走的一条路了,可是想冒这种危险的人,一定要带着对毒瓦斯的防毒装置。不过在那时即有面具亦不能说可保安全,因为假使遇见糜烂性的芥嗅瓦斯或莱维捷脱时,则皮肤一经与之接触,就将发生可怕的糜烂症。此外还有他种毒气,对于皮肤虽无损伤,但却有通过皮肤而侵害内脏的危险性。于是必用能不被此种毒瓦斯所侵透的衣服以保护全身,可是能完全适合于此种目的的材料至今尚未发见。即或有了适当的材料,可是有破孔不用说就没用,甚至在上面稍为有一点伤痕,则防御之目的亦就要归于泡影。想到这里,真使人感到"无往而不是死路了!"

八

毒瓦斯的惨无人道的效力已如上述,此外在未来的大战中尚有充分实行细菌战的危险性。细菌战一向不为人们所熟悉的原因,是由于在欧战时尚未曾供诸实用之故。可是在一九二七年二月从当时的英国鲍尔温首相在下院的演说之中,就可以看出英国是在积极地作此种战争的准备了。他对于国际联盟军缩委员会质问——英国政府是否准备首先对于从事于毒瓦斯研究的公私研究所拒绝此后的援助及制定禁止在民间或军部着手于毒瓦斯或细菌的研究之法律——的回答是:"倘其他的各国不全部都同意于这种禁止的时候,英国政府对于毒瓦斯及细菌的攻击是不能不想法防御的。"换言之,这明明是想藉这种理由而继续研究毒瓦斯及细菌罢了。

这种声明显然是曝露了世界的各帝国主义都在着手准备凶恶极端的细菌战之真相,同时我们要知道牠的目的并不是研究对于遇到细菌攻击时将何以保护非武装的民众之手段,即不是在研究对疾病的豫防或取缔,而是在研究人畜之间传播疾病的最猛烈的细菌之大量培养,在敌国内大规模使疾病蔓延的应取的手段及能使敌国的防御手段归于无效的方法。近代的医学已被各帝国主义国家使用于怎样地使可怕的恶疾尽量地发生蔓延的一途了! 帝国主义的穷凶极恶,真是不可思议!

关于细菌战将有怎样的效力一点,有种种的意见。例如对于培养室扶斯或虎列拉菌的饮料水的污毒,以已经试验过的方法,即以滤过的作用或河水的氯气处理法可以防御之。用飞机使病菌直接混入于贮水池的方法,不但是困难的工作,并且可应用豫防接种法使失去效用。又使感染着病菌的鼠或蚤虱传播疾病的方法,因为鼠蚤等很容易出入于彼此的战线故于双方都有危险而且亦易于防遏的。对于在枪刀上涂擦病毒的方法,如果豫先准备或干燥时病菌便会失去其有毒的性质。于绝弹中混入病菌的方法其结果也是无效,因为病菌的生命若受了发射时的激动,温度的急腾及爆发时的强力等便会被消灭的。这是关于豫防或抵御细菌病毒的乐观派的意见。

但是用飞机投下充满着病菌的玻璃球的方法,据说是有相当的效力的。法国的专门家乔尔久氏在数年前曾说对于由装有落于水面后同时自动的能开闭的特别装置的小的病菌保藏器的飞机所撒布的病菌的传播,想保护贮水池是不可能的。因为欲使水适于饮用,则不得不使水的表面时常与空气相接触。又关于豫防接种法,亦决不能乐观。我们又各将流行性感冒,赤痢,或结核等病菌与芥嗅瓦斯并用时,芥嗅瓦斯有使人体的组织对病菌的抵抗力减低的特性故病菌的感染是最有利的条件的。

在下次大战中细菌战的危险只就牠有使用的可能性一点看来就很够受的了。其效果与影响是不能测定或局限的,牠也许越过国境达于非武装的民众之间,甚至在战争终了后也会继续或致再出现吧?

如果毒瓦斯可以叫做攻击敌国民众的武器时,则细菌真可以说是间接攻击全人类的武器。

九

跌入于经济恐慌深渊中的国际帝国主义,他们只是想牺牲着勤劳民众的利益而实行战争以找他们的出路。一切准备战争的手段,在"国防""自卫"等欺骗人的美名之下都公然地在施行了。在他的背后是有军事化学工业的独占资本的利益存在着的。一九二六年英国的大化学工业公司都被帝国化学产业公司所合并了，其目的是要在世界所有的地方和美国与德国相竞争。美国的化学工业制品的七五％均集中于八大公司，其中最大的是联合化学及染料公司久蓬特多奴母儿公司及联合碳化物与碳素公司的三公司占有全产额的六〇％。美国的银行及产业资本的一团是与英德两国的化学工业托拉斯有利害关系的。于是便形成了英美及美德两个相反的国际的大资本团。

　　再也没有比列宁所说的对于战争的解释更正确的了，他说："战争决不是偶发的现象而是不可避免的一阶段，他与和平一样，是资本主义生活底法则的一形态。"列强间日益深刻的矛盾，对立的激成，恐慌的尖锐化，关税政策的竞争，以及因为苏联第一次五年计划社会主义经济建设的成功而怀恨嫉视的各帝国主义的反苏联战争的准备，这许多因子已很明显地告诉我们第二次世界大战的暴风雨是在最近的将来必然地要袭来的。

　　东三省的沦亡已届二年，这第二次世界大战的前哨战亦就在那时早已开始了。什么国际盟约，不战条约早就被日本帝国主义撕得粉碎，国际联盟是各帝国主义分割殖民地的机关亦早就不用再说明了。上海战争的一周年将满的时候，日本的国旗又已飘扬于天下第一关的城楼，规模更大的第二次世界大战已逼在我们的目前了。东三省及上海的战争已经给了我们不少痛苦的经验，而更可怕的毒瓦斯战及细菌战亦恐怕不久就要展开了！那时战线的军队不必说了，内地的非武装的居民，不问男女老幼亦将共尝战争之暴威。烧夷弹的猛火挟镕化钢铁的威力前进着，巨大的炸弹将粉碎盛大的都市，毒瓦斯与细菌更将扫尽地上的一切生命结果，死灭的废墟与亡灵的荒野将寂然充塞于天地之间。空前绝后的人类惨痛史，已临到我们的头上了。

　　（《申报月刊》第2卷第9期，1933年9月15日，第84—88页）

细菌战

（1934 年 5 月）

吉明译

绪言

帝国主义国家，为准备再度决算之第二次世界大战，方钩心斗角，孜孜于杀人利器之研究及改造。当欧战时所使用之新兵器，吾人所认为锐利者，此次大战，或将不复合用；其所利用，亦复无微不入；以前均为人类利用人造物之战争，兹则将用及生物之细菌焉！

细菌为极微小之生物（植物），必须藉显微镜之力始能悉其形态，（一公分重量中，约十亿个，每个之大小，仅百分之一公厘。）惟目不能辨，故易为人所忽视；细菌到处有其存在，空气之中，亦有其漂浮；但任何细菌，均畏日光，酸类及高热，故日光充足之处，细菌不能存在，健康人之胃酸，亦可以杀灭细菌，煮透之饮食，亦绝无存在者也。

细菌因研究其性状而行培养，培养必须有相当之技术！须先准备细菌之养料（培养基）！须预防他种细菌之混杂（纯粹培养）！须保持其发育适当之温度（二十五度—三十七度）！如系病源细菌，尚须预防危险！

细菌之寄生于物体，概生二种之作用：一、分解寄生体之组织，获取生存所需之养料，致该寄生体局部失却效用，或致腐败；二、为获取养料，分泌一种分泌物（毒素），使寄生体之组织，变为可以应用之养料，致寄生中毒。

细菌之寄生，必须相当之机会，或依创伤，或依他病诱发，或依疲劳，衰弱，饮食等原因，而侵入繁殖；又细菌之中，脑膜炎多起于孩提流行性感冒，多发于春秋时季，且国人对之，抗力较强，霍乱，伤寒等，多发于夏秋，破伤风则存土壤中；故细菌虽到处有之，未必人人皆罹其危害也。

科学进步，复有预防注射之发明；盖生物体受外物之侵害，自然的发生反抗；譬如受人棒击，自然侧头而御以臂，体内亦然，凡细菌侵入之后，分泌毒素，生物体亦即分泌一种抵抗之抗毒素，以消灭之；但生物体有异寻常，细菌繁殖之条件良好，抗毒素之生成，不及与之抗衡，即被其害；医学上之预防注射，系培养细菌，然后杀菌而用其尸体，分期注射生体中，使逐渐发生抗毒素,如是,则一旦受细菌传染,而体内早有抗毒素,即不受侵害;惟大多之预防注射,其效能概只一年,故须年年注射。

细菌之情况,概如上述,但星星之火,可以燎原,细菌繁殖,极为迅速,决不能以其不辨而忽之,更不可自恃康健而不加顾虑;谚曰:"病从口入。"是则能自行注意,即可减少危害,在细菌战甚嚣尘上之际,尤须注意之也!

△细菌战用法之概想与应用细菌之范围

细菌为生活之物,必须活菌,始能发生作用,且须适合其寄生之径路,始能侵入人畜体内;故填于炮弹及炸弹内,如毒气之射击,颇多窒碍,即使细菌能耐火药炸发之温度与震荡,但倘非适地适温,或不遇相当之寄生体,即失其效用,且培养决非容易;装填于炮弹之手术,亦非易事;故细菌战之战法,则用 1. 间谍,2. 病人病畜毒物之遗留,3. 放还俘虏等外,当以利用飞机为有利;即择温和之阴天,将细菌混于水,砂,木屑之中,自上空向市街撒布;盖只须有一个细菌,获得相当寄生,即可发生病毒,而逐渐传染也。

但无论如何,细菌之应用,对于卫生智识充足之国民,卫生设备完善之军队,其效力必不若何伟大;而对于不开化人或卫生常识卫生设备缺乏之国家,则其效力,或且较毒瓦斯为更巨;盖毒瓦斯类多为有形有觉,而细菌则固不知不觉者也。

细菌战利用之细菌,除霍乱,伤寒等之人体病菌外,军用动物及家畜之病菌,必一并利用,同时食粮植物之病菌及人畜植物各种寄生虫,或亦应用;盖战争固在消灭人之反抗力,尤须使敌人不易恢复,欧战后德国之赔款,即其一例。人畜疾病之潜伏蔓延,粮食作物之病虫,直接间接,皆是斫丧一国之元气;盖遇此种情形,自不得不尽其全力以图国民健康及动植物之恢复,遂致减少其他整备恢复力量也。

一　细菌战之预防

细菌之作用,已如上述;考其传染径路,概可分为经口(霍乱,伤寒等),空气(白喉,脑膜炎,肺炎等),接触(霍乱,赤痢,花柳病),昆虫(疟疾蚊,睡眠病蝇等),创伤(破伤风,丹毒等)等之五种;除创伤较难注意外,对昆虫则用防蚊覆面,空气则用口罩,经口者则注意饮食或消毒;故细菌战,只对卫生常

识及装备缺乏之国,始有伟大之效用;兹概述其预防法于左①:

1. 免疫　免疫即预防注射,霍乱伤寒等之预防注射,均可皮下注射,手续极为简单;此项苗浆,我国卫生试验所已有自制。

2. 卫生智识之普及　一般人民之外,军队之中,须切实注意,随时演讲(最好辅以电影);士兵床铺及衣服等,应随时曝晒;不论人畜,发现传染病时,应厉行消毒;以养成士兵对传染病之观念及处置!

3. 饮食物之消毒　饮食物必须煮熟,应由卫生官兵,随时检查!饮水则用明矾澄清煮沸,或加二十五万分之一漂白粉以杀菌,(拌搅后十五分至三十分即可供饮);此项杀菌法,效力良好而简单,惟饮时微有氯臭,并无妨碍。或加苏打少许,则可以消去其臭味。

4. 饮料食消毒器　近"西门子"有此种器皿发明,名曰:"加太登"(Kataden),饮水等置其中,经五分至十五分,即完全消毒;其原理:因该器含有银质,此项银质,能成为原子而游离,而杀灭水中之细菌云。

二　细菌战之可能及不可能说

前年六月之军缩会议,细菌兵器,成为问题;因此,外国杂志,有关于此项若干记载;现在对于细菌战,概有可能及不可能二说,实系不易判断之问题;二者之中,何者可以占优势,非专门家无法断定,兹将可能说及不可能说者之所论,列举于左:

一、不可能说

1. 细菌不能如弹丸,炸药,毒瓦斯等之有即效性可期,直接关系战争胜败者甚少,不能期待其绝对的战术效果,不适于用作兵器。

2. 使用细菌时,使使用者毫无危险而送致于敌人,但在技术上颇多困难;以炮弹或爆弹之冲力高热及爆发之力,实不许细菌之生存;即使直接自飞机或依容器撒布,亦不免仍有各种预期之障碍。

3. 现今预防医学之进步,所谓细菌兵器而使用之病源菌,大部可依预防注射等之方法,防遇阻止之,故属无用。

---

① 原文如此。指"以下"内容,全书同。

4. 传染病之大流行,通常多依牛乳及饮水,而不依食物为媒介;然不论牛乳与饮水,均非生饮(均煮后或消毒后始饮),如将细菌接触混入,必须在滤过或消毒完毕时,即须趁行将饮用之际加入,此则决非容易之事也。

5. 欲适时而有效的使用,必须预行培养贮蓄,再送至使用地点;自细菌之生活力而论,实有相当之困难。

6. 使用细菌时,对于自己军队内之传染与波及,尤须加以特别之注意!不可只图杀伤敌人之兵器,而置本军官兵之生命于不顾!

7. 传染病之流行,不只依病源菌之接触或潜入而诱发;即传染病流行之原因,决不若是单纯,然四围之环境及条件如不齐备,亦不致猖獗;因此人工的诱发之传染病,与自然流行者,实有不同;何况人为的流行之可能与否,已属疑问。

二、可能说

1. 可以完全歼灭敌人之物质,在兵器方面,固属上乘,但迄今未有此种实例;故不能以不成为大流行,仅能成为局部的流行,或不能乘好机使其流行,而排斥细菌为无用;要知将来战争之态势,其推移变化莫测,故兵器亦不必如从来之性急者。

2. 使用技术,依炮弹之法,或属不可能,但飞行机在各种方面之发达,则不容忽视! 现在法国有已发明完成一种"细菌投下器",虽不免困难,但不能谓为全无技术之价值。

3. 预防医学之进步与免疫术之发达,均属事实,但尚不能称为万能;盖既知之传染病,已属如此,何况发见有培养可能性之新奇未知之传染病耶?

4. 细菌之培养保存,依种类之不同,有因生存力弱而不可能者;然现在三百余种之病源菌,固未尝全部不能培养也。

5. 瓦斯与细菌之并用,在化学战已有公开准备之今日,特为不可或忘之点;盖感受芥气之组织,尤利于细菌之感染也。(对于此点,最近依康的氏(Koonty)证明,除结核菌外,皆有此种事实。)

6. 总之:所谓新兵器,最初必受反对或嫌恶,而绝鲜重视者,在经过相当期间以后,遂成为必要。而绝对信赖之品,此自古已然矣。

7. 以歼灭效人为目的之战争,须抱"欲得虎子必入虎穴"之决心!因歼灭敌人,致友军乃至自国国民受相当之牺牲,固为当然之事,不必介意者也!

三、可能抑不可能乎

如上所述,可能论与不可能论者,双方均有理由,然何者为是?则无该项专门知识者,殆难下判决;但认为将来战中,细菌之必受相当利用,或非妄断。

一九二二年之华盛顿会议时,德之北佛(Pfeiffer),法之鲍脱(Bordet),丹麦之麦特生(Madsen),美之加能(Cannon)四氏,对国际联盟报告,关于此项问题讨论之结果,曾谓:"以现在之卫生学及微生物学智识,欲依传染病菌以决胜负,或依细菌以打破敌之抵抗,殊难想象。"而苏俄之某杂志,则讥之曰:"彼等为遮瞒人目,故作此种报告,一度各归本国,则均为其政府之要人,而专一研究细菌战者,愿世人忽为瞒过!"夫事之真伪,原难保证,但某科学者之教,谓:"应与细菌学之进步,保持不断之接触。"岂非有何种暗示存乎其中耶?

世界大战末期,德军为对付意大利骑兵,而在罗马尼首府不加勒斯多培养鼻疽菌,又乘帝俄卫生设施之不备,在瑞士某地之总领事馆内培养霍乱菌,填于墨水笔中,拟经过激派之手,送至俄国,旋因帝俄之崩坏,未经实行;凡兹种种,皆曾宣传报纸,依此种情报,彼此并加考察,则前述苏俄杂志之讥讽,决不能只认为讥笑之言而置之也。

三 细菌兵器之效果

古来大战争之,必有传染病,依交战地之状况,气候,风土,及军阵医学之进步,而程度固有不同,但未有无传染病者;且依传染病之病者,其数通常在战场死亡者之上;其比较减少者,则为二十世纪以后之现象耳。

对传染病专事防遏之际,其情形已属如是,迩来医学虽较进步,但企图对敌使用时之惨状,尚属相当残酷,尤以少数兵力对付优势兵力,必须东奔西走,努力作战之际,或行动于蒙昧未开之蛮地,乃至瘴疠之境,无论军队卫生组织之如何优良,亦难安枕无虞;盖该菌源若为即效性,则必致有逐次减耗兵力,而招致战略的预势之忧虑也。

当出发时为四十万之兵力,仅剩三万之第一十字军凯旋,与及促成女侠奈亭给尔(Nightingale)蹶起之克利米亚战争,其惨状已成陈迹,固未容依此以推测现代战,仅可供推断往时传染病之猛烈情形;一九○○年之美西战争,美军之病死者之数,兵士一千人中为二十六人,为战死者之五倍,而其八十五％,且为伤寒症。

四　应用之细菌

意大利之凡拉特军医,谓传染病病者,与兵器负伤者不同,对于他人可成为传染之媒体,容易培养大量之病菌;培养设备,比弹丸之制造设备简单而经济,使用人员不多;试验研究之秘密,容易保持,故可奇袭的使用;以此种种为理由,认细菌为最有利之兵器,而加以推赏;其提出可以利用之细菌条件如左,并谓霍乱,鼠疫,伤寒菌等,最为合适:

1. 容易传染繁殖对于人马之感染力大。

2. 感染人畜之死亡率高。

3. 容易大量培养。

4. 生存力强烈,尤须能在人马体外长久生存。

5. 使用时不需复杂之手段装置。

去年春,美国各兵科杂志,均载有军医福克斯氏(Leon. A. Fox)之细菌战一文。谓:"所谓细菌战,凡属侵入人畜体内,使生某种疾患之生物的因子;换言之:对于普通传染病菌,创伤性传染病菌,细菌性毒素之三者,须并予考察。"

福氏之说,与前述意国军医之说,其可以信凭之程度如何,不易制定;兹再介绍福氏之说于左:

1. 消化器系传染病

赤痢,伤寒,霍乱等属之;现在此种细菌之利用价值,因预防法尤以预防注射之进步,已属可疑;此等病症,多依饮水及牛乳而流传;自净水法进步,依水之传染,机会大减,牛乳亦行杀菌,故亦属安全;且此种细菌,到处有之,而受其侵害者甚少;依此而论,胃肠系之传染病,欲以困卫生设施进步之文明军队,已属无效。

　　2. 呼吸器系传染病

　　痘疮,白喉,猩红热,流行性感冒,普通感冒,流行性脑膜炎,流行性肺炎等属之。

　　对于此等之预防手段,不能谓为绝无,比之消化器系者,且较迟缓,其中且有感染者年龄的区别,故未能全部利用;惟流行性感冒肺炎及普通感冒等,属于可以利用之部属,但其感染流行之扩布,并非由于病源菌之体内侵入,作成可以使其染之环境,尤较紧要,故实际的利用,决非容易! 又此病菌之传布蔓延,防止甚难,故到处均有存在,但与之接触者,未必全部感染;尽对于此菌未习惯或抵抗较弱者为之牺牲而已;因世界大战中,流行性感冒及流行性脑膜炎之猖獗,而有论述其利用法者;但制造前述之环境,极为困难,故其实效尚多疑问。

　　3. 依昆虫等为媒介之传染病

　　属于此项者,为疟疾,黄热病,发疹伤寒,腺鼠疫等,对于将来战最有影响者,恐即系此项传染病;其中最适合者为腺鼠疫,此则多数学者所公认;其次则为发疹伤寒;至使用方法,则依飞行机等投下或放散病鼠,但因俘虏及病鼠之流窜,友军之感染,不易避免。

　　发疹伤寒,亦有使细菌兵器恐怖论者十分战栗之破坏性,此时之媒介者厥为虱。

　　4. 创伤性传染病

　　破伤风,脾脱疽(Anthrax),炭疽(Gas Gangrene)及普通化脓菌等属之;本项传染病,与前述三项之自人传人者不同,系传染并蔓延于组织中者,其优点为侵害人畜两者,为即效的,且毒力强烈,只侵害身体之一小部位,故属人道的。细菌生活力旺盛,体外不良条件之下,亦能长久生存,消毒不澈底时,不易使其死灭,培养甚为简易也。然破伤风已有有效之血清;炭疽则外科手术进步之今日,其价值可疑;脾脱疽虽不能立斥,但似不足惧;尚有一最大之难关,即对敌使用之技术是也。菌之生活力固大,但不能用于弹丸,欲依飞行机而应用,亦有相当之困难。

5. 军用动物之传染病

关于本项,拟概括一述:此种病菌,与对人者有同样之各种技术的困难,且有病之鸟兽,与人不同,可立即屠杀,以防蔓延,尤为防者有利之点。

结　言

要之:细菌战之是否可能? 属何种类? 如何使用? 尚无明确之研究及判断,或者有之而未发表;但前述之不可能论者,均有格格不吐之概,明于利害之欧美各国,虽以"人道"之美名为标榜,但华盛顿会议,国际联盟中,均曾论及此种问题矣!(本来此种会议,即非全属目前之事项,但绝无讨论三五十年有效之问题者。)由此观之:为求不蹈伊帕尔联军及沙姆德军之覆辙,实有相当觉悟之必要也!

（南京《军事杂志》第 65 期,1934 年 5 月,第 128—136 页）

今后之科学——毒气战,毒菌战,死光战

（1934 年 7 月 6 日）

魏惜言

（一）楔子

科学进步,不但一切工业,交通等等因而发生革命,战争的工具也随之而起了绝大的变化。戈矛一变而为单发的步枪,再变而为连发的后膛步枪,更进而为今日的重机枪、轻机枪。火炮由无来复线的土炮,进而为运动轻捷的野炮,更进而有四十二生的臼炮和射程一百二十公里的加农炮,此外更出现了"我们的铁鸟"——航空机,以及坦克车。这些这些,已经够瞧的了! 帝国主义者便以这些东西,来统治其殖民地,维持其无上威权,如果弱小民族们要是不识相的话,敢有稍违帝国主义之意志者,那末他们便以这些东西,会使你自然"忍辱""持重"乖乖儿的屈服。因此,弱小民族们虽然是受尽压迫,满腔气愤,然而一想到帝国主义的这些东西,便会不寒而栗,冷然自失,结果只会"持重""忍辱"而已。不然,日本占去了东四省,九一八后的民间反日高潮,和当局的长期抵抗,为什么现在都烟消云散了呢? 这其中的原因,不过是日本在上海的飞机坦克车,及本在热河的大炮机关枪的那些滋味,令

人回忆起来,不能不如此罢了!机关枪,大炮,飞机,坦克车,这些这些,已足令我们弱小民族闻之胆寒了!现在国际上,军缩会议上,更闹什么毒气战、毒菌战,英国更发明了什么死光!机关枪、大炮、飞机、坦克车,我们已经亲尝了日本的滋味!日本用了这些东西,已足屈服中国,可怕啊!现在闹什么毒气、毒菌、死光。毒气,这是多么的可怕,一刹那使人嗅了便会受不了而至于死!毒菌,更是多么的害怕!使人得黑水泻、霍乱……不数日瘟疫遍国,死亡遍野!死光,更是怎样的出人意表的可怕!一切生物,触之立即死亡!帝国主义者有了这些玩意儿,任你弱小民族怎样经济抵制、国民革命,百世纪也是翻不起身的啊!

然而,孙悟空的千变万化,终有如来佛去收拾他!况且,现在的什么毒气、毒菌、死光,这些玩意儿,比之孙悟空的千变万化,还是小巫之与大巫,我们如果拿了赛因斯这位老佛的宝镜,去照一照这些毒气、毒菌、死光的玩意儿,也便觉其实不足奇,平凡得很,用不着大惊小怪的,只是这位佛爷——赛因斯,须得平时多多向他老人烧香,他的宝镜才有灵验,如果你"平时不烧香,急来抱佛脚"那你休想"有求必应"。

(二)毒气战

(A)

望文思义,平常我们以为毒气总是一种瓦斯——气体。然而我们试想:在试验室内,要以某种气体毒死一个老鼠,一个人,或者也是不难,但是,战争不是在试验室内的玩意,是在旷野深山任何地方随时发生的,要在旷野中毒死成千成万的人,若用气体,这需要的气体体积该要多么大?若将此种气体装入瓶中,这瓶子运输该要多少列车?所以我们好久便听得了有什么氯气炮,然而事实上氯气在战场上使用的成功,直到了欧战第二年才由德军在东西两战场上开端了——毒死了法俄两军各万余人,德军使氯气的成功,便由于他:

(1)将毒气压为液体,再装瓶中运于前线。因此运输问题得以解决。

(2)用吹放法以多数之瓶放出液体毒气,故可使空气中多有毒剂。

(3)液体毒剂在空中再化为气体,体积扩大,而成为毒气云。

德用了这些方法,毒气之使用,在战时才有了实际的价值。此后英军更改良吹放法而为直掷射法。即以类似迫击炮之小炮,以抛射药将毒剂瓶射出。德军所用之吹放法其毒剂藉瓶中之压力压出后,所成之毒气云,须借风力吹向敌方。掷射法则以火药之力,将毒气瓶射至敌方而炸裂,故不需风力之助,在毒气使用上遂大便利。此后逐次改良,乃将毒剂装入普通之炮弹内,手榴弹内,以及飞机用之炸弹,于是毒气在使用上,方趋便利。

(B) 德军最初用者,仅为氯气 Cl_2,此后各国竞相研究,乃有光气、双光气、芥气、蓝什字物、亚当氏得等出在。现在通用者,由牠在军事效用上,可分为:

(1) 刺激剂:

(一) 蓝什字物——德国发明,装于炮弹内,弹外涂以蓝什字物为记者,故名。

(甲) 二苯氯砷 $(C_6F_5)2ASCL$

(乙) 二苯氰砷 $(C_6H_5)2ASCN$

(二) 亚当斯得——美国亚当氏发明,故名。

(2) 毒害剂:

(一) 光气 $COCL_2$

(二) 双光气 $CECOCCL_3$

(三) 芥气 $(CH_2CECH_2)_2S$

(3) 两效剂

(一) 氯 CL_2

(二) 氯化苦 CCE_3No_2

刺激剂可以使人流泪,嚏喷,咳嗽而至于不可耐,以失其战斗力,但不能致人于死,且离开毒气数小时后人即复元,不至因之致病。惟其生效迅速,一触此气,即起反应,故于作战时,攻击开始时便用之。今日之警察镇压暴动时亦用之。

毒害剂之光气,可以伤人之肺,故又名伤肺气,有稻草及腐烂水果之嗅味,吸烟时若烟味突变,即为有光气之气候,如人呼吸光气至相当之多,初起咳嗽,二三小时后即现病态,肺之表面出血凝结,呼吸困难,廿四小时内即易致死。如在廿四小时不死，肺部即渐复元，但心脏以过分疲劳，在一星期内，常以心脏停止运动而死，一星期后危险即去，一月后始可后元。双光气之性质与光气相同，其效力不及光气之大。芥气能伤内外皮肤及黏膜，故又名破坏细胞剂；有颇微之芥子或洋葱气味，但初嗅之尚可感觉此等气味，再三嗅之，则味觉因过强之刺激，而麻木，反觉无气味矣。如人呼吸芥气至一定之限度，五小时后始现病态，肺之表皮被其伤害，气囊膨胀，失其弹性即致于死，二三日如不死，则肺渐可复元。惟此后极易引起他病——如肺炎，气管炎，流行感冒，二三月后始可复元。如有较多之芥气触之眼部，眼之角膜，被其破坏，旋即失明。液体之芥气如黏着于皮肤，则皮肤五小时内即变红黑色而死去，如有三分之一的皮肤被伤，人即随之而死。

两效剂之气及气化合为最有刺激与毒害两作用之膨剂，维其刺激效力不及蓝什字物与亚当氏得，其毒害效力不及光气与芥气，故其在军事上之价值甚为低微，尤以氯气之效力最弱，此后恐将弃而不用了。

（C）

一切食物，倘过量食之，皆可致死！食盐为人生不可少之物，但饱食之，亦可致死。所以军用毒气之第一条件，须其毒性特大，有些微之量，即可致死。如此在战场上方可应用。第二条件，须其沸点适用。我们知道单用毒剂，系先压为液体，在战场上射出后再化为气体。因此，须在常温中容易蒸发，才合实用。然而，一年四季，温度不同，因此毒气使用，便受影响。即如芥气，在夏日固易蒸发，而在冬季，则其蒸发很缓，所幸芥气之液体已有伤害皮肤，故尚可以使用。一年四季之温不同，即一日之中，温度亦变，温度过高，则空气上升，蒸发后之毒气亦随之而上升，离开地面，不能伤人。温度过低，则液体毒气不能蒸发，失其效力。所以沸点与温度一层，成了军用毒剂之重要条件。其次比重一事，亦为军用毒剂之一条件，一切毒气，其比重须较空气为大，如此其气体方不至上浮，沉着于地，方可收毒杀之效。此外毒害剂须少刺激作用，盖以今日防毒面具普遍装备，如毒害剂之刺激性大，则敌易察知，立即戴上面具，毒气即失其效。因此，毒剂之种类甚多，而其可以为军用者，不过上述的几种而已。

（D）

毒气之性能其种类既如上述，防毒之法，第一须了解各种毒气之性能和其使用法，因为毒气之使用，最受气候之影响。毒气之在冬日，仅防其液体之伤害，夏日之正午，温度最高之时，毒气虽易蒸发，但易上升，故敌不至使用毒气。暴雨之时，毒气易为雨水洗去，大风时，毒气易被吹，在一地之时间经过很短，敌均不易使用毒气。所以防毒之第一要事，须对气象深加研究。其次则为侦察搜索之尽力注意敌之种种征候，以威力侦察，飞机咱兵，谍报方法预知敌之准备使用毒气，即可应付裕如。因为现在防毒之面具中之活性炭，已足以防止所有毒气，惟常戴面具，不但操作不便，抑且呼吸不便。所以须预知敌之毒气将至，短时间内戴上面具，□□法国宣传发明一种毒气，可以穿透现今一切面具，据德顾问梅慈纳博士之意见，谓此种毒气在试验室内容或有之，但在战场上，谓可实用，乃系骗人之语，此外如掩蔽部之防毒幕布，地下铁道之提高室气压力，阻止毒气，以及森林低洼地（毒气最易聚集之所）之避开部队之分散部署等等，也都是防毒必有之事。

（E）

氯气之制法，由电解食盐溶液得之。光气则由毒气与一氧化炭藉活性炭为触媒以合成之。而一氧化炭，须由钾气工业大量制造之，气化苦则由气化石灰（漂白粉）与苦味厂（黄色药）互相作用以得之。芥气之制造，须由酿工业产出乙醇，再与硫酸钠氯气化合而成。蓝什字物之制造，须由染工业产出之靛油成之。凡此种种均须钾气工业，酿造工业，以及染料工业，煤焦工业，等发达，而后可以大规模的制造。因毒气之为物，平时设一工厂，专为制造毒气不但不经济，且属不可能。必须与毒菌有关系之工业发达。原料丰富，平时以之制成日用之物，战时则可移而制造毒气，方为上策。我国与毒气有关系之工业，均尚缺如，仅上海之天原电化厂，因造盐酸，电解食盐，而产出氯气，其他在沈阳之一厂亦出氯气，今则已非我有了！

（三）毒菌战

毒菌，在欧战中美国人和罗马尼亚人，曾想用以作战。但是我们要晓得，毒菌也是一种生物，既是生物必有地生存的适当条件，尤其是温度。不但空中的温度要合适,而且要空中的温度和人体的温度——三十七度相同,才可以在人身内繁殖。换句话说,就是某种毒菌要在三十七度内可以生存而空中的温度也是三十七度,才有繁殖的可能。一年四季暑往寒来,一日之中冷热不定,要找一个刚刚三十七度已是不易,在三十七度可以生存的细菌能够毒人至死,造成传染病,那更是不易得的了。大规模的养育毒菌,运输毒菌,这是容易的事吗? 运到战场,以炮弹射出毒菌,炮弹的炸药不会烧死了毒菌吗? 不会烧死,毒菌进入人身,不会冷死了吗? 而且现在传染病如疟疾,霍乱,伤寒等可怕的毒菌,各国不是都能预防了吗? 其他如鼠疫不能预防者,敌人不能预防,我也不能治疗,如其使敌以毒菌而起传染病,传染到我方,又将如何之? 这些问题的解决,虽不能说是永久不可能,但现在还是不可能,所以欧战中虽有这样的拟议,然而终不过是一种拟议而已。

(四)死光战

死光,既是一种光,我们晓得光是力的一种。光既是力,我们晓得得力之大小,是与牠的距离之平方成为反比例。例如在一百米达之距离,其力为一千马力。如其距离增为一千米达,则其马力为 1000/1002 即10000/100000 即 1/10 马力了。由此可见,距离于力影响之大。因此我们可以判断所谓死光,也许可以杀死一切生物。但在实验室内或者可以,在野外,便难乎其难了。现今炮火发达,射程增大,观测进步,两军战斗之相距因而亦远,我们不信所谓死光也者,能在战争上有实际的价值!

(五)完结

现今科学日新月异,一切发明,不可思议,有如孙悟空的千变万化。然而我们再说一句经过的话,孙悟空的摇身屡变,终逃不出赛因斯老佛的仙掌! 况且帝国主义的战法,不但是凭籍着实实在在的飞机大炮坦克车和毒气,而还应用着恐吓,威胁,欺骗,隐密等虚者实之,实者虚之,虚虚实实种种的战法。飞机毒气坦克车等在战术上是收得了肉体的效果,恐吓欺骗隐密等在战术上是收得了精神的效果。如果我们明白攻心为上,攻城次之的战术原则,便知道了帝国主义所用战术之高妙! 而我们弱小民族们在受了飞机毒气坦克车等肉体的攻击以外,更须明白他们的恐吓欺骗隐密等精神的攻击。要晓得什么毒菌战,死光战,现在还不过是帝国主义的恐吓欺骗威胁等虚者实之的一种宣传战术。实在的攻击,我们固要迎上去,精神的攻击,我们更要以赛因斯老佛的法宝消灭牠。毒菌战、死光战,我们固然不能绝对的断定将来不会实现,但现在实在还是一种帝国主义的宣传恐吓!我们不要去了牠的虚者实之的大当!要是毒菌战、死光战经他们发明可以实现,他们也不会这样大方的公开宣传呵!

一九三四,六。

(《西北评论》第 1 卷第 3 期,1934 年 7 月 6 日,第 12—17 页)

细菌战

(1934 年 8 月 1 日)

南 邨

在世界大战中,联军方面,为欲减少敌人战斗力起见,曾以各种致病细菌,用种种方法,散布于敌军壕沟仓库及饮料所出之水流等处,使其侵入内部,传染浸广,患病或死亡者相枕藉,战斗力乃为之大衰,故此种消息,传到前方,不独身染病菌者蒙极大之损害,即未遭遇病菌者,精神上亦之大震,兵心于以动摇,盖细菌为体至微,非肉眼所能观察,其生殖又极迅速,数分钟内,能挛衍至数千万倍之多,故在战时之畏惧细菌,亦与畏惧毒瓦斯中无色无臭无味之酸化炭素相等,是有是无,无从揣摸,然又不能不用种种方法为之防范,故谓用细菌为战斗材料,其效力直超过一般最新式武器之上,诚非虚语!惟细菌战一事,虽曾于世界大战中闻之,然实际上究否可能,迄今尚成为疑问,故今日军事家医学家,对于细菌战问题,尚分为可能不可能两说,其认为不可能者,约有以下数理由:

(一)日光 细菌为无叶绿质之下等植物,最惧日光之直射,苟为日光所照灼,轻则停止其发育生殖,重则不免死亡;据狄乌德恩(Dieudonne)氏之试验,腐败细菌,曝于七—八月日光之下,二小时即死,曝于十一—二月日光之下,二—三小时即死,九百枝烛之电光下,八—九小时,极亮之煤气灯下,经十二小时,其生命亦皆不保;又如脾脱疽菌之芽胞,其抵抗力最大,据马夏乌德(Marshall Ward)氏之试验,在强烈之日光下,经二小时至四小时,其发芽之机能亦失;又钵黑奈尔(Buchner)氏,用一扁平玻皿,培养一宗伤寒菌,另以黑纸剪成数字,贴于玻皿上,于太阳下晒一时有半,其结果,则在黑纸片之下各菌,尚能生存繁殖,余者皆已死去;由此观之:畏见日光,乃一般细菌之通性,故用细菌为作战材料,无论散布如何广遍,然一经日光之久晒,其效力即等于零。

(二)温度 温度过高过低,皆于细菌之发育繁殖,均有妨碍;细菌中有喜高温度之好热菌(Theromphile Bacteria),可于六十至七十度之温度下生活,而在二十五度以下之温度,则不能生活;有喜低温度之好冷菌(Psychrophile Bacteria),可于零度之温度下生活,而在三十度以上之温度,则不能生活;有喜温度高低适中之好温菌(Mesophile Bacteria),可于四十三度以下五度以上之温度生活,过此则不能生活;然无论何种细菌,其最高之温度,不能超过八十度以上,最低之温度,不能超过零度以下,(虽细菌中亦有耐寒性,能在零下一百七十至二百度尚不至死亡者,然仅能保持生存,其繁殖作用,完全停止。)如以细菌装入炮弹内,其受炮弹高热之影响,当然不能生存,再所散布之细菌,如遇霜雪冰冻所侵凌,则亦毫无效力。

(三)压力 细菌亦有不畏压力者,然如达尔孙非尔(Dalsonvel)及贾林(Charin)两氏之试验,绿脓菌于五十气压炭气中,经二小时,则发育繁殖停止,经十二小时,则丧失其生命;又克罗宾(Chlopin)及塔曼(Tammann)两氏之试验,以一平方公分之面积之大肠菌,上加三十公斤重之压力,大肠菌即不能生殖;枪炮之射击,所以显其功效,悉基于压力作用,设以各菌装入炮中,其因此压迫而丧失其效能,当无疑义。

(四)震动 细菌虽生活于摇动不定之处,然摇动轻而慢,则发育繁殖,非常盛旺,若摇动重而快,则振荡力大,菌体个个惊跳不定,外皮(Hull)养分渗透既难,内容原形质(Endoplasm)生活机能亦停,发育繁殖必中止,经时既久,不免死亡;故孔恩(Chone)氏以培养之细菌,作一左一右之振荡,其振荡路程为二十五公分,每分钟百次,连续至二十四小时以上,其发育繁殖即停止,再继续振荡之,则细菌皆死;以细菌为战斗材料,无论装于炮弹中,由射击而飞出，或载在飞机中，由倾倒而散布，其时间虽短，然震动之剧烈，则非言语所能形容，细菌受此极度之震颤，断未有保持其生命者。

以上各项，皆为持细菌战不可能说者所根据之理由，然科学日益发达，则凡百方而天然之缺憾，皆可用理学的或化学的方法，以补其阙而救其偏，例如细菌畏日光，则可用暗室笼罩之，或于阴霾天气施行；细菌畏热力，则用寒冷机保护之，或于盛有细菌之容器外，加真空器，使之绝缘，即不受温度影响矣！细菌畏压力，亦得用相当之设备，使容器外之压力，不致侵入容器中，则压力无问题矣！至振荡一节，可用力学的方法，使盛细菌容器之重心，常垂注于一点，则无论受如何振动，内部均可稳若泰山矣！且细菌战之方法至多，或撒布于敌军饮料水之上流，或于敌军未到之区，密为散布，诱敌军前进，所有衣食住种种，无非致病细菌所繁殖，而包围之，则任何细菌之强敌，皆可不生效力矣！且世界大战中，既有以细菌为战斗材料之前事，欧美列强，又日夜研究施用细菌作战之方法，吾人自不能援据细菌战不可能之一语，强自解嘲，而疏其防范，虽吾国军队，对于细菌战之学识，尚未有萌芽，势不能以此种有效植物，作为攻击敌人之武器，然一旦疆场之上，敌人有以此施诸吾者，吾人能不讲求防御之方，束手以待毙耶？故欲讲求防御细菌攻击法，必先对于细菌学有相当之认识，而后乃可为进一步之研求；所谓细菌学者，其大要分类如次：

（甲）细菌之分类：研求细菌形态之分类，生理及生态上之分类。

（乙）细菌之形态及构造：细菌之形态，分为 1. 细菌之基本形状及特别形状，2. 细菌之大小及比重；细菌之构造，分为 1. 细菌体之外皮及内容物，2. 细菌体之器官，3. 细菌之芽胞，4. 细菌之团体。

（丙）细菌之生理与变态：关于研究细菌生理与变态，约分为三节，即细菌之营养，生活，生殖是也！细菌营养，分为一、细菌体质之成分，二、细菌营养之要素，三、细菌养料之摄取及分解。细菌生殖，分为一、细菌之分裂生殖及其方式，二、细菌之形成与发芽。细菌生活，分为一、细菌之生活状态，二、细菌之物理的生活状态，三、细菌之化学的生活状态。

（丁）细菌之分布：约分为空气中之细菌，水中之细菌，土壤中之细菌，食物及衣服中之细菌。

（戊）细菌之检查：分为一、检查器具及用法，二、本色检查法，三、染色检查法。

（己）细菌之培养，分为一、培养之器具，二、养料之制成，三、培养之方法，四、细菌于养料中之发育及其生理性质。

（庚）各种细菌之性状。

以上各项，不过举其大凡，至欲为深切之研究，则欧美各国关于细菌学之专门著述，汗牛充栋，名目纷繁，凡原理之穷究，作用之探索，性状之判别，类属之区示，任举一端，皆有广博精深，足供参考之专册，故欲语其详，匪独区区短篇，所不能罄，即以个人毕世之精力，亦恐讨探难穷，盖此学系属专门，而专门之中，又各有分科，固非泛泛讲求者所能尽悉，尤非国内同胞于军书旁午中所能详观而遍览也。故愚以为世无细菌战则已，既有此可恐骇之恶魔，能使吾全体军人陷于不可救药且立即死亡之惨境，则身列行伍者，即不能不知其大凡，而预为防范，其中尤为重要而为吾人所不可不知者，则为各种病原菌之性状及各种杀菌方法；然欲知各种病菌之性状，必先了解于细菌所以能致病之原由，盖致病菌之原由，不外器械作用及中毒作用两种，兹分述之如次：

（一）器械作用，为破坏寄主（例如细菌寄生于吾人血液中，则吾人即为该细菌之寄主。）组织之细胞，或障碍寄主血液之流行；前者如肺结核菌寄生于人之肺部，久之肺部之组织，即为所侵蚀，而日致腐烂崩溃，后者如脾脱疽菌，寄生于兽之血管，发育繁殖，将血管分枝之毛细管充塞不通，而又各夺取寄主各组织中之养分，妨碍各寄主器官之作用，寄主受此，自然致病矣！

（二）中毒作用，为细菌病原作用之主，而其作用，则以所生之毒素为本；盖各种复细胞生物，其体内各组织细胞，皆有种种不同之受体（Receptor），此受体为其营生理上活动主要之成分，营养时摄取养分，即由此受体司其事，然此受体，于养分固能摄取，于细菌之毒素，（毒素为细菌所产生之一种物质，其性至毒，病原菌与非病原菌皆有之；其化学成分，与蛋白质相似，但其性质与作用，则大不相同，区别为菌体内毒素（Intracellular toxin）与菌体外毒素（Extracellular toxin）二种，内毒素生存于其菌体内，菌体一日不死，此毒素一日不溢流于外,必至其菌体崩溃,乃游离而出,显其毒素之毒性,例如伤寒菌,霍乱菌之毒素是已！外毒素生于其菌体之内,而分泌于外,各种病原菌之中毒致病作用,即此毒素为之,例如白喉菌,牵筋菌之毒素是已！此外经细菌所腐败之物,亦生一种毒素,曰腐败毒素(Ptomain),其性亦毒,然与前二者不同。)亦极易结合,故一旦逢细菌之毒素,则相与结合,两失本性,成为一非受体非毒素之物质,在细菌之毒素,虽失其毒性,与细胞无碍,而受体即失其作用,细胞难以生活,于是即呈中毒现象。

至病原菌之性状,种类繁多,兹择其最重要者,列表如次:

名称	学名拉丁文	寄生地	体长	特征	附记
丹毒菌	Streptococcus erysipelatis	血液	0.4—1	数个相连成串,无鞭毛,不能运动,亦不形成芽胞	体长以一微分密达为单位,约合英寸二万五千分之一
腺疫菌	Strep equinus	马体	0.7—0.9	二个或四个相连成串余与前同	
球状肺炎菌	Strep lanceolatus	唾液口齿咽喉	0.8—1	无鞭毛,有荚膜,不形成芽胞,不能运动	
膀胱炎菌	Strep cystititis	膀胱	0.6	数个相连成串,状如哑铃	
痰痀菌	Strep sputigennorus	患痨病者痰中	1—1.2	数十个相连成大串	以上均为串球菌类 Streptococcus,即串球菌,也缩写为 Strep
化脓菌	Micrococcus pyogenes	脓血	平均 0.8	多数集合如葡萄,不形成芽胞,无鞭毛,不能自发运动	
伤风菌	Micro catarrhalis	空气	1—2	卵形或独立或数个相连,无荚膜,无鞭毛,不能运动,不形成芽胞	
脑脊髓膜炎菌	Microintra miningitidis	人体	0.8—1.6	两个相连,不形成芽胞,无鞭毛,不能运动	以上均为点球菌类 (Micrococcus),缩写为 micro

续表

名称	学名拉丁文	寄生地	体长	特征	附记
四联菌	Sarcina tetragenus	肺部及痰唾中	1	四个相连，无鞭毛，有荚膜，每一膜有四菌体，不形成芽胞	此为联球菌类（Sarcina）
结核菌	Bacterium tuberculosis	肺皮骨肠及肌肉	1.5—3.5	单个独立，无鞭毛，不能运动，亦不能形成芽胞	
鼠疫菌	Bac pestis	鼠体	1.5—1.7	卵形单个立在养料中，多数连成一串，不形成芽胞，无鞭毛，不能运动	此病菌生内毒素，其致病作用甚急烈，一染此疫，有如电击，几于不及医治，冬季最多
感冒菌	Bac influenzac	脓内或痰内	长1.4阔0.4	两端钝圆，或单独或两个相连，无鞭毛，不能运动，亦不形成芽胞	
白喉菌	Bac diphtheriae	咽喉	1.5—8	有直有曲，两端钝圆，或一端粗大，或两端隆起，无鞭毛，不形成芽胞，无自发运动	
肺炎菌	Bac pneumoniae	动物体	长1—2阔0.5—0.8	有单独，有两个相连，均两端钝圆，不形成芽胞，无鞭毛，不能运动	
赤痢菌	Bac dysenteriae	空气及人体中	长1—2.5阔0.6—1	两端钝圆，多单个独立，无鞭毛，有分子运动	
下疳菌	Bac ulceris cancrosi	人体	长1.5—2阔0.5—1	不形成芽胞，无鞭毛，不能运动	
百日咳菌	Bac pertussis	人体	长1.5阔0.3	单个独立，两端钝圆，不形成芽胞，无鞭毛，不能运动	

续表

名称	学名拉丁文	寄生地	体长	特征	附记
脾脱疽菌	Bac anthracis	人马之血液中脾中或组织中	中长5—10阔1—1.5	两端纯圆,多单个独立,亦有十数相连者,无鞭毛,不能运动,而形成芽胞	
马鼻疽菌	Bac mallei	马体	长2—3阔0.4—0.7	单个独立者多,两端钝圆,无鞭毛,不形成芽胞,不能运动	以上皆为短杆菌类(Bacterinm),缩写为Bac。案最初发现之细为短杆菌,故以Bacterinm名,今则一切细菌咸沿此名称矣
伤寒菌	Bacillius typhosus	人体及人之尿粪血液中	长1—2阔0.6—0.8	有鞭毛,运动活泼,不形成芽胞	
破伤风菌	Bacil ietani	人体	长2—4阔0.3—0.5	两端钝圆,能形成芽胞,有鞭毛,能运动	
恶性水肿菌	Bacil oedema-tis maligni	人体	长2—10阔0.8—1	两端尖钝不一,多数连成串,能形成芽胞,多鞭毛,运动活泼	
气臌菌	Bacil chauuoei	人体	长3阔1	有鞭毛,能运动,又能形成芽胞,其芽胞在体之一端或中央,作卵形	
肠炎菌	Bacil enteritidis	人体	长2—4阔0.4—1	有鞭毛,能运动,而不形芽胞	
大肠菌	Bacilcoli	人及兽之大肠	长2—4阔0.4—0.8	同前	
肠中毒菌	Bacil botulinus	动物肠中	长4—6阔1—4	能形成芽胞,有鞭毛,运动	以上皆为长杆菌类(Bacillus),缩写为Bacil
霍乱菌	Microspira cholerae	人体	长1.5阔0.35	两端钝圆,或单个独立,或两个相连成S状,每个体之一端有一鞭毛,能运动,不形成芽胞	

续表

名称	学名拉丁文	寄生地	体长	特征	附记
梅毒菌	Spirochaete pallida	人体	长5—15 阔 0.25—0.5	两端尖锐多弯曲，有鞭毛，运动有规则，不形成芽胞	
热痘菌	Spiro pertenues	人体	同前	形状与□相似，唯两端有尖有圆，有类似鞭毛之突出，以营运动	以上皆为螺旋菌类（Spirachcte），缩写为 Spiro

各种致病细菌，其重要者，约不外上表所列，唯其形状等等，断非仅凭肉眼所能观察，必须用检查细菌器具，并娴习其方法，始能周知；盖遇故军用细菌攻击，必先侦知其所用者为何种细菌，而后防御上及疗治上，乃有相当之把握，否则其性质不明，虽用大量之杀菌剂，亦有时而鲜效，愚所以不惮烦琐，详为列出者，职此故也！至普通杀菌方法，兹亦略举数种如次：

（一）药剂杀菌　药剂分五种：1. 升汞千分之一，水千分之九百九十，盐千分之九，混合后，用以洗涤各种用器，其杀菌之力极大，唯与人有毒，用后应再以清水洗之；2. 钾肥皂榴木油（Lysol）之二％液，亦可杀菌，既无刺激，性亦无毒；3. 石炭酸之五％液；4. 七〇％之酒精；5. 蚁欠酸之二％液；以上各种药液，细菌遇之，其生命不能经过三十分钟以上，即皆灭亡，故军人所用之防毒面具，其药罐中所装之棉花，如用以上各种药液浸过者，得同时为防御细菌之面具，惟防御毒瓦斯，仅防止其侵入口目各部，而细菌之为害至烈，无论身体，用器，土地，空气中，苟有一分子之留存，均足酿成重大之损失，故军衣，军帽，军靴等，均须用相当之喷雾器，装入上列药液之一种，遍喷其内外各部，使其灭迹；至金属制成之武器，如用升汞水杀菌，或引起腐蚀作用，使武器失其效能，须以千倍青酸水银液代之，唯青酸价昂，具有剧毒，用时须倍加注意！

（二）蒸气杀菌　蒸气杀菌器，分为三层：上层为蒸气甬，中层为水，就下层为罐；罐中生火，发生蒸气，以管通于最上层，中置温度计，并活塞，使温度得随时调节；甬之容积宜大，以便将应行杀菌之器具衣帽等，同时堆积其中；

温度以一百度为准,时间约须三十分钟,如物品太多,时间得略为延长,以便蒸气充分透入,至迟经一点钟,细菌未有不完全消灭者。

(三)滤过杀菌　部队中所用饮料,须先行详细检查,如发见含有病菌,应即设法滤过,唯兵士数量既多,普通所用之滤过器,势难供给,唯有临时筑成三池,高下相接,先以少许次氯酸钙(Calcium Hypochlorite)或明矾末,投于第一池,而搅和之;第一池之半,装有木炭屑,由第一池流至第二池,池底装有细白砂,而通过第三池之口,则以普通滤过器所用之砂砖砌成之,直至水流入第三池中,始可饮用;三池池面,亦须严密封闭,以防外物之侵入;如仍虑滤过太迟,则于各池口装置抽气机,以促其滤过之速度;然此种设备,装置既难,经费亦巨,我国经济力量,固属艰涩,在仓遽行军作战中,时间上尤不许可。

此外尚有热气杀菌,及间断杀菌诸法,以其手续烦难,不适军用,故概未叙及;总之,细菌战为军事上最新之出产品,各国虽日夜秘密研究,然其结果,大率秘而不宣,我国既预知将来之国际战争,势难避免,一到两军交绥之日,敌军以胜利为目的,任何惨酷不人道之战斗方法,势必举以相加,毫无顾忌,我军界同人,对此苟毫无准备,其危险何堪设想?愚谓军政当局,亟应特设专科,延聘名师,召集各军官及医学界之研精此事者,合力研求,以期遇有此种危险时,获收相当之效果,则我国军事前途,庶有豸乎!

(南京《军事杂志》第 68 期,1934 年 8 月 1 日,第 187—196 页)

将来之细菌战

(1934 年 8 月)

唐宝镐

自平面战争,一变为立体战争后,所用枪炮子弹,层出不穷,日见进展。乃军事专家,似尚恐杀人之不迅速,竟有所谓毒气弹出现,使用之初,一炮可死万人,犹嫌其不能完全歼灭敌众,乃又有所谓细菌战出现。

细菌战者,以最毒最易传染之微生物,用作兵器。令人一经沾着尽皆传染,立失其战斗能力,与动作能力,而辗转于枕席之上。

细菌战虽如此惨毒无比,然将来是否能作为战争之用,或施之于敌人方面殆犹有疑问。何则？据波菲玻尔敌德，及马德星加龙各教授发表之意见，则认为苟能防止得法，对于施放细菌在实际战斗结果，并无若何影响。因通常作武器用之细菌，大概以窒扶斯（Tophus）虎列剌（Cholera）菌最为普通，然使撒在饮用水内，则可用滤过法，若撒在河水内，则可用盐素处理法以防备抵御之。由是敌人除以飞机直接撒在贮水池之滤过水内，使之无法滤过清洁不为功矣。

但敌人使用飞机直接撒毒菌于贮水池之方法，不仅施行困难，仍可用豫防接种方法，以杀减其效果。又敌如使用传染鼠疫（Pest）之传播法，则鼠能自由往还于两军间，敌人固然危险，而己方亦受同一危险。并依经验，对发生鼠疫之地，亦有急速防止之方法，是亦不能认为如何危害。若使以虱子传播窒扶斯病，则其危险愈形薄弱。

设将毒菌涂入兵器中而使用之际，则使用之细菌，（如连锁球菌炭疽菌鼻疽菌等）须遥为豫备。但过于涂早，则细菌已逐渐失去其危险性，若填实弹丸内发射，则因冲动高温度，及不能抵抗爆发力，而全归死灭。由是考察细菌保持危险性唯一之方法，须将细菌球装入玻璃器内，而由飞机从高处投下之为愈。

大多数研究细菌学专门家之意见，认为无论何种细菌之性质，能使一国之家畜及农产物均能传染死灭，目前尚未发见。然加龙教授，则谓凡寄生于农产物上之毒菌，今以飞机有撒布之可能性，故对于前者之意见，不能同意。

现在卫生学及微生物学日益发展，对于毒菌之传染性质，均已认有制限，又谓传染病，决不与战争胜败，生有何等之影响。即据研究细菌战之专门家，亦不承认以细菌作战，即可疏懈敌之防御，而任我蹂躏，是则细菌战，固可不足畏惧乎。然现在研究细菌学者日益进步，将来设有一种极易传染之细菌发见，令人无法防御周到，而军营中全为其传染之际，则在军事上将受如何之影响乎。玻尔敌特教授，曾援引普加利斯特氏，在德国使馆中，令以毒菌传染 Raumania 骑兵，一面又令培养鼻疽菌以作传染剂之用，是则细菌战显含有作战争用之价值。

依炮兵战之方法，撒布病源菌之不可能，已为世人所公认。今唯一之方法，令以充满细菌之球形玻璃器，从飞机中掷下。非仅军队中之阵地，受极大危险，而对一般民众，亦含有直接传染危险之可能性。是又为世人所公认者也。

用飞机直接撒在澄清池水内，以为危害一般民众之方法。现虽不易达到，然使飞机用法进展，操纵技术，益形进步，将来终有易于撒到之一日，其将如何防御之乎？

据法国专门家检查官朱志氏言，若将装有病源菌之小容器，能自动打开，从飞机上面，投于饮料水中，防御之法，极不容易。设因防此危险，而盖住贮水池表面，亦不可能，盖饮料之水，大概接触于空气者为多。

又对病菌如用接种方法豫防之际，从令军部内，亦能如一般民众，得严密接种，或对已知之病源菌，豫先设法防避。然细菌种类，非常之多，防御正亦不易。

今试从接种方面讲求防御方法。则以现今最猛毒之病源菌，既易于繁殖，并因染毒之菌，日多一日，诚恐不能解决之问题，接踵而来。况病菌中仅连锁球菌一种，已达三百余种，其他尚有所谓化脓连锁球菌，发热菌，及种种连锁球菌。对之使用防御手段，势不能即以是等腐败之连锁球菌接种，固不待言，又如一种感冒细菌，无论在自动上、受动上，谓能免避传染，势已有所不能，他更无论矣。

此外病菌中，又有一种结核菌，设经传染，须长久治疗，故关于接种防御，亦仅局部告成。若 Pest 细菌，则以其毒太甚，竟有无法实行接种以施防之。概由此观之，如求得到消灭病菌方法，恐尚须牺牲无数生命，始有成功希望也。

要使传染感冒或赤痢反结核等病，如将 Uustard 与细菌混用之际，传染既易，防御尤难。此则以 Uustard 瓦斯，一沾染于人之身上，能使人对细菌传染抵抗力弱，有陷于慢性状态之特性。因之有犯 Uustard 毒者，设再沾染细菌毒，其人必死无疑。

各国研究细菌兵器，在欧战时，虽鲜闻见，然据国联研究化学战委员会之报告，某国曾欲使 Rowmani 骑兵，一律感受病菌，而极力培养鼻疽菌，以撒布于战线中。是则某国既欲将毒菌撒布于战场中,而对各国民众之间,自亦能随时实行其撒布毒辣手段。幸而计划未成之先,战争已告终结,否则各国所遭惨毒之祸,将更不堪设想。

将来细菌兵器与毒瓦斯,在大战中,其成为单独使用之兵器,已从各国现今研究细菌战之方法中,足可证明。

例如一九二九年,英国前首相鲍尔温氏,在众院中,声明国际联盟军缩委员会,质问英国政府,是否对从事研究毒瓦斯之公私研究所,今后决拒绝援助,且不问公人私人之间,是否思制定一种禁止研究毒瓦斯或细菌之法律。现已回答并无此事云云。是鲍尔温氏,以英国政府,当他国政府,未能有同一觉悟禁止研究之前,英国因防护毒瓦斯及细菌之攻击,自不能不极力研究也。

现今世界,为人类最受威胁之世界。从前枪炮作战,不过受害于作战之区,自欧战时,发现飞机毒瓦斯以来,除战区之外,无论何处人民,均已受有威胁之感,防御亦日见其难。今又有所谓细菌战,各国在平时,先研究其如何培养最猛毒之细菌,可使战时撒布于人间及动物之间。又研究如何使用方法,可使敌国无不感受传染病。又研究使用如何毒菌,可使敌国无法防御。平时苟能明晰此种使用方法,加以研讨,则于战时自可应付裕如,其对于防御方面,亦不致手足无措,是亟当未雨绸缪也。

(《海军杂志》第 6 卷第 12 期,1934 年 8 月,第 39—43 页)

细菌战论

(1934 年 9 月 1 日)

胡献群

细菌战争之恐怖,几乎惊动了全世界,尤其在现代的欧洲,第二次大战之祸要降到他们头上的时候,一般人民提起飞机和毒气两件事,已经心惊胆战,那更受得起细菌的威赫,所以报纸上或杂志上偶尔发现一段讨论细菌战的文章,弄得一般看的人都缩颈吐舌。

我们中国一切武器都不完备,现在我们军队用的武器,还赶不上列强在第一次大战时候用的哩！枪，炮，飞机……，这些基本的武器都不完备，那里还谈得上细菌呢？不过我们应当知道细菌战到底是会甚么事？细菌战怎样可怕？一则是要知到现代的武器进化之趋向，一则知到了他的底蕴，不至于受无谓的恐赫。

自从欧洲大战之后，细菌战便引起了一般军事家的注意；一九二二年华盛顿军备限制会议里便提及这细菌战，于是请了四位学者，组织一个团体，专事考察细菌战之可能性和牠的威力，他们后来向国联会报告考察的结果：

1. 细菌倘用为兵器，其杀伤之数量，将不胜其计，而威力所及之范围，不可限量矣！

2. 现代对水之消毒方法，可以杀除伤寒病菌与虎列拉菌。

3. 凡一种有传染性之病菌，若用为兵器以资杀伤，其害可及于敌人者，亦可间接及于自己，故其害于攻击者与被攻击者均等。

4. 伤寒病一般人咸认为最危险而凶猛之传染病，其实未必十分凶险也。

5. 现在一般之卫生方法，满足以限制传染病菌之传播。

自从这几位学者的论调发表之后，一般的人如得一种安慰似的，对于细菌的讨论没有从前那样热烈，但是到了去年——一九三二年——各国为了准备军缩会议的提案，对于限制各种新兵器发展的问题，都特别注意；细菌兵是新兵器之中又新者，又更可怕者，自然逃不了大家的格外提防，不过或者是因为一般鼓吹和平者故意张大其辞，把细菌形容得比任何可怕的兵器都要可怕。

因为有这许多军事家和科学家的言论，一般的人都承认细菌兵器确有严重性，而且更承认到将来细菌兵器会成战中一个甚大的问题，于是在日内瓦军缩会议中竟把细菌和化学兵器并成一个议案讨论，细菌兵器既有这许多人去讨论，而且有公议禁用的价值，正和欧战以前毒气在海牙会上被人们讨论，禁用一样；毒气到现在已成为一种正式而公开的武器，又谁能断定细菌将来不会成一种正式公开的武器呢？因此细菌兵器问题所以值得我们军人根据事实去研究。

在未开始研究细菌兵器之将来的问题以前，先观察毒气用为武器的过去，现在，和将来：大凡武器发展的原动力，都是由于战士——现在所谓军人——利用智力去制服敌人，所以人类的智识愈高，武器的发明愈巧，但是每一种新武器发明以后，一定会遇着两种阻力：

1. 一般军人用惯了旧武器，对于新武器不是没有信仰，便是认为牠不及旧的。

2. 鼓吹和平者总是认为新兵器比旧兵器惨酷，而多方努力阻止牠发展。

毒气在酝酿成为武器的时候，当然受了许多和平使者的摧残和阻挡，然而军人的要求毕竟使牠形成一种武器，不过毒气既引为军用，一般军人对牠，最初却没有信仰心，譬如欧战时，一九一五年衣勃来之役，德国人用毒气攻击同盟军，当时德国人对于毒气完全没有信仰，用毒气攻击时，当地的军官都处一种观望，尝试的态度，而且相信牠不会发生什么效力；殊不知毒气一放，敌人当者皆死，竟造成数里宽的间隙，正是一个中央突破的好机会，然而德人迟疑，观望，竟错过了这个好机会，不然，一场毒气或可以结束大战；毒气之威力，真不可谓不大矣！可惜遇着了力量更大的人的阻力！

现在毒气在武器中的地位，可算从"附庸"而"蔚成大国"了！

将来毒气是不是会废止呢？大凡一种兵器的存废问题也有两个条件：

1. 大凡一种兵器，除非有一种效力更大的能代替牠，是绝对不会废除的。

2. 大凡一种兵器，除非对牠的防御方法十分安全，使牠不能达到杀伤目的外，是绝对不会废除的。

至于主张和平者对于兵器的反宣传和阻力，于兵器的存废没有多大的影响，所以毒气的存废，全看将来军队防毒的能力如何与将来的武器新发明是否有威力能超过毒气者。

将来细菌兵器发展，代毒气而握战事的权威者，就是细菌兵器么？让我们细细的讨论：

把世界各国和我本国的战史翻开，可以看见传染病在过去战争中之痕迹，可以知到传染病对战事影响之大，有时候军队中瘟疫流行，或交战国国境内瘟疫流行竟可以使全军陷入绝境，这种史迹多不胜举，这些古代的细菌到现在依然存在，牠的性质或许还是和古代一样的，古代军队中流行的六大种疫病现在还是一样，所谓六大种流行疫病者：

1. 伤寒病

2. 痢疾

3. 虎烈拉（或曰霍乱病）

4. 瘟热症

5. 鼠疫

6. 天花

除此六种外，当然还有许多疫病可以影响军队的，如：重伤风症，疟疾……等等都是很凶恶的疫病，上面所列的六种乃是军队中最常发现者。

一般人所以听见细菌兵便恐慌者，因为他们以为：疫病自然的流传已经这样可怕，将来假使再用牠做武器，用人力帮助牠传播，牠之为害将比从前加倍又加倍了，却是或者没有想到：现在防天然疫病流行的方法对于防止人力布散的疫病是一样有效力的，即使细菌用为武器，也不至于像他们所想的"加倍又加倍"凶恶，却是用细菌当武器，牠的凶恶已经够受了。

要想知到细菌兵器的利害，首先要知到什么细菌可以当作武器，其次要知到如何可以把这些细菌放进敌人的身体，使他害病，使他传播。

可以供军用的细菌或者是能致病有生机的东西，大概可以分为三类：

1. 可以传播的　这就所谓传染病，病源是细菌，可以人传到人，或者人传到禽兽而间接传到别人，以前提的六种，都属于这类。

2. 只能沾染的　譬如破伤风之类的疫病，只会沾染，而不会传播。

3. 细菌毒　这就是细菌生殖而产生之毒素，譬如"波塔力拉士"毒质（Botulirnus Toxin）虽极小之一点，侵入人体，即是以致命。

对上述几种细菌和毒质杀人之效力，谁都不会有疑议，至于发生问题，就是"怎样使细菌或毒质侵入敌人身体的方法"。

用细菌或毒质当武器须顾虑两点：第一、要如何使得敌军发最凶恶的疫瘟；第二、敌人既受疫病的摧残，自己要如何去避免受敌人的传染；细菌是不能分别友军与敌军的，当着了牠的人都是一样病，一样死的，所以用细菌攻击敌人,假使没有防止细菌的安全方法,势必至于害到自己。

研究细菌兵器,换言之,研究用细菌杀人,须先研究病菌传播的路线,上节所述可以传播的病菌,可以照地传播的路线而分别为四种:

1. 排泄传染病——排泄传染病,是藉排泄而传染的;患者身体里的细菌一部份跟患者的大便排泄出来,走进了一个好人的肠胃里,使这个好人也生病,这就是排泄传染病;伤寒病,和霍乱便属于这类。

2. 呼吸传染病——呼吸传染病,是藉呼吸器官而传染的;患者身体里一部份细菌从患者呼气走到空气里,走进了一个好人的呼吸器官而使他生病,这就是呼吸传染病;重伤风,天花和军用病菌最重要的肺部黑死病都属于这类。

3. 昆虫传染病——昆虫传染病,是藉昆虫而传染的;昆虫吃了患者的血,肚子里有了患者身上的细菌,他再去吸一个好人的血,于是把病菌注到好人身上去了,使好人生病,这就是昆虫传染病;普通昆虫传染病菌,须在昆虫身体里经过一个相当长的潜伏时期,但鼠疫菌是例外。

4. 直接传染病——一个好人和患者直接接触而传染到患者的病;这种要直接接触才可以传染的病,就是直接传染病;性交病——梅毒——就属于这种;这类的病菌,在军用的价值很小,以后可以不必多加讨论。

研究毒菌传播的方法,可以断定只有前三种的病菌可以用做攻击敌人之武器的。

军队卫生设备不完全,或军医不良的军队,遇着排泄传染类的疫病——如伤寒病,霍乱病,痢疾等等的病——流行,的确是一种最大的恐怖,这种疫病,假使一个军队的卫生不良,不待敌人布散病菌,他自己都会发生的;假使卫生设置完善,虽有敌人布散病菌,亦不足为大患。

排泄传染病菌,大多寄生在饮水里,或食物里,将来作战,攻击之目标不仅是敌国的军队,连全国的人口都要计算在内的,假使用细菌做兵器,敌人的间谍——奸细——或者会把霍乱菌,伤寒菌等等偷放到饮水源或牠的食物里去,所以作战时,军队对饮水源应当严密戒备,至于一般民间饮水源范围太大,却不容易戒备,故细菌战时,民间饮水戒备,或将成一个严重问题。

现代消毒的方法,可以避免排泄传染类疫病,但是对于呼吸传染类的疾病,却没有澈底的办法,譬如:天花可以用种痘的方法避免,白喉可以注射白喉菌毒避免;但虽然可以避免,却是以毒攻毒的方法;换言之:把那种细菌或牠的毒质注射到人身上,使人身体的组织受惯了那种细菌或牠的毒质的攻击,而发生一种抵抗的能力,所以不是澈底的办法;此外还有许多完全没有办法的呢? 那么这类的疫病岂不是很厉害了么?

呼吸传染类的病中也有几种,虽是凶恶,而不中武器之用的,譬如:天花可以预先种痘防备,白喉对成年的人没有大效,诸如此类的病很不少,在研究细菌战中,可以不必挂齿,但是像重伤风,肺炎等类的病,牠中伤人类的威力既不受年龄的限制,又没完全对付牠的方法,倘能用为兵器,必有特殊的效能。

但是,想利用重伤风和肺炎之类的细菌,使敌人方面发生瘟疫,不是一件很简单的事:第一这类的细菌,纵然被人传染到了,当时敌不住人身体里面的自然抵抗能力,所以任牠在处都有,而决不会造成很大疫病;第二即使牠战胜了人身体的自然抵抗能力,使人生病,然而自传染至于发病中间要经过一段很长的时间,这便无形成疫病而收速效之可能,因为所谓疫病者,乃是传染极快而致病亦极快也。传染之速度既小,致病既不易,便失了军用的价值了! 况且这类病菌经不起自然界的摧残,像脑膜菌样,血液的温度已够杀死牠,故使用牠造成疫病,更其不可能了!

昆虫传染病菌中,最厉害的一种是鼠疫,牠的传播很快,也很凶猛,可是鼠疫一起,不易收拾,用牠来杀害对方的敌军,势必同时会杀到自己的军队,一则俘虏会传染,二则有鼠疫的老鼠不能辨友军和敌军,他们是两边都要光顾的,所以除非是大退却,绝不可在战场上用鼠疫攻击敌人,至于用牠来扰乱后方百姓是很可能的,不过一国的卫生设备完善也不至于会成大患,譬如一九二四年印度发生鼠疫,印人死者五十万,而英人死者不过数十,由此可见卫生之效力。

其次,便是虱所传播的伤寒病菌,牠造成疫病的力量也很不小,可是只要限制虱的行动便可以免细菌传布;限制虱的方法很简单,所以这种病菌在军用上也没有大效力；至于黄热病，因为不容易利用，差不多没有人提及用牠做武器。

结果，在"可以传播的"病菌里面，几乎没有一种适用为武器的。

其次，关于"只能沾染的"病菌，有几种真是可怕，例如：破伤风菌，化脓菌和"安士拉克斯菌"（Anthrax）等等，这类的细菌的抵抗力甚强，牠脱离了牠寄生的物体以后，可以维持很久不死；最适于细菌战用的要算是这类的细菌，尤其以"安士拉克斯"菌为最相当。

用于细菌战的细菌，要适合下列几个条件：

1. 要极恶毒，而收效极快。

2. 最好要能伤人同时又可以伤军用兽。

3. 抵抗力要强，要能经久不死，最好要能耐火煮，而且要使能耐简单消毒手术的煎熬。

4. 要各种人身上的器官都能侵袭，如呼吸器官，消化器官，或者是破裂的皮肤。

5. 要传染得不甚快。

6. 要能用很少的手术，找到很多的这种极毒而耐久的细菌。

"安士拉克斯"菌之毒可以立时致人之命，牠可以经久不死，牠的抵抗力强，所以最适于战斗武器之用；不过这类的细菌不能传播，而且一定要趁人的伤痕才能侵入人体，所以牠只能使患者的治疗手术增加麻烦，而不能在炮火杀伤之外增加杀伤，即使能将非炮火中伤的人致死，为数亦极少；所以这类细菌的威力，同枪炮炸弹差不多，用不着格外怕他。

至于使用细菌作武器的技术的困难尤其多：炮弹里，因为发射时温度太高，没有容纳细菌的可能；用飞机传播破伤风类的细菌，效力反不及投炸弹的大；即使差奸细去敌国播破伤风类的细菌，势力所及也小极了，反不及飞机和毒气可怕哩。

细菌毒，像"博塔林拉斯"菌毒，的确很毒，只用·〇〇五米里格兰姆的毒质，可以毒死一只很大的猪；有的人测度：用飞机装足了这种毒洒到敌人城市里去，可以消灭全市人口，其实是笑话；欧战时造用的子弹之多，可以杀尽五倍现在世界上这样多的人,然而现在还有人在世上,这种公算,确实难靠,岂可以毒力的比例来计算杀伤呢? 细菌毒之毒也不过毒气一样罢了!

总而言之:人的思想进化,技术进化,武器也跟着进化,细菌战现在虽似乎没有实现的可能,然已成一个严重的问题,究竟将来细菌兵器如何? 完全看事实上的发展,不管好战的人吹嘘,事实上办不到的东西终久不会出现的,不管非战的人阻止,人力做得到的兵器终久要上战场的,我们应当不断的监视细菌兵器之发展,易曰"知几其神乎!"毋使人攻我之不备也!

（南京《军事杂志》第 69 期,1934 年 9 月 1 日,第 80—87 页）

细菌战

（1934 年 11 月 30 日）

蒋公权

三年前伦敦军缩会议之时,细菌兵器实为一研究之重要问题,当时诸外国之杂志上,关于此种记事,亦常见不鲜,目下关于细菌战一事,尚分为可能说与不可能说二种,是为相当复杂之问题,二者孰为合理,非经专门家之分析解判,则不能明其细底,兹就可能论者与不可能论者所述理由,列举于后。

不可能说

一、细菌与炮弹,爆药,毒瓦斯,等不同。不能豫期即效性,所以于战斗之胜败上直接之利害不大,因其不能期待战术的效果,是以当作兵器使用,不甚适当。

二、使用细菌,欲使用者自身免除危险,而可安心送致敌人者,于技术上之设备,诸多困难,若欲藉炮弹射放,则依爆弹之冲力,高热,及爆发力等,对细菌之生存上亦不可能,若欲用飞机直接或装于容器者以撒布之,则亦有各种障碍发生。

三、现今预防医学之进步,所谓细菌兵器之使用者,对于病源菌之大部,可以预防接种（预防注射）等方法以防遏其病菌之发生。

四、传染病之大流行,通常多不在食物而在饮料水及牛乳等传染之,然无论其为饮料水为牛乳,多不生饮,所以虽有细菌接触与混入,经过滤化与消毒等手段，即无甚危险，是以欲在饮料水等施放细菌亦不易生效。

五、欲使细菌于有适宜之时机有效使用之，非豫先培养贮蓄之不可，若欲豫先培养，则于细菌之生活力上考虑之，亦有相当困难也。

六、细菌之使用，当然于自己军队内之传染波及，在所不免，所以只为杀伤敌军而欲其发挥如兵器之用途者，则尚未也。

七、传染病之流行，非专由病源菌之接触或潜入所能诱发者也，所谓传染病流行之机转云者，即传染病不能在单纯之条件下发展，四周之环境，人体之抗力，气候风向等各种条件完备之后方得猖獗，是以有作为的诱发传染流行与自然流行，其间大有悬隔也，若欲使其起作为的流行，其自身尚有疑问也。

可能说

一、使用细菌以歼灭敌人，是以细菌当作兵器使用，本来甚多效力，惟其于过去尚少实例耳，以前虽不得病源菌之大流行，而于局部之流行尚不少焉，盖细菌不能于其所豫期之良好时机内发生效力，故其使用不甚重视，但将来战争之状态，容有变化，以细菌当作兵器使用，当不致如前轻视矣。

二、细菌之使用技术，依炮弹之射放法，虽不能实用，然于飞机各方面之进步，则不可不注意之，现在法国之某氏，对于自飞机投下之细菌投下器，业已发明完成矣，困难容或有之，若曰无使用细菌之技术则否也。

三、豫防医学之进步，与免疫术之发达，虽皆为事实，然其尚未达万能之境，对于既知之传染病菌，当然可以豫防，而对于新奇未知之传染病菌，则虽医药如何进步，亦不免一时手足无措也。

四、细菌之培养保存依其种类之不同而有分别，生存力之薄弱者，虽难于保存，而现今研究所得约有三百余种之病源菌，其培养与保存皆简单，是可知细菌之保存，亦非完全不可能也。

五、瓦斯与细菌并用，是几为今日化学战所公然准备者，感受伊培利脱瓦斯者，对于细菌之感染颇属有利（对此最近只关于结核尚无事实可以举例，此为 Koonty 氏所证明者。）

六、凡所谓新兵器者，当初或有不明其性能而反对之，古来所有之新发明无不如是、经过相当之时期,即为一种必要品,盖绝对可以信赖者,当初亦未必重视也。

七、战争以歼灭敌人为目的,所谓不入虎穴焉得虎子,既为歼灭敌人计,友军及自国民当然须有相当之牺牲,可不介介也。

可能乎抑不可能乎

以上所述可能论者与不可能论者,两者各有理由,但其到底何者为是,何者为非,而对于是项缺乏专门知识者,总不能轻易判决之也,细菌对于将来之战争,有人以为可以相当利用之者,岂得谓其妄断哉。

当一九二二年华盛顿会议之时,德之 Pfeiffer 法之 Bordet 丹麦之 Madson 美之 Cannon 等四人对于该问题讨论之结果,报告于国际联盟会,其要旨为"依现在之卫生学及微生物学之知识,用传染病菌以决定胜负,或用细菌以打破敌之抵抗力,是为不可能也,"否认细菌可以作为兵器,同时苏俄之俟沙皮西夫杂志,亦有如下之"彼等为瞒蔽世人之眼目,特作不澈底之报告,一旦归至本国,即为政府研究细菌战之先锋,"记事,而事之真伪,虽难予保证,惟细菌学之进步,是有不断之事实可以证明,此为有心之科学家所教我者,不可不慎研究之也。

世界大战之末期,德军为对意军之骑兵使用细菌计,在罗马尼亚之首府勃格莱斯脱培养鼻疽菌以资使用,又明察俄罗斯对于卫生之设施尚未完备,在瑞士之吉里西之总领事馆内培养虎列拉之细菌,将此细菌装于自来水笔内,交过激派送递于俄国内地,及至俄国帝政崩倒,卒未实现,是为当时一般新闻纸上所宣传者,综合上列各种情报,对于细菌之应用,早已成为事实,而于俄国杂志上之警告语,更不能无感矣。

细菌兵器之效果

古来之大战争,对于传染病,类多不能救治,以至于战争之胜负上影响甚大,但依其交战地之状况,气候,风土,及军阵医学之进步等,其传染之程度各有不同,惟其无传染病之流行者则甚罕见,且病菌传染之战疫患者之数,往往较战伤死者之数为多,前者较后者为少者是为二十世纪医学进步后之现象也。

　　对于传染病单讲究其防遏法,尚嫌不足,是为既然之事实,近来医学虽有特殊之进步,若欲对敌有积极的使用细菌之企图,则其惨状亦有不可想象者,而尤以少数兵力对敌作战之时,或使敌东奔西走不能埋首作战之时,或在蒙昧未开之蛮地及在瘴疠弥漫等不健康地作战之时,对于细菌之使用效力更著,无论其军队卫生之组织如何,亦难收特殊救济之效也,虽然其朝晨所使用者至日暮而不能发挥其即效性,但兵力之消耗上关系甚大,遂有战略的颓势发现也。

　　第一十字军于出征当时号称四十万之兵力,及至凯旋仅剩三万,女杰奈伊卿之蹶起与格里米埃战争之惨状,皆为远古之事实,于现代战之一般状况,恐不能推测矣,是亦不过示往昔对于传染病之猛威已耳,不可能论之一项内,关于诱发的流行之状况,虽不能推断,但为比较之数据计,如一九〇〇年美西战争时,美军之病死者数,为兵力一千人中之二十六人,约为战死者之五倍,且其八十五名为肠(Tyqhous)窒扶斯。

可以使用之细菌

　　意大利 Peratee 军医之言曰传染病患者与刀枪炮弹之负伤者不同易于获得传染之媒体,容易培养大量之病菌,培养设备较弹药之制造设备为简单而经济,且其使用人员较少,试验研究上之秘密保存比较容易,可以供奇袭的使用,综合上列各种理由,所以细菌当推为最有利之兵器,而该军医要求利用细菌之条件列举如左,虎列拉 Cholera 菌黑死病 Pest 菌,窒扶斯 Tyqhous 菌等为其总称

　　(1)容易传染繁殖且对人马之感染力甚大

　　(2)感染人畜之死亡率甚高

　　(3)生存力甚强且在人马之外体须得长久生存者

　　(4)使用之手段与装置甚为简单

　　去年春季,美国各兵科之杂志,几全部记载美国三等军医正 Leon A. Fox 氏所发表之细菌战,其所谓细菌战者,凡染入人畜之体内,或使其生疾病之生物的因子,换言之即普通传染病菌,创伤性传染病菌,细菌性毒素之三者,合并考虑之谓也,Fox 氏之学说与前记意大利军医之概说,二者到底可以

信赖至何等程度，虽不能遽断，兹将其概要说述于下。

一、消化器系传染病

赤痢，室扶斯 Typhous 及虎列拉 Cholera 等皆属于此种，现今关于此等细菌之利用价值，自豫防法（豫防接种）进步后，大生疑问，此等疾病，大多数由饮料水及牛乳为大流行之媒介物，然自净水法进步后，水为传染病之媒介之机会大减，牛乳亦然，与往昔不同，自施行杀菌后，其传染亦甚困难，不但如此、该种细菌几到处有之而患者甚少，是为一般所周知之事实，由此观之，胃肠系传染病于卫生设施进步之军队，当不致有所惧也。

二、呼吸器系传染病

痘疮，猩红热流行性感冒，普通感冒，流行性脑脊髓膜炎，流行性肺炎等皆属之，对于此等细菌之预防手段，虽不能说绝无，惟较消化器系之细菌为迟，其内有几种细菌，对于感染者之年龄，大有关系，非全部可以利用之也，惟流感，肺炎，普通感冒等得有利利用之，但其感染流行之机转，非由病源菌之侵入体内而起，奈为菌之侵占环境所发生，所以对于实际之利用颇不容易，防止此等病菌之传播蔓延甚难，故到处皆有此菌存在，但感染此菌者亦非完全被其征服，而对此菌之惯驯不足，或抵抗力薄弱者，往往为其牺牲者而已，大战中为欲使流感与流行性脑脊髓膜炎传波起见，曾思各种利用法以事培殖，然因其不易造成流行之环境，是以殊未见实效耳。

三、依昆虫等之媒介所生之传染病

伤寒，黄热病发疹室扶斯 Typhous 腺黑死病 Pest 等，皆属之，于将来战争之影响最大者，恐为是种传染病是也，其中以腺黑死病 Pest 最为适宜，是为多数学者所深信者，其次为发疹室扶斯，Tyqhous 亦属有效，其使用法以飞机或其他如病鼠之投下放散等，是为一般所提倡者，惟其因俘虏或病鼠之窜入等，而感染于自己友军者，是不可不注意也。

发疹室扶斯 Typhous 为细菌兵器恐布论者所十分惧栗者，因其富有破坏性也，其至主要媒介物为虱。

四、创伤性传染病

Tetanus 破伤风 Gas Gangune 脱疽 Anthsax 炭疽热及普通化脓菌等皆

属之,此种病菌与前三项所述如人与人之传染,其传染之意义,稍有不同,即如某种病源菌在组织中传染蔓延者是也,其较优之点如下,(A) 人畜二者皆能感传,(B) 富有即效性,(C) 毒力强大,(D) 只传染于身体之一小部份较为人道,(E)菌之生活力甚旺盛,虽在体外无论何种恶条件之下,皆能长久生存,若消毒不澈底不致死灭,(F) 培养简单且甚容易,但对破伤风 Jetanus 已有有效之血清疗法发明,对脱脾疽 Gas Gangune 依目下外科之进步,到底有几何价值,尚属疑问,对于炭疽热 Anthsax 目下医学界有相当补救,不足为患,惟其最难者为对敌使用之技术问题是也,菌之生活力虽大,尚不能装填于炮弹内以资射放,若欲用飞机施放,则亦有相当之困难也。

五、军用动物之传染病

关系此点暂不详述大概与人类使用细菌者相同,尚有若干之技术难题存在焉,惟防者对于病马鸟等处置,较人类为有利,即可用屠杀埋藏等手段以防其蔓延也。

结论

总上所述到底细菌战为可能乎,抑为不可能乎,又何种细菌宜如何使用方可生效等等,皆无确实之判决与明确之发表,惟当兹科学昌明之秋,今日所不能使用者,明日即可为有效之兵器矣,发明与研究,皆与时机有密切之关系,试观欧战前之兵器与战后兵器之精良,质素,多寡,及发达等,相去岂霄壤已哉,当兹国际风云日亟之时,愿国人共图之。

(《航空杂志》第 4 卷第 11 期,1934 年 11 月 30 日,第 63—68 页)

空中细菌战

(1934 年 12 月 2 日)

芥舟译

此篇系摘译自去年日本出版之空军书中之一节。空中化学战,陆上化学战,吾国已有是项专书,是供留意未来世界战者之浏览。唯关于"细菌战"一项,尚鲜专著,国人似亦未意识及此种武器。然"细菌战"之堪恐怖,正未亚于化学战。犹忆去岁长城酣战时,华北数省,谣有敌人

撒毒井中之事,风声鹤唳,人人自危。唯据稍具医学常识者观之,敌方
如无撒毒井中之事则已,如有则必生活力强之"细菌",盖此成本低,收
效大,决不似其他毒质类价值昂贵易稀薄于水也。藉如一端,亦可窥知
"细菌战"之扰乱后防,俱有若何之威力。译者因译航空学通论一书之
便,并将此篇附带译出,公诸国人,或于留意世界未来之科学战者,读之
不无稍补云尔。

译者识二十三年十月于北平

一　细菌 Bacteria 在战武器上之价值与欧洲大战间之实例

近代战之特性,其内容与方法,残酷已极,终为人道上所不许,如:燃烧
弹与烈性毒气之用,其例也。此外,尚有细菌之使用,则将来战争之惨酷,可
髣髴其梗概矣。

究则细菌战,果系如何之情形? 顾名思义,略可想见。是即以传染病之
细菌,撒布于敌人之兵士,马匹及人民之头上,使彼等感染其病毒,或以之而
丧其生命,或以之而疾病,不堪工作。然传染性之病菌,因其传播,足致一般
人民与家畜于死地,此又系何等令人战栗者乎!

欧洲大战初期,飞行机格斗于战线上空,或飞往敌国内地,轰炸其居民
时,各交战国之国民,即互抱有使用细菌之恐怖。是也,开战后无几,德军即
企图撒布"鼻疽菌"于意大利之军马,卒藉飞行机以撒布之。

大战后之第三年(一九一六年)三月,奥国飞行机,对意大利之北部某
地,投掷芳香有毒之细菌。

翌年(一九一七年)五月二十一日,奥国飞机,又对意大利佛拉拉(Ferra-
ra)地方之喀地哥那(Gadigono)掷下最堪恐怖之"虎列拉菌"。是时意大利之
保罗尼亚军团长艾斯喀尔大将,乃发惊告书于佛拉拉之防空指挥官。略曰:

"为惊告指挥官事:五月二十一日之袭击中,奥国飞行士投掷之'金平
糖',据保罗尼亚大学药学权威者之分析,发见含有'虎列拉菌'。

今尚在继续分析中,似犹有其他病菌之发见。"

类此之金平糖中,谓为含有细菌,似未可凭信,但在诡谲万变之战斗方
法上,正亦未容恝置之。

是年(一九一七年)十月十二日,俄国政府与罗马尼亚政府,发表次述之声明书(Communiqué)以攻击奥国:

"投掷有毒之芳香气及虎列拉菌于奥京康斯坦亚(Conotantza)使敌感染其菌毒。"

尚不止如斯,一九一七年十二月,法国巴黎且发表如下之非正式报告记事:

"德国飞机,曾掷下包拉哥莱市;其包皮系英国登陆者,其内乃肉松粉及肉汁,盛之以盒。但食者之家庭,竟尽归死亡。"

德国在大战中,类此之非人道的行为,初非仅对法国为然,据称德国之飞行机,并意大利等国亦施及之。

诸如上述,乃欧洲大战中当时之记录,此外其例犹夥。此等记录,姑不问其是否公式,及其可凭信程度若何? 更亦不必论其是否出于敌忾心之诱发,故发此言为宣传之手段与否? 但吾人对于采用此种病菌为战争武器者,不拘于其理由之何若,假令彼有此种实际之行为时,即认为重违战时公法。总之,人类史上前无类例之可憎空中细菌战,于斯始矣。

污沾人类史之细菌战,战后欧美列强间,据称尚作秘密之研究。于是,始有细菌战争专门家之聚讼争议。一方论者则谓:

"即令以细菌为战斗材料,然亦因其抵抗力薄,难收效果。殊以近代科学之进步,藉适当有效的预防,足防杜其危险。"

而反对论者,则又谓:

"唯因科学之进步,方能培养猛恶之细菌。今日已有力能浸透卵壳之细菌制作。如此之细菌,藉飞机之运输,撒布于敌人战斗员及居民之头上时,必获极大之效果。"

欧洲大战后之四年,即民国十一年,国际委员会关于细菌战讨论审议之结果,提出如次之报告于国际联盟:

1. 关于细菌之效力,既难测定之,亦难局限之。

2. 使生水有毒,固得使用"窒服斯菌"(Typhus)及"虎列拉菌"之培养菌,但此可将水滤过而防止之。

3. 藉鼠传播"败血菌"（Pest），对攻者俱有极大危险，而又不能防止其传播。

4. 藉虱以传播之"发疹窒服斯"，固有危险性，而未适实用。

5. 细菌兵器，难认为有决胜的效力。

其所以如此结论者，乃以挽近卫生学及细菌学之进步，得以限制其传播故也。

如上所述，要依其细菌之种类如何为断，假令学者等谓其传染与传播，得可豫防，然如"败血菌"，则又有何法得以防止之？

例如北满地方之定期的流行"肺败血猛菌"，若秘密中培养之，而撒之于敌国之居民时，其惨酷与恐怖，自不待言。

设不幸，将来若使用细菌为战斗武器时，罹其惨祸，因之而毙命者，当以抵抗力弱之青年男女及老人为最。阴霾惨酷之极致，或将展开于吾人之眼前。

二　细菌之种类毒性及传播

兹姑置以细菌为战斗兵器之问题，今再一述使用之必要条件：

1. 须搬运易、且毒菌之撒布简易者；

2. 须对于物理的及化学的作用，有充分之抵抗力，且须活动灵敏的病菌；

3. 须易于培养之细菌；

4. 须使用者有防护自身之可能者。

据上述之条件考察之，合乎此者，方能以细菌为战斗兵器，得有充分利用之之可能性。

次则试略述欧美各国在考查中细菌种类之大要，及欧洲学者研究之意见：

1. 黄热病　病原菌藉蛇而传播，呈黄疸线，有传染性。

2. 底斯夫太利病（Diphtherie）　专侵袭幼儿，儿童，死亡率自三〇％—四〇％。俱传染性缓。因是，此细菌，得生存于空中。

3. 传染性肠菌　此种细菌，对于外界之抵抗力大。在干燥处，犹能生存至七个月;若在饮用之水中,生存期间犹长。此种病之传染媒介水,蝇,杂草及患者之排泄物等,传染之路径,为口及呼吸系统。

4. 窒服斯(Typhus)　患此病者之死亡率大,而此细菌之抵抗力亦相当之强。其生存力在地中,可经若干月,在水中及腐朽物中则五—八十日间,又在流水中则有一日半之生活力,故有传播于三四十里远方之力。

其媒介物为土壤,空气,水,食物及虫类等;传染路径为呼吸系统,肠粘膜,或皮肤。

5. 败血病(Pest)　败血病之疾病,死亡率为七〇%—八〇%。其病菌之抵抗力如下:

干燥之环境中	四日至三十日
水中	十日至十五日
在蚤身	七日至八日

媒介物为人及其他动物(鼠,虫类)之呼吸。路径则为擦伤皮肤及一般之粘膜。

6. 虎列拉　死亡率为三〇%—七〇%。此病专侵袭人类,其菌之抵抗力如左:

干燥之环境	二日至十四日
水中	一日至二十日
地中	约十二日
腐败物之环境中	一日至四日

传播之媒介物为病者,病后者,将愈者及彼等所使用之器具,食物,并虫类及水。其径路则为肠粘膜。

7. 流行感冒症(Influenza)　死亡率为五〇%,而此菌之抵抗力小。本症以咳唾为传播媒介,乃流行病中之主要者。路径为呼吸器粘膜。

8. 破伤风　以侵袭人,马,鼠等为主;其径路为皮肤之伤口,时或有起内脏粘膜者。

9. 鼻疽　侵袭马匹,并传播于人。

10. 炭疽　此症亦侵染人马等。路径由胃,皮下及血液;最为急烈的致命症。

11. 鹅口瘦　此症系牛所特有，不传染于人；但马则为传染之媒介者。

细菌之种类，毒性及传播等，已如上述，但藉之为一种兵器之使用，在攻者应极加注意之一事，是即前述攻者之自身防护是也。在自己防护中，最低须准备“脱脂乳”及“血清”（Vakzin）。就现在所知者，预防法有下列诸类：

底夫太利症　免疫脱脂及治疗脱脂乳。

窒服斯症　防疫血清治疗及脱脂乳。

败血病　预防血清及预防脱脂乳（能确保数个月之防护力）。

虎列拉　血清治疗。

破伤风　预防脱脂乳。

如上所述，自医学者之见地言，以细菌为兵器之最适者，当首推“虎列拉菌”及“败血菌”；对于兽类，则以“鼻疽”及“炭疽”为宜。

三　细菌撒布之方法

关于以细菌为兵器之价值问题，请委诸学者；今假定之为利用于战争者，可得如下列之考察：

第一，细菌兵器之特性有二：

1. 得在秘密中准备之；

2. 无须巨款之设备及多数人员之要求。

次再试考察撒毒之方法：

1. 藉炮弹发射者；

2. 藉飞行机掷下弹者。

撒毒方法，虽有上述之两种，但由于第一种方法，因炮弹之炸裂生出之高热，致病菌死灭，或有减削其活动力之虞，故不适当。若是自以第二种方法为宜。

自飞行机撒布细菌之方法，其向为各国所研究者如次：

1. 收容细菌于玻璃器中，填实培养土，然后移植细菌。

2. 在蓄菌器之头部设酸素室，俾菌之生存，最低能确保三十六小时。

3. 炮弹中之右方，实入玻璃器，藉炮弹之爆炸，而撒布细菌，如此则炮弹之炸药，既足撒布细菌，且无被爆炸力残灭之虞。

4. 此外最简单之方法，则为自飞行机投掷填实培养土之玻璃细菌容器。

5. 又以飞行机搭载其他罹传染性病疫之动物，掷诸敌国领土，使其病疫传播，亦属有力方法之一。

要之，上述之细菌战，假令即无决战的效力，然亦足与毒气等近代的化学兵器相匹敌，是其有足恐惧者，应为吾人所承认。

细菌武器，设备简易，既如前述且更得于极密秘里准备之，藉迅速简易之方法，而发挥其效果，此点乃细菌武器最大之特征。若施之于未采用此种武器之敌国，或施之于对于此项细菌研究未精审之敌国时，或将使敌瞠目自失。

细菌战——乍闻之，必谓为非人道的。然欧洲大战中，已一度经验之，且尔后各国率秘密从事研究之。故将来之战争中，此种恶魔的战法，吾人决难断定其不再出现也。否！今日世界列国间，不啻已默认毒气之使用；而毒菌之使用，又为吾人所应有之充分觉悟也。

兹犹欲一言者，一九三一年二月二日，日内瓦（Geneva）所开之军缩会议，参加国实至六十有余，乃史册稀有之大会。

抑此会议之主体，泰半又系标榜爱好和平，慈爱人类基督教徒白种人，且彼等欧洲国民，曾遭连亘四年之战祸，备罹空中轰炸之惨剧，此会议上本得期其将毒病菌战，毒气战等之对于住民地空袭威胁惨无人道之恶魔战法，决议禁绝之，乃事实适得其反；唯仅决定一般原则上之规定而已；至对于实施实际的拘束，竟无何等之决定以终。如空文的原则之规定，又何须历时至半载之久，罗致全世界之俊髦而会议之乎！

然犹期冀将军用机数及炸弹之携载量，获限制至某种程度之事实，迨经一度议及民间飞行机与军用机之关系时，俄然遽遭难关。甲论乙驳，辩论繁兴，遂至无结果以终。

会议后，英国之某元老，在议会中，且公然有如次之放言。

"设吾人一度有飞行经验，则自然欲以之利用于战争。若欲战争上禁止飞机之使用，当较绝灭地上之战争为尤难。"

彼为此言,不徒对其本国民与以冲动,即至欧洲诸国亦莫不与以异常之刺激。

今日人间固对有益的科学日益增进,藉人类无穷之智囊,征服大自然矣。然设如今日之情势以进,则将来战争爆发时,将展开如此的战斗行为乎?抑将展开毒气,细菌及炸弹等一切之残与不人道之行为,而从事杀戮乎?

(《空军》第 104 期,1934 年 12 月 2 日,第 3—6 页)

可怖的细菌战

(1935 年 2 月 10 日)

袁柏楮

资本主义国家生产力的发展,形成了战争技术的进步,这就是,在未来的二次世界大战中,人杀人的手段,将极尽玷污人类史的能事。这里所要说的细菌战,便是各国俱在秘密研究的残酷而无人道的战争工具之一。

培养某种有毒的细菌,把牠从空中撒布于敌人的境界内,使敌国的军马,失其作战的能力或死亡,这念头,是在飞机的效能显著以后才起来的。大战末期,相传德军曾在布加勒斯脱的德国领事馆内,培养鼻疽菌,预备把罗马尼亚的骑军来作实验的对象,而苏利黑(Zurich)的炸弹细菌事件,则更为有名。当时德军拟在俄国境内撒布虎列拉菌,特在瑞士苏利黑的总领事馆内加以培养,后来因为俄国以发生革命而瓦解,没有使用,乃将各种物证倾入河内,企图消灭,不意以守门兵的密报,乃耸动国际的视听。

大战终结以后,细菌战遂成为各国专家聚讼的中心。主张利用的人说,"即使利用细菌为战斗材料,然因牠的抵抗力薄弱,收效实难。而以现代科学的进步,若加以有效而适当的预防,尽足以杜绝牠的危险。"而反对者则主张。"正因为科学的进步,才能培养猛烈的细菌,在今日,已经有能力侵透卵壳的细菌的制作,如果凭借飞机将这一类细菌撒布于敌人战斗员及居民的头上,必能获得极大的效果。"这种争论的结果,便是大战后四年经国际委员会审议之后向国联提出的报告:

（一）关于细菌战的效力，既难于测定，也难于限制。

（二）欲使生水有毒，固然可以使用培养起来的窒扶斯菌及虎列拉菌，但这些菌都可将水滤过而加以防止的。

（三）凭借小鼠传播的败血菌，对于攻防两者都有极大的危险，且不能防止牠的传播。

（四）藉跳蚤来传播的发疹窒扶斯菌，虽有危险性，但是不能适用。

（五）细菌兵器，很难认为有决胜的效力。

这结论当然是骗人的。资本主义列强绝不会因其没有"决胜的效力"，而放弃其对于细菌战的研究，反之，倒正因为有此护符，而极力秘密的在试验。最显明的例子，便是一九二七年二月英国首相包尔特温氏的话，当国际联盟军缩委员问他"对于制定禁止研究毒瓦斯及细菌战的法律，英国政府有何意见"的时候，他就说，"英国政府在各国俱不能保证作同样禁止之时，对于瓦斯或细菌的攻击，为自身防卫起见，必须继续加以研究。"而且事实上，其平时对于细菌战的准备，都是超出了防御的范围的。

最近自一九三二年至一九三三年间，德国曾秘密试验以细菌破坏英法大都市的计划，当秘密曝露的时候，以事属巴黎，伦敦的撒毒计划，曾引起异常的激动。据当时法国报纸的消息，这种实验，是先将巴黎伦敦地下铁道的气流秘密测定，然后再试验细菌的菌毒效果，其方法是将马铃薯放在化学溶液里而制成细菌培养土，把牠从高度一千公尺的空中，如雨的撒下，而就预先配置于地上的细菌接受盘去检验其成绩。

试验的结果，据说很好，地下铁道入口的吸气，更适于细菌的撒布，而巴黎巴斯特车站的试验，成绩尤佳，从盘上检查的结果，那里竟群生着九五七七八个细菌。由这消息所发生的影响，当然就是各国对于细菌使用之更努力的研究，其所使用的细菌，且将不限于现在所已知的种种，因为这一类细菌，在平时，均有治疗、预防的手段，纵令作大量的传播，也未必便能制胜。各国的必须要研究出一种人家所不知道的猛烈的细菌的制作，以使敌人手足无措，当在意中，而这种细菌所发生的效果，自然是非常可怖的。

试就现在各国正在考查中的细菌种类略举其大要，我们便可知细菌战的危险程度：

（一）黄热病——病源菌藉蛇而传播，有传染性。

（二）Diphtherie——专侵袭儿童，死亡率自三〇％至四〇％。

（三）传染性肠菌——抵抗力极强，在干燥的空气中，能生存至七个月，水中尤久。以水、蝇、杂草等为媒介而自人类的呼吸系统传入。

（四）窒扶斯——抵抗力亦强，能在水中生存五日至八十日，死亡率极大。

（五）败血病——死亡率自七〇％至八〇％，抵抗力在水中为十日至十五日。

（六）虎列拉——死亡率自三〇至七〇％，抵抗力在水中可至二十日。

（七）流行感冒症——死亡率五〇％，抵抗力较小。

（八）鼻疽——用以侵袭马匹，亦能传播于人。

（九）炭疽——亦用之于侵袭人马，胃、血液、皮肤都是牠侵入的途径。

这几种细菌当中，最适宜于攻击的，是虎力拉菌与败血菌，对于兽类，则以鼻疽与炭疽为最有效力。其使用的方法，除前述的用飞机来撒布外，还有装在弹里来发射的。惟以炮弹炸裂时，震动力过强，抵抗力薄弱的细菌，每因此而死灭，究不及用飞机的办法之更有效果。故以晚近飞机之日益发达，装载能力与行动半径，俱有显著的进步，其足使将来的细菌战，增加可怖的程度，是可断言的。

所以当此战争危机的前夜，对于这种残酷恐怖的细菌战，我们是应该有相当的准备的。

（《文化建设》第 1 卷第 5 期，1935 年 2 月 10 日，第 122—124 页）

将来的战争是毒菌战

（1935 年 2 月 15 日）

君声译

毒菌战是在欧洲大战后各国间所常提出来讨论的问题。但在欧战中并未有一国应用过毒菌为作战的武器。故毒菌在战争上的实在效能如何，尚属未知的问题。现在的况状只能从学理上为推测而已。欧美各强国之此种研究颇盛。在日本关于毒菌战，则似未有若何的研究。今唯就二三实验的纪录，介绍之如下。

在欧战末期，德国因为欲对付罗马尼亚的骑兵，故在驻布加列斯特的德国公使馆中，培养鼻疽菌。又在慈律希地方有制造毒菌爆弹的事件，也是在国际上有名的一事实。这是德国以在俄国国境内撒布毒菌为目的，在瑞士慈律希总领事馆内培殖毒菌，未见应用，而俄国内部先崩解了。德国总领事馆为湮灭证据计，将这些毒菌投入河水中。但因门房的告密，便被暴露出来了。

最近由一九三二年至三三年之间，德国对于英法各大都市，亦拟行这种破坏计划。但实验的秘密仍然暴露出来了。因为系对于伦敦及巴黎之撒布毒菌，引起了英法人士的强烈的冲动。据当时法国报章的情报，此种实验：先测伦敦巴黎地下铁道的气流，其次则实测撒布毒菌的效果。其方法是用马铃薯加以化学溶液的处理，作成毒菌培养基，然后携至高一千公尺附近，由飞机向下撒布，此种毒菌液便像雨水一样的下降，地面上则预先布置有接受菌毒的盘皿，故可以就这盘皿检查其成绩。实测结果，发现地面的盘皿表面确有细菌繁殖，成绩甚佳。特别是地下铁道入口处，气流最适宜于吸取毒菌。在这里若遇毒菌的来侵，便可发生致命的毒害。单在巴黎试验地点由康柯尔德广场起，计有七处之多，都是巴黎市的重要区域；特别以帕斯杜车站的试验最为优良，检知该盘上的细菌群，有九万五千七百七十八丛。以上所述，仅是为毒菌战的准备实验，都未达到实际的应用。

毒菌战的实施是受着许多条件的支配。例如空气的气压，气温，湿度，以及大气中的电气作用。若在适当的状态中，毒菌便可以逞其猛烈的作用。法国帕斯杜细菌研究所的杜里拉教授谓：关于鸡之传染虎列拉菌之实验，若空气干燥，则甚难；若空气湿度为饱和的时候，死亡率可达四〇至六〇百分率。即气象诸条件，特别为湿度，对于毒菌战是特别有重大的影响。

其次略述现在各国所预想的毒菌攻击的手段。

(1) 培养室扶斯及虎列拉菌，以污染敌方之饮料水。

(2) 用黑鼠的病鼠向敌军散布病毒菌。

（3）在兵器上涂染连锁菌、球菌、炭疽菌、鼻疽菌等方法。

（4）将毒菌充填于炮弹中向敌方发射，

（5）由飞机撒布毒菌溶液。

对于第一攻击法，若为河水，可用氯素液为消毒剂。若为贮水池的沙滤水，则除令一般市民注射预防液外，实无别法可以对抗。若毒菌之种类繁多，而毒性又极猛烈时，则真是束手无策了。

用黑死鼠向敌方撒布毒菌的方法不甚妥当，因本国民亦有传染的危险。

涂染于兵器上的毒菌，因久附着于金属表面，故病毒作用甚为减少。至于第四法，则似不发生作用，因毒菌受发射的冲击，高热，及爆发力等作用后，必然不能生存了。最后的第五法为最有效力的手段。特别是与毒瓦斯并用时，效果尤大。例如所谓玛斯太德瓦斯所侵害了的伤部，感染了毒菌之后，便陷于慢性的无抵抗状态了。若感染了西班牙感冒，赤痢，结核等毒菌，即有致命的危险。

现在各国为准备未来的世界大战，都在秘密地研究毒菌战的方法。今试举其一例。一九二七年二月，英国宰相鲍尔温在日内瓦的时候，国际联盟军缩委员问他："英国政府对于严禁毒瓦斯及毒菌战的研究之规定，能同意否？"鲍尔温回答说："各国若不能保证同样禁止，则英国为本国国防计，仍然要继续毒瓦斯及毒菌攻击的研究。"事实上，英国平时之准备毒菌战的内容，似已经超过了防御需要的了。据瑞士的霍卡博士的报告，现在之此种研究计有（一）大量培养猛毒菌以毒害敌方的人类及动物为目的，（二）传染毒菌于敌方的大规模的手段及方法，及（三）破坏敌方的防御毒菌方法之研究等。但战争时所用病源菌若为既知的种类，因平时在医学上有预防及治疗等的研究，故尚有相当防御的办法。若战时所使用的为平时所未研究的病菌，则其效果当更为可怕。

最后当论可怕的毒瓦斯和毒菌之综合的效果。在毒菌战的诸手段中，最可怕的是并用毒菌和毒瓦斯的综合的效果。特别是近来因航空机的发达，增加了装载能力及扩大了行动半径。故在空中的毒菌战的危险实在是增加一倍了。关于与毒菌瓦斯之空中攻击有密切关系之空中输送力，法国的阿猛哥将军曾说："若联合英法航空机，则在动员之第一日，可以输送一千二百公吨及至一千五百公吨的爆弹于四百五十公里的行动半径以内。"当欧战时，英国方面所投下的爆弹总量为八百公吨。上述量数约当其一倍。故在将来，不单向前线的军队头上投弹，即向后方都会的投弹数量，也不难推想而知了。今后若发生世界大战，在我们的都市天空上，将有爆炸弹、毒瓦斯弹、烧夷弹、毒菌弹等，像霖雨般的下降。故今后的空防计划是以防御毒菌弹毒瓦斯弹的研究为焦点了。

（《国民文学》第 1 卷第 5 期，1935 年 2 月 15 日，第 6—8 页）

细菌战与未来战争

（1935 年 3 月 23 日）

狄　舟

国际政治的发展，已到了应付第二次世界大屠杀的前夜。一切谈判、会商、协议，并没有什么效力或至完全破产，而军备的扩充和竞赛，却蓬蓬勃勃地大有进展了。手无寸铁的一般庶民，究应以怎样的态度来正视战争呢？战争是不可避免的。而战争，大略说来，有两种各各相反的性质。帝国主义之间为重新分割世界市场的战争等，是一类；殖民地国家为争求独立和自由的战争等，另是一类。所以，战争虽是资本主义社会的发展的必然产物，而葬送资本主义的，正也是战争。

战争的火药库在全世界各处冒烟的时候，帝国主义国家时时地有某种新式杀人武器的发明。如死光实验的成功，飞行战车和潜行战争的加紧实验等等。这是公开的。秘密中完成的，或研究的，正不知还有多少。这些杀人武器的锐利和猛烈，远超过常人的想象以外，很少不叫人瞠目咋舌，长久长久为想象中的恐怖震胁着的。但，恐怖是无用的。认识它的危险的地方，准备怎样防御，最后，实际地把握着战争危机的现实性，参加到战争中去消灭战争，——才是我们对于新式杀人武器的出现所应有态度。

未来的战争，将以空军为主体的立体战，这是由现在各帝国主义的军扩趋势所明白表现的。但为着能够迅速歼灭敌人和得到胜利，化学战和细菌战,将会和航空机相配合,而构成未来战争中最主要的部份。战争是不人道的。而化学战和细菌战,更千百倍地不人道。现在让我们来看一看细菌战吧。

细菌战,在过去的战争中还未使用过。它的最初的实验,是在第一次大战末期的时候。那时德军在布加莱斯特德国公使馆内培养一种鼻疽菌,想使用于罗马尼亚骑兵身上;另外,德军又在瑞士沮利希地方的总领事馆内,培养霍乱菌,想散布于俄国境内,但还没有用,俄国的沙皇军队已经瓦解,总领事就想投入河中,以湮灭证据,但给司阍密告而被发觉。这就是有名的沮利希城炸弹细菌事件。

到最近,一九三二年到一九三三年之间,德国对于英法大都市的破坏计划的试验的秘密,暴露出来,关于伦敦,巴黎的撒毒计划,大大地引起了西欧各帝国主义国家的注目和冲动。根据当时法国报纸的记载,说德国的这个实验,先是秘密测定巴黎,伦敦地下铁道内的气流,其次是细菌撒毒效果的试验。方法是用马铃薯放入化学溶液内,制造细菌养基,把它升到一千米的高度上下,用飞机撒落下来,那时地上各处已设置了许多接受细菌的盘,一看盘上,就可以检知成绩如何。

德国这个实验的结果,地上的盘的表面,看得见群生着的细菌,这就是收到很好的成效了。特别是地下铁道出入口的地方,尤便于细菌的撒布,而地下铁道在受细菌攻击的时候,明显地,它的掩蔽部份也会受到致命的毒害。试验的地方,单只巴黎,除康枯尔特广场外,还有市内七个中心区域,特别是帕斯托尔车站的试验,收着良好的成绩。上述的盘上,说是发现了九五七七八个的细菌群。

这还只是细菌应用到战争上的实验。

细菌战的实施,为几种条件左右着。因为只在大气的气压、温度、湿度以及空中电气等的作用是良好的状态的时候,才能发挥它的猛威。法国"帕斯托尔细菌研究所"的脱里拉教授,在实验鸡的霍乱症传染的时候,发现空气干燥时,不能传染;而空气有湿气的饱和时,死亡率就达到百分之四〇—六〇。这就是气象的条件,特别是湿度方面,对于细菌战,很有意外的重大影响。

现在，各帝国主义国家所预想的细菌战的攻击方法，有如次几种：

（一）培育伤寒菌或霍乱菌，污染于饮用的水中。

（二）用染有黑死病的老鼠，向敌军撒布病源菌。

（三）在兵器上涂抹连锁菌、球菌、炭疽菌、鼻疽菌等。

（四）把细菌装满子弹内，而发射。

（五）从飞机撒落收容细菌的容器。

第一种，对于饮用水的污染，只要把河水用盐素加以浇混就可以避免，但对于贮水池滤过的水的撒布，除叫一般市民加以小心预防外，像是没有旁的对抗办法。而细菌的种类很多，想察知使用的是否猛烈的毒菌，也是相当困难的事。

第二种，虽毒烈，但使用的人也有传染的危险。

第三种，涂抹病源菌在兵器上的方法：细菌在金属面附着长久时，会减少病毒的危险，而效果不大。至于第四种的充实于子弹而发射的方法，由于发射的冲击，高热，和爆发力的缘故，细菌的胚胎就算很顽强，怕也难免于死灭吧。

最后第五种，从飞机投下的方法。这是最有效的方法。而最可怕的是细菌和毒瓦斯，（特别是"马斯他特"瓦斯）并用的综合的效果。"马斯他特"瓦斯，能对于细菌的感染，使它表面的组织陷入慢性的无抵抗状态，而由于感冒，赤痢，结核菌等的感染，可以收到致命的效果。

现在，各帝国主义国家，正在为着未来的大屠杀而研究着细菌，例如一九二九年二月，英国当时的首相包尔温对于国联军缩委员的询问："英国政府有否制定禁止毒瓦斯或细菌战的研究之法律的意向？"明白地回答道："英国政府只是不能保证其他的国家也实行同样的禁止，对于瓦斯或细菌的攻击，为着自国的防御，还是不能不保持着研究。"可是事实上，平时准备细菌战的内容，是超过防御上的必要的。瑞士的卧卡博士说："防御"细菌战的研究，实际上是达到：以撒布病菌于人类，动物为目的猛烈毒菌的大量培养法，企图大规模地传染于敌国国内的使用细菌的方法，以及使得敌国的预防法归于无效的方法的研究程度了。战时使用的病菌，如果是已经知道的，则可以由医学上得到预防治疗的方法；如果是平时没有研究过的，在战时突然使用起来，那效果实在令人战栗。

细菌战的方法当中，特别可注目的是前述的毒瓦斯和细菌并用时的综合的效果。尤其是由于挽近航空机的发达，积载能力，行动半径都大大增大，空中细菌战的危险，更愈益加倍了。和细菌瓦斯的空中攻击有密切关系的空中输送力，法国的阿尔曼珂将军这样论道："英法航空机若联合起来，动员的第一日内，就能输送千二百吨乃至千五百吨的炸弹于四五〇粁的行动半径以内。"这炸弹量比之第一次大战期间英军所投下的总量八〇〇吨，达到它的一倍半。将来，战时，不但投向野战军队的头上，由于空中的袭击，投向都市的掷下物的多，不难想象。将来战争的时候，掷落到都市上来的，也许是爆裂弹，瓦斯弹；也许是烧夷弹，细菌弹，那是说不一定的。

总之，由于帝国主义"自私"的极度发挥，一切最利害的杀人武器和战争方法，都是秘密研究和准备的。待我们看到时，已经是到了应用时期了。

（《新生周刊》第 2 卷第 9 期，1935 年 3 月 23 日，第 186—187 页）

毒菌战之研讨（续）

（1935 年 4 月 15 日）

裘宏达

四　毒菌的性状和分类

毒菌发生疾病，适宜于军用的，前面已经说过，可大别为三类（甲）传染病（乙）间接中毒（丙）微菌毒质，但是因为传染或是侵害的方法不同，或是传达媒介的各异，更可以类别为（1）消化器病（2）呼吸器病（3）昆虫传染病（4）直接传染病（5）创伤性传染病（6）兽类病等。

（甲）消化器病——消化器病大都是肠病的原因，是毒菌的极小活动的原质，从病者肠道排出，再侵入受病者的营养管或肠胃中而致病，兹将重要的病症和毒菌的性状略述如次：

（1）伤寒症：伤寒症亦称肠窒扶斯（Tyhhus），因为伤寒菌的活动而起，肠内传染到这种病菌后,二星期后,方显露病状,倦怠不食,头肢痛热,甚至昏迷,症状恶劣,恢复健康不易。伤寒菌(Baeillius tyfhosur)常寄生在人体,和人的尿,粪,血液中。菌的特征是有鞭毛,运动,活泼,不形成芽胞,长1—2(微分公尺下彷此),阔0.6—0.8,属于短杆菌类,适宜的温度是37℃。在咖啡培养基中最容易发育繁殖。

(2)赤痢症:赤痢症(Dyseuterie)最易显现病状,感犯者就发生下痢呕吐,发热腹痛,常常引起其他的病症,这种病症由于赤痢菌而起。赤痢菌(Bac dysenteriae),常寄生在空气和人体中,菌状两端钝圆,多各个独立,无鞭毛,能运动,菌长1—2.5,阔0.6—1,亦属短杆菌类,适宜温度为37℃,在弱盐基性的肉羹汁培养基中,最易繁殖。

(3)霍乱症:霍乱症,一名虎列拉(Cholera),感染到的人非常危险,短时间内即陷危境,在战场上很容易繁殖,病状是吐泻不止,腹痛体冷,成虚脱状,最易传染。霍乱菌(Microshifra cholerae)属于螺旋菌类,菌状是两端钝圆或各个独立,或两个相连成S状,每个菌体的一端有一鞭毛,能运动,不形成芽胞,菌长约1.5,阔0.35。在35°—37℃时最适宜,常寄生在人体中,超过4℃或低于15℃,立即死亡,可在普通弱盐基性培养基中发育。

其他像肠炎菌,大肠菌,肠中毒菌(Bacil fotulinus)等,寄生在人和兽的肠中。都是引起肠病的因素。

这一类毒菌的应用,照现在病理学的进步,卫生和预防设备的周密,在战争中能否发生效力,确是疑问,这种病菌的传播,多是靠饮水,牛乳和其他饮料,为媒介的,理想上可以用间谍分播毒菌于敌人的水源;可是近代的国家对于饮水多经通砂滤和氯气杀菌作用,牛乳也要消毒,因此想利用这类毒菌,于饮料中以图害敌人,而欲得到军事上的胜利那是很难达成目的的。

(乙)呼吸器病——呼吸器病亦名气炎症,由于病人呼吸道中的微菌传染于受病者的呼吸道而成,这类传染病是很严重的,包括流行性感冒,伤风,肺炎,白喉症等,在军事上最有价值的要算肺炎性的腺疫了。现在再分别简单的讨论:

(1)流行性感冒:流行性感冒症(Influensa)虽是不很危险,但是传染率极快,患病者倦怠脑晕,甚至呕吐,头痛,很难防止,似乎在军事上有相当的价值。流行性感冒菌(Bac influezac),寄生在脓或痰内,属于短杆菌类,长1.4,阔0.4,两端钝圆,单独或两个相连,无鞭毛,不能运动,亦不形成芽胞,生存温度以37℃为宜,只能在含有血色素的培养基(如血液石花菜膏)中发育。

(2)伤风:伤风(Commonceld),也不危险,但是传染很快,患者头昏鼻塞,精神疲惫,甚至发热,这类的伤风菌(Micro Cotarrhalis)寄生在空气中,分布很广,属于点球菌类,卵形,或相连,无荚膜,无鞭毛,不能运动,不形成芽胞。

(3)肺炎:肺炎(Pneumouiafibrinose,Crouhcse)由于肺炎菌(Bac hneinouiae)或球状肺炎菌(Streh Ionceolatus)的传染,初起时像感冒,始寒终热,咳嗽怠倦大概在冬春时最多。这种病症很少以良好方法处置预防,在军事上很有价值。肺炎菌寄生在动物体,属于短杆菌类,球状肺炎菌寄生在唾液,口齿,和咽喉,属于串球菌类,牠们生存的温度以血温为适宜。

(3)白喉症:白喉症(Dihhterie)传染很快,二日内就头痛体热,咽喉痛肿,呼吸困难,病状危险,这种病症在青年时代最易传染,成年人犯的极少。白喉菌(Bac dihthheriae)寄生于咽喉,最适的温度是36℃,属于长杆菌类。菌状有直有曲,两端钝圆。

(4)脑膜炎:脑膜炎(Meningitir)亦是流行性病的一种,少年人最容易感染,拘挛昏晕,脊髓疼痛,知觉不清,体温上升,症状危险。脑膜炎菌(Micro-intra miningitidis)寄生人体,属点球菌类,两个相连,不形成芽胞无鞭毛,不能运动,温度以血温为适宜,这菌的抵抗力微弱,恐不适宜于战事中。

其他像猩红热(Schozlach),天花(Smillhox)等也是属于呼吸器病的,不过,在军事上的意义比较少些。呼吸器病比较肠病难以节制,不过有许多病源毒菌的预防,很有功效,像天花,白喉,等症;有许多和感染者的年龄有关系,像白喉症,容易蔓延在青年时代,成年人犯染的就很少;有许多病源菌的抵抗力太薄弱,不适宜于军事作战,如猩红热症是。但是这类病菌,大部份传布蔓延,很难防止,并且分布甚广,到处存生,现在的卫生工作,还不能达到完全消灭的程度,所以军事上假使能够利用这类重要的毒菌,一定可以收到功效。肺炎,伤风和流行感冒症,不论老少长幼,都很容易传染,上次世界大战中这类病症很是猖獗,将来在军事上的利用,这类病菌比较有些价值。

(丙)昆虫传染病——昆虫传染病是靠昆虫做媒介,把毒菌传染于受病的人而成,疟疾,鼠疫,瘟疹症,黄热病等是。

(1)疟疾:疟疾(Malarie)是由蚊类传染而起,潜伏期约周余,是一种定期的疫病,时热时寒,甚至呕吐,热带性疟疾,症状恶劣危险。当巴拿马运河开凿了很多时日,死得人成千成万,几乎功亏一篑,后来才是发见一种蚊子作祟。疟疾是蚊类中叫 Anopheles 种的传染疟疾(Malera)虫而来,还不能人工培殖,但是污水不洁的地方,随处可以繁殖 Anopheles 蚊,在夏季或是热带地方最容易发育。

(2)鼠疫:鼠疫或名黑死病(Pest),也很容明传染,症状急烈,治疗费力,这是因为鼠疫菌(Bac pestis)内分泌一种毒素的作用,在冬季最多。鼠疫菌多寄生在鼠体,菌状卵形,没有芽胞和鞭毛,但是有很薄的荚膜,在30℃以上的温度就不适宜了。

疟疾病的应用于战争,事实上比较困难,因为蚊虫的动作难以控制,况且除掉夏季或热带区以外,蚊虫是不能生存的。鼠疫的猖獗,在西洋历史上不少记载,最近一千九百年美国太平洋沿岸大有谈"鼠"色变的情形,不过利用鼠疫菌来作战,无论敌我,都要蒙害,因为这种毒菌很难约束,像俘虏或是鼠类受毒的,都是传达病菌的媒介,因此栖留在鼠疫流行区域,危险得很,非至不得已或是冀图退却时,在军事上总不希望采用这种病菌,但是有许多专家以为鼠疫在将来战事上很可利用,而能发生良好效果的。他们主张的使用方法是用飞机低飞,投掷病鼠于敌境,任牠流窜,而传染敌军。其他像瘟疹症的危险,也很可虑,瘟疹传播的原因,是由于衣服污秽,有虱做媒介作祟的关系,战争时士兵不能讲求卫生,使虱虫横行,而致瘟疹蔓延,不过虱虫的使用培殖就生问题了。

(丁)直接传染病——直接传染病的最利害的是花柳病,由于梅毒菌(Spirochaete pallida)的关系,在历史上(十五,十六世纪)记载中,还感受到牠的影响；但是传染方法，极感困难，所以在现代战争中毫无价值可言。

（戊）创伤性传染病——这类传染病包括破伤风，丹毒，脾脱疽，坏疽，疔疮等。传染的方法，是病菌侵入人体的创伤部份，再蔓延于人的组织中。这种病菌的优点是即效性的，毒力强烈，能侵害人体和畜类，但只侵害到局部，比较是人道的。菌的细胞组织抵抗力强，生活力旺盛，容易生存，消毒不彻底时，不易消灭。军事上主张利用脾脱疽菌的人很多。

（1）破伤风：破伤风（Tetauns）多由创伤侵入人体，症状是发生拘挛，知觉过敏，反射机能增加作用。破伤风菌（Bacil tetaui），寄生人体创伤部分，属于长杆菌类，不喜酸性，要在弱碱性培养基中培养。

（2）丹毒：丹毒（Ergsi Pelos）由于连锁状的丹毒球菌侵入损伤部分，经过一二天病状显露，灼热谵语，头痛呕吐，而创伤部红肿。丹毒菌寄生在血液中，菌状数个相连成串球，没有芽胞和鞭毛，不能运动。

（3）脾脱疽症：据美国潘得莱的论文说，脾脱疽菌在军事上的应用，比较最适宜，因为牠毒害人畜，功效速，毒性烈，生存力强，不容易受到温度，药剂的影响，这类菌寄生在人和马的血液，脾，或是组织中，属于短杆菌类。

这类的毒菌，在军事上的利用，是属可能的事，因为战场上的士兵，不免有枪刀创痕，血液淋漓者，也就是牠们侵入的机会了。

（己）兽类传染病——用毒菌来毒害敌方骡马警犬兽等类，妨碍敌人的军事运输侦察也是毒菌战的有可能性的，和毒害士兵有同样的作用，不过近代的兽医学识也足以预防或消灭畜类的感受传染了。

五　毒菌的致病原由

毒菌寄生在人体或是动物以后，致病的活动作用，可分为器械作用和中毒作用二种，概括的分述于次：

（甲）器械作用——毒菌分解寄生体组织的细胞，或障碍寄生体血液的流行，获取生存所需的养料，致该寄生体的局部失却效用，或致腐败。例如肺结核菌寄生在人体的肺部，慢慢的破坏肺部组织的细胞，而使牠日渐的腐烂，失却呼吸效力。又如脾脱疽菌寄生于血管，发育繁殖，把血管分枝的毛细管充塞，组织血液流行，同时再夺取寄生体组织内的养分，妨碍寄生体上器官的作用，因此就感受到病痛了。

（乙）中毒作用——毒菌为获取养料，分泌出一种毒素，和寄生体上组织细胞的受体（Receptor）结合，使得细胞受体失却摄取养分的本能，细胞就难以生存，于是就呈现中毒现象了，毒菌分泌的毒素，性极毒，牠的化学成分像蛋白质。毒素再可以分成菌体内毒素（Iutra-cellular toxin）和菌体外毒素（Intracollular toxin）二种，内毒素存在菌体内部，要等到菌体破裂，就游离流出，显出毒素的毒性，例如伤寒菌，霍乱菌的毒素是。外毒素生于菌体以内，但分泌于外，普通各种毒菌的致病或中毒作用，就是这种外毒素，例如白喉菌，鼠疫菌的毒素是。

六　毒菌的预防

毒菌的作用和性状，已经在上面说过，各种毒菌传染的路径，可以分为经口部（霍乱，赤痢，伤寒等肠病菌），空气（白喉，肺炎，伤风，脑膜炎等呼吸器传染病菌），接触（霍乱，赤痢，花柳病等毒菌），昆虫（疟疾蚊，鼠类），创伤（脾脱疽，丹毒，破伤风等菌）等五种。预防的方法，也要从各方面注意的。

（甲）饮料食物的消毒——"祸从口出，病从口入"，这句谚语，深深的体味到饮食不注意，是输送病菌的要道。所以饮料（水，牛乳）食物一定要检查消毒，消毒的方法很多，饮水可以用漂白粉或氯消毒，或经过完善的砂滤。牛乳，食物可以用蒸气杀菌消毒，因为一般毒菌在高温度时立即死亡的。

（乙）卫生普及——士兵的用具，衣服，床铺，应常在日光下曝晒，或是用药剂处理（如升汞，蚁酸，来沙而（Iysol）等），毒菌对于日光，药剂等，容易消灭。同时对于士兵应该灌输卫生智识，使他们对于预防传染病有相当的观念。

（丙）免疫——免疫就是用预防注射，来防止传染，现在对于霍乱，伤寒等症的预防，已经很有效力。

七　结论

毒菌战的可能性怎样？虽还在争执中。吾们假如回想到在旧式武器弓矢，火药的初发明时，也是受到他人的非难。化学兵器的用废，都要从牠的本身功效而定，绝非空口争论可以左右的。毒气的利用，在反对派口吻中，还有不少不可能的地方,像毒菌的对于日光,温度,环境的抵抗能力薄弱,使用上很觉得困难。不过科学的进步惊人,事实告诉我们有不少的困难都一一解决了,毒菌使用的问题,经专家埋头研究以后,谁也不能肯定说,永没有解决的可能。第二次世界战争的空气,一天天的紧张,流血的演出,也许不久在面前开展着。本来,战争是人类竞争的铁律,和平的工作,究竟能否抵得过战神的活跃?!战争的不可免,是不可否认的事实,所以我们对于毒菌和其他新兵器的认识,当然应当加以研讨的。(完)

廿四,三,十六

(南京《黄埔》第 3 卷第 4 期,1935 年 4 月 15 日,第 97—100 页)

空中细菌战——译自大场弥平著之空军

(1935 年 5 月 1 日)

徐佛观译

一　欧洲大战时细菌战的战例

科学不断地进步,杀人的利器,也跟着日新月异,而战争技术,亦随科学之进步以嬗变,自德军于欧战初期,在伊泊尔(Yperes)使用氯气攻击英法军后,乃开化学战争之新纪元,而可惊之细菌战,遂亦接续发现。

在欧战之第三年(一九一六年)三月,奥国飞机于意国北部投下一种芳香有毒之细菌,第四年(一九一七年)五月二十一日,奥国飞机复于意国佛拉拉(Ferrara)地方之卡迪哥耐镇(Cadigono)投下最可恐怖之虎列拉(Cholera)病菌,当时意大利军团长爱斯卡罗大将对佛拉拉之防空指挥官给与如下之警告书:"警告指挥官,五月十一日奥国飞机所投下之'金平糖',经波罗尼亚大学药剂学者之分析,发见其中含有虎列拉病菌。"又同年十月十二日,俄国与罗马尼亚两国政府发表如下之通告,以攻击奥国:"敌于康士坦丁已投下之含有毒性之芳香瓦斯及虎列拉病菌。"又同年十二月从巴黎发出如下之非正式的报告:"德军飞机在拉卡列街投下一小包裹内装有汤粉及作汤的物品,误饮此汤粉之人家,已全部死亡。"在欧战当时,如此类之纪载,尚不胜枚举。不问其纪载为公式或非公式,但投下细菌之事实,乃为无可讳言者。自欧战以还，各国因受过化学战的洗礼，莫不焦思竭虑地凝神于化学实验室中，未来战争的惨烈，真不知伊于胡底！

二　细菌战效力之估量

细菌战是否可以应用为战争利器？细菌战之效力如何？关于此问题有种种之论调。其认细菌不能应用为战争利器者，则谓："使细菌为战斗材料，因其对化学的及物理的作用之抵抗力薄弱，难收效果；尤以近代科学之进步，依适切有效之预防，得防止其危险。"他一方认细菌可应用为战争利器者，则谓："科学愈进步，猛烈的毒菌越易制造，将蛋壳浸透之细菌，今日已能制成；此种细菌能以飞机运搬，如撒布于战斗员及居民之间，其效果极大，甚为明显。"又一九二二年国际委员会将对细菌战所探讨之结果，提出国际联盟会，其报告如下：一、细菌战之效力不能测定，至其范围亦不能有局部之限制；二、为培养的伤寒及虎列拉菌所毒化之生水，如将其滤过，便能防止；三、鼠疫菌（或称黑死菌）之传播，对攻防两方均有危险，且不能防止其传播；四、由虱传染之发疹伤寒的危险，似属夸张；五、细菌兵器不能认为有决胜之效力；六、对此项细菌，以近代卫生学及细菌学之进步，能限制其传播。

观以上所述，有若干之细菌，虽能获得相当之预防，然所谓预防者，非绝对的，仅能预防如某一限度以内；即以预防而论，若以巨量之细菌，在广地域上袭击时，虽预防亦不胜其烦；故细菌之效力，在战术上至少可以达到扰乱目的，而与敌人以精神上之打击。且就细菌之特性上言，其与一般兵器不同之点：一、能秘密准备；二、不需高价之设备，及多数之人员；三、感染及传播力大；四、防止困难。由此观之，则细菌能否应用为战争利器，及其效果如何，似不言而喻矣。

三　细菌之种类及传播

现在已发现之细菌，其种类如下：

一、黄热病菌：其病菌系由蛇传染，有黄疸线。

二、底斯夫太利（Piphtherie）专袭幼童，死亡率达于30％—40％，但传染不烈，因此种细菌在空中不能生存。

三、传染性肠菌：此细菌对外界抵抗力大，在干燥的地方，能生存七个月,在饮水中,更能长时生存;其传染媒介物为水,蝇,杂草,及患者排泄物等;传染路径为口及呼吸器。

四、伤寒(Typhus)菌:死亡率大,细菌之抵抗力亦强,在地中能生存若干月,在水或腐废物中能生存五日至八十日,在流水中能生存一日半,故其传播力可远达百余里;其媒介物为土壤,空气,水,食物,虫类等;传染路径为呼吸器,肠粘膜,或皮肤。

五、鼠疫(Pest):乃一种败血症之病疫,死亡率为 70%—80%,此菌之抵抗力,在干燥处为四日乃至三十日,在水中为十日乃至十五日,在蚤为七日乃至八日;其媒介物为人,鼠,虫类,空气等;传染路径为擦伤口,皮肤及一般粘膜。

六、虎列拉(Cholera)菌:死亡率为 30%—70%;专袭人类;此菌之抵抗力,在干燥处为二日乃至十四日,在水中为一日乃至二十日,在地中约为十二日,在腐废物中为一日乃至四日。其传染媒介物为食物,虫类,水,病者及其使用器具等;传染路径为肠粘膜。

七、流行感冒性(Influenza)菌:死亡率为 50%;此菌抵抗力小;其传染媒介,以咳嗽、吐唾为主;其传染路径为呼吸器粘膜。

八、破伤风菌:以袭击人马及鼠类为主。其传染路径为皮肤之伤口,有时为内脏膜。

九、鼻疽菌:专袭击马,对人类亦可传染。

十、炭疽菌:专袭击马与人,其传染路径为胃,皮下,血液等,系一种最急激之致命症。

十一、鹅口疮菌:系牛特有之病,其传染媒介为马,对人类不传染。

四　使用细菌之条件及防护

使用细菌为战争兵器,其必要之条件如下:

一、运搬容易,撒布简便;

二、细菌对物理及化学的作用,须具充分之抵抗力及敏活性;

三、细菌之培养容易;

四、可以防护使用者之自身。

细菌之防护法,系用脱脂乳及"血清"（Vakyin）,按现在已知者约如左：

一、底夫太利：用免疫脱脂乳及治疗脂乳；

二、伤寒：用免疫血清及治疗脱脂乳；

三、鼠疫：用预防血清及预防脱脂乳（能预防数月）；

四、虎列拉：用治疗血清；

五、破伤风：用豫防脱脂乳。

五　细菌之培养及撒布方法

细菌之撒布方法约有二：一、依炮弹法；二、依飞机投弹法；依炮弹法,因炮弹的破裂而生出高剧之热度,有使细菌死灭或减少活力之虞,故不适当；依飞机投弹法,比较有效；兹将细菌之培养及撒布法,分述于后：

一、将细菌收容于玻璃器中,器内填实培养土,以移植细菌；

二、在玻璃器之头端,设一养气室,使细菌得以生存,至少须保持至三十六小时；

三、将玻璃器装入弹丸中,依其炸裂以撒布细菌；炸药量须用最小限度,仅使能撒布为止；

四、最简单之方法,为将填实培养土之玻璃器从飞机上投下；

五、将染有病疫之动物装载飞机上,使降落敌国领土内,以传播病菌者,亦为有效之手段。

六　结言

综观上述,细菌之优点,在以迅速简易之方法,而能发挥最大之效果；不论其有无决战的效力,然仅其优点上言之,在战术上已得占重要之地位。科学不断地跃进,兵器的威力亦急剧地增大,未来战事的惨烈,诚有不可思议者！际此风云震荡的大战前夕,科学落后的我国,应如何去充实我们维护和平的武器！

（南京《军事杂志》第 77 期,1935 年 5 月 1 日,第 217—221 页）

医学常识：毒气战及毒菌战之防御法——十二月二日纪念周讲演稿

（1935 年 11 月 10 日）

张爱棠

一、引言

诸位同学！今天我给大家讲一个目前最需要的题目，这个题目，说不定什么时候就要使得着，用得上。大家都晓得时代的风云，迫在眼前；列强的对立，日趋恶化：那末，战争的来临，势所难免，不过时间问题罢了。设或不幸事件发生，则残杀人群，将有不堪设想者矣！尤其施用毒气战及毒菌战，更残酷凶恶得厉害！所以我今天特趁这个机会，把"毒气战及毒菌战的防御法"，向大家介绍一下。

世界物质文明愈进步，杀人的利器愈凶猛，上古时代的战争，所用者不过弓矢刀剑，后来渐渐变为枪炮火药，但是这种武器，应用上有些太不灵便，杀人也不猛烈，于是又发明各种新式的武器，如快枪，钢炮，机关枪迫击炮及炸弹，地雷之类，已够凶酷残暴了！但是黩武家犹以为未足，今更发明凶暴不仁之毒气战，转眼之间，伏尸万万，毒氛所布，间阎为墟。一八九九年海牙和平公约第二十三条禁止使用一切毒气于战争，藉重人道。可是事实上不会有人遵守。故欧战期中，一九一五年四月二十二日，德军在耶蒲（Ypern）首先施放氯气（Chlor）一百二十吨，造成历史上空前未有之惨剧！当时主张使用者，为德人奈尔斯特（Nernst）教授，指挥施放者，为哈勃尔（Habert）教授，当其施放时，只见黄绿色之烟云，盖地而起，草拂之而色变，木遭之而叶脱，乘风飘扬，侵入敌阵，战地各处之战壕地窟，无不弥漫，英法联军顿感呼吸困难，面呈青紫色，或口噤不能言，或剧烈咳嗽咯血，气息奄奄，命在旦夕者，比比皆是，德军装戴防毒面具，复乘间袭击，法军宛如秋风木叶，东飘西散，结果中毒者一万五千，死者五千，被虏者六千，最后阵地上所遗留者，只无数之尸骸及枪炮而已，毒气之害人，诚令人不寒而栗！然世界列强，尚不以残暴满足，更进而发明毒菌战，因毒菌繁殖传染极易，且其撒菌及菌传染所到之处，常难察觉，故防之不易；此种毒菌不但对于有战斗行为的敌人予以致命伤，即无辜的平民，亦难免池鱼之殃！故其凶暴残虐，较之毒气实有过之无不及！现在列强对于毒气之制造及毒菌之培养,均不遗余力,将来战争一旦爆发,此种毒物之应用于战争,自在意中,故吾人对于此等毒物之防御,不可不有相当的准备,今特将其性能及防御之方法,作简单之报告如下:

二、毒气之种类及性能

军用毒气之种类甚多,兹由其对于身体上之作用言之,约分下列五种:

(甲)窒息性毒气:此种毒气吸入肺中,刺激肺之上皮细胞,引起肺水肿,致呼吸困难,若大量吸入,可令人窒息而死。如氯气(Chlor),光气(Phosgene)等属之,其中尤以光气为最凶猛,有人谓美国厄奇武特兵工厂,每日能制成光气八十吨,芥子气一百吨,以此一百八十吨之毒剂,若用飞机散布,可于一分钟内,毁灭东京之全数市民。

(乙)催泪性毒气:此种毒气能刺激眼目,使人流泪不止,失去视察能力,若其浓度过大,则侵犯呼吸器官,亦有致死之危险,如溴化丙酮(Bromacetone),氯化皮苦林(Chloropicrin)等属之。其中氯化皮苦林之毒性比较强烈,百分之二浓度之气体,已能使眼睛完全不能张开,且具窒息性质。

(丙)喷嚏性毒气:此类毒气能刺激呼吸器粘膜,使人连续喷嚏不止,且能致呕吐,其苦恼远过于催泪性毒气,如二石炭酸基氯化砒(Diphenylchlorarsin),二氯化砒美梯尔(Methyldichlorarsin)等属之。后者千万分之一浓度之空气,即能使喉头及肺部发病,五十万分之一,能使人喷嚏呕吐。

(丁)糜烂性毒气:此类毒气能使皮肤发泡溃烂,同时又能侵犯呼吸器,且有催嚏作用,为持久性毒气之一,如芥子气(Yperit. Dichloraethylsulfid),路亦塞脱(Lewisite)等属之。芥子气之有效浓度,一平方公尺须十瓦,若攻击柏林时,于三百平方公里之面积,只须三千吨芥子气,若用飞机散布时,如每架装一吨,则三千架飞机,于一小时内,可使柏林市全灭。或谓以六个飞机,抛掷路亦塞脱于大芝加哥大城,即足以使全市二百余万人民立遭惨毙。

(戊)中毒性毒气:此种毒气能刺激神精中枢,阻碍血液循环,前者如氰化氢(Hydrogen cyanide),后者如一氧化炭(Garbonmonxide)。轻者头痛,呼吸困难,心脏激动;重者能使全体发生中毒症象,以致死亡。

三、毒气之检察

欲免毒气之侵袭,必须先有检查毒气之方法,否则,即无从施其防御矣。然毒气之种类不同,故其检察方法亦随之而异,今特约略述之如下:

(甲)颜色:毒气中有带有特殊颜色的,可依其颜色而推断其种类。如:氯气成黄绿色的烟云;溴素液体及气体则作赤褐色。路亦塞脱则为淡黄色等。

(乙)臭气:有些毒气发生特殊的臭气,由其臭气亦可推知其种类。如氯气,溴素等发出刺激性使人不快的臭气;光气等发出腐败肥料的气味;氯化皮苦林发出刺激性胡椒臭气;二石炭酸基氯化砒发出葱的臭气;芥子气有芥子或蒜的臭气;氰化氢似苦扁桃油臭气;路亦塞脱作天竺葵臭气等。

(丙)生理上现象:即依毒气对于生理上之做用而侦知之,如流泪,喷嚏,窒息等等,此已详述于上,不再多说。

(丁)化学的检出法:有许多毒气可使用化学上的方法来检出,如氯气通入碘化钾和淀粉的稀薄溶液中,则立刻变溶液为青蓝色;氯化皮苦林通入石英管中强热之,使炭气分离,再按试氯法检查之,可断定其为氯化物;芥子气以无特别征候,检查颇难,然有人置芥子气于铜网上,点火燃烧,则见于无色火焰中,透出绿色,又有人谓以涂有黄色土沥青之板,置于堑壕中,如忽变为黑色,即为芥子气袭来云。他如空气中含有些微之光气时,则雪茄烟或香烟立刻失去其原有之烟味等,俱不难一一检出之。

四、毒气之防护

毒气之防护,分个人及团体二种,兹分别述之如下:

(甲)个人防御法

(1)防毒面具:防御毒气的唯一方法,就是戴防毒面具。防毒面具各国最初所用者,皆甚简单,不过用在炭酸钠与次亚硫酸钠的混合液中浸过的绵纱几层,覆于口鼻附近罢了。后来又改用黑布面具,这种面具即将在次亚硫酸钠一磅,炭酸钠二磅半,甘油二磅,水十磅的溶液中浸过的棉,包在黑布造成,能掩覆自眼达口的部分,在眼的部分,安放透明的东西如云母片,可不妨碍视察。但这种面具仍有许多缺点,几经改良,才达现在完善之境。现代所用之面具,其构造分吸收罐及面具部二主要部,吸收罐内贮五分之三活性炭素,五分之二曹达石灰,罐之内面除吸收剂外,复包以羊毛毡等。面具部有橡皮制及皮制二种,此等面具之装置,分为直接式及隔离式二种,前者即吸收罐直接装置于面具上,后者乃将吸收罐任意装置于胸背等部,用联接管与面具部相连,此二种各有利弊,直接式的优点,在乎轻便,无牵行束缚之弊,惟因其吸收罐直接附着于面具部,不能使用较大之吸收罐,故对于浓厚瓦斯防御力不充分。隔离式面具之吸收罐,可任意装置于胸背等部,内中可贮藏多量之吸收剂,且无头部疲劳之虑,故化学工业发达之国家多用之。

(2)防毒衣:对于糜烂性的毒气,仅戴防毒面具,不能完全防护,故必须穿防毒衣以保护之。防毒衣的材料,分橡皮及油布二种,然芥子气能溶解橡皮,故不能作为材料,美国人几经改良,初用以浸沾胶质与甘油之棉质为之,后则改为两层棉布,外层以油剂(名曰 Simplexin)浸透,防毒气内侵,然此种衣服极易着火,且又不通空气,故对于多行动者,如步兵极不方便,尚有待于今后之改良。

(3)防毒手套:手部如无被覆,亦易为糜烂性毒气所伤,故必须戴用手套。手套的材料,则如拳术家所用的皮手套,浸以 Nitrocellulose,对于芥子气,可以防御,英国则用油浸之棉织手套,亦有良效。他如鞋靴,衣裤等,都可以此项材料为之。

(4)防毒油膏:美国鉴于保护衣服穿着的不便,乃多以消毒油膏涂于皮肤上,以作保护,兹举一方如下:

亚铅华 Zincum oxydatum 四〇·〇或四五·〇

羊毛脂 Lanolin 二〇·〇或一五·〇

胡麻子油 Oleum Sesami 二〇·〇或三〇·〇

猪油 Adeps suillus 二〇·〇或一〇·〇

若无此种药剂,亦可以橄榄油代之。如为防芥子气或路亦塞脱,则可用漂白粉涂皮肤,或以含有 Chloramin 之油膏及石碱擦敷亦可。

(5)防毒练习:常人一见毒气来临,每多仓皇失措,四处奔跑,因此陷于危险者甚多,故平时对于防毒演习,亟应注意! 尤其对于面具之装戴法,更须练习纯熟，以免临时仓皇，手足忙乱，盖装戴不得法，毫无效力，等于不戴耳。

（6）服用药剂：毒气多系酸性，故事前可预服重曹片，以增加身体之抵抗力，或注射〇·五——一·〇％之重曹液于静脉内亦可。其他会阴，腋窝及外阴部皮肤湿润之处，对于毒气感应过敏，可时时撒布重曹，及滑石粉等，以免糜烂，而保安全。

（7）简易防御及应急处置：防毒面具及防毒衣服固为防御毒气之良好方法，然因经济所限，不能购置此等防御用具时，或虽购有此防御用具，而仓卒之间，未及携带时，则不得不筹简易办法及应急处置，兹将该项方法，逐条指示于下：

（A）自制简单面具：简单面具的制造，亦分数种。（a）预购西药房出售之炭酸钠一两，次亚硫酸钠四两，甘油一两，溶解于一面盆热水中，临时用纱布裹棉花一大块，浸入该液后，稍拧干，用以掩盖口鼻，但须十分严密，使空气由棉花内吸入。若遇光气，可加入优洛托品（Urotrepin）以吸收分解之。（b）蓖麻油一〇七磅，酒精八一磅，甘油一〇七磅，苛性钠三·一磅，以上配合为软膏，先涂于几层纱布上，互相重叠为一组；次将纱布棉花浸于炭酸钠与次亚硫酸钠的混合溶液中，取出叠成几层，亦成一组；然后将后一组覆于口鼻部，上面再覆前一组；唯此种防预只能支持一小时，故须多备几份，以便更换。

（B）用碱布塞口鼻：土碱一两，溶于清水一斤中，以棉纱或粗布浸于此项溶液中，稍拧干之，塞于口鼻中，亦可防避毒气。但用时须松紧适宜，以勉强能够呼吸为度，同时须多备几份，以为调换之用——每五分钟换一次。

（C）用湿手巾或军帽覆口鼻：如未备上项面具及碱布，可将手巾或布片十分浸湿，覆于口鼻部；如连此亦不可得，则以帽盛土，浇以人尿，覆于口鼻亦可，此虽不能十分保险，亦聊胜于无耳。

（D）利用柴草木屑：当毒气来袭时，如无特别防御物，可急藏身于干草，湿藁之堆中，或埋首于青草，木炭及湿木屑之内，且须十分安静，轻微呼吸。

（E）登高楼或其他高处：毒气的质量，多比空气为重，故毒气之来，多积于低下之处,欲免去之,须到高处去,愈高愈好。如有三四层楼建筑物,则跑至最上层楼,较为安全。

(F)勿急速奔跑:毒气杀人,必在一定浓度,若吾人急于奔跑,则呼吸必促,而所吸的毒气更多,然则奔跑本为逃生,而今则自趋灭亡,当此时吾人只可缓步屏息,走出有毒区域。

(G)勿与毒气同向而走:毒气的放散,常用喷射之法,如遇此种情形,逃避之时,其理如避飞机然,勿与毒气作同一方向奔跑,庶可早出毒区。

(H)宜向上风逃避:当毒气弹落下时,在其附近下风之人,必须立刻避之上风。唯在山岭之背后,则有防风屏之作用,毒气之侵害较小,亦可权避于一时。

(I)吸食纸烟:有人谓于敌人施行毒气攻击时,吸食纸烟,可以解毒云。但颇不可靠。

(8)其他各人应注意之事项(A)凡持久性毒气所毒化之区域,切忌入内,如万不得已时,可穿戴防毒面具及防毒衣服。(B)身上虽着防毒衣具,而坐卧被毒地上,亦甚危险,最好勿以身体与被毒地相接触。(C)手有染毒嫌疑时,未经消毒,切勿入便所,以免危险。(D)器具物品有被毒嫌疑时,切勿用手去摩,必须先行消毒。(E)糜烂性毒气感毒最快,但其作用多在感染后数小时甚至数日始发生,在此潜伏期内,最易将毒质传染他处,此时如用手揉眼,最为危险!

(乙)团体防御法

(1)防毒室:防毒室以在高处空气流通之地为佳,切记避去森林及低洼地域,其构造以用水泥及坚密之砖壁所筑造者为宜。此室分内外两间,外间有门窗及气眼,内间除一门外,毫无缝隙。且于外间之通气孔旁,置一电风扇,使室内空气流出,而外边空气不易流入。所有门窗上,俱悬一以用厚重棉絮制成,夹以板条,并浸以消毒药液之防毒幕,以防止有毒空气侵入室内。在内外间之门口处,须有两层门(特制门)幕(防毒幕),其间隔通常自一·五至二公尺,于打开外层门幕走入间隔间时间,内层门幕尚紧闭,及至打开内层门幕走入防毒室时,则外层门幕已密闭,退出时亦然,惟次序相反;故无论何时,毒气均不易于侵入,外间系供消毒及沐浴之用,地面上洒以消毒药剂如漂白粉(每十平方公尺,用漂白粉一公斤。)之类;内间系供避毒之用,安置酸素吸入器及清净器——清净器所用之药液,凡能中和毒气者,均可应用,如阿莫尼亚,石灰等。

(2) 地窖:德国柏林为防御空中袭击所修筑之模范地窖,可分为两部份,进门处为广厅一大间,凡来自外方者,须在此处更换衣服,以免毒气伤及先至之人,再进为藏躲之处,其中有种种之设备,如药房,厕所及自来水管等。至其出入口处之装置,则一如避毒室云。

(3) 一般防御:此种简单防御法甚多,兹举数种如下:

(A) 每家每户,应准备一间无罅隙的房子,以为避毒室。

(B) 壕沟地道之工程,须特别完善;使士兵潜伏其中,可不戴防毒面具,以调节其呼吸。

(C) 堑壕,宿营,居室及军舰上的出入口处,须悬挂毛毡帘,以遮断毒气;或于其入口处,张挂在硫化钾(硫化钠亦可)溶液中浸过的布,或安置防毒袋(乃以浸绿油脑 anthracene 的木屑,装入袋中而成)亦可。

(D) 壕沟或住室内外,可撒布漂白粉或次亚硫酸钠与炭酸钠之混合溶液,以中和毒素。

(E) 于堑壕之前,或防毒室之四隅(约离墙四五尺之遥),堆积柴草,临时注以煤油焚烧之,使升腾烟焰,以冲散毒气。

(F) 用救火机喷射水珠,使毒气易于消散;或用机关枪扫射及燃放鞭炮亦可。

(G) 饮食物须严密覆盖,以防毒素沾染,如有沾染嫌疑,经蒸发或煮沸后即消失,美军用油纸或厚纸覆于食料上,即可防止芥子气。

(4) 警报警告:警报之目的,为毒气袭来时,通告部队及民众,使各人知所防备,警报的方法,如用警笛及气笛等,或用电话,电报,火箭及狼烟等,以事准备。警告之功用,在使往来之部队及民众等,得知某处为毒化区域,知所戒备,以免中毒。因军用毒气有徐徐挥发,经时很久方始消散者,故曾经染毒之处,必须用种种警告法,如坚立木牌或书明墙壁等,使往来之人,知所止步。

(5)测验侦察:饮料水为行军必要之物,故军队所到之处,对于该地水源之探索及水质之分析,必须特别注意,以免中毒。又对于气候之测验,亦甚重要,因有许多毒气于施放时,多藉重气候故也。一九一五年德军攻击耶蒲(Ypern)时,即设有战地气候测验员,专事测验风向,风速,气温及湿度,以防敌人之瓦斯攻击,并为我方施放毒气之准备。他如侦察敌人所用毒气之性质,亦属必要,盖藉此可施以个别之防御。此种检查方法,已述于上,兹不赘。

(6)清净空气:毒气多弥漫于低洼之地,如壕沟宿营等处,经久不散,故驱除毒气及清净空气,实属重要。其方法有用风扇机器扇动空气,以逐去宿营或壕沟内之毒气者;有用中和药剂如石灰曹达石灰或亚莫尼亚等,以清净空气者。

(丙) 中毒救护法

(1)救护人员在毒化区域救护中毒者,应注意防毒用具之着用。如中毒者未着用此等用具时,应即为之戴上,或用简单面具,覆于中毒者之面上亦可。

(2)将中毒者从速移置于非毒化区域。若此处急不可得,则可搬运至空旷之高埠和无烟之田野,盖因此等地方空气新鲜,毒气不易聚集之故。若无空旷之处所,则屋上之露台或楼房之最上层亦可。

(3)救护人员搬移中毒者时,须特别审慎,务使中毒者安静呼吸,以免毒气多量吸入。若运至无毒地方,可使之尽量呼吸,以排出毒气。

(4)中毒者离开毒区后,救护人员当设法脱去中毒者的衣服(不可赤手接触,以免沾毒),用热水冲洗全身(不可在浴盆内洗涤,因毒气比水轻,浮在水面,仍可沾染身上),所有脱下之衣服,应即刻用咸水泡之,俟十余日后,再用清水冲洗。

(5)衣服脱换后,应以轻暖被子,覆盖中毒者的身上,或放置热水袋取暖,使其安眠。

(6)中毒者安眠后,须饮以热开水,或与以茶及咖啡等之温暖兴奋料。

（7）德国医学家发明以猴类及猩猩之血，解救毒气之毒颇验。其法即遇中毒昏倒者，速杀猴类，以其血滴入中毒者之鼻孔中，即可苏醒更生。

（8）对症处置：即按其所发之症状，而分别与以相当之处置。如：(A)眼睛发红流泪时，先以温开水洗拭，(用二％重曹水更好)再用热手巾罨包。(B)喉咙干燥和发痒时，可使其吸入水蒸气，如能加入少许之重曹或薄荷油于热水内更好。(C)皮肤起泡时，先用咸水冲洗(切勿将泡弄破)，再涂敷麻油或凡士林或麻油与石灰水之混合物，然后再覆以清洁之布片，以吸取毒素。(D)胸部疼痛和小腿抽筋时，用热水袋或热毛巾罨包以缓解之。(E)呼吸微弱时，可用凉水喷射面胸部，若突然停止时，行人工呼吸法或氧气吸入法，后者尤于一氧化炭之中毒，为最有效之急救法。

（9）以上的办法，不过为一时救急处置，故一面须延医诊治，如能直接送至毒区以外之医院医治更好！

五、毒菌之防护

所谓毒菌战者，即将各种猛烈的传染病菌，如霍乱菌、鼠疫菌、白喉菌、伤寒菌、赤痢菌、破伤风菌、丹毒菌、流行性脑脊髓膜炎菌等，装入炸弹或炮弹中，射入敌阵中，由飞机上撒下；或利用间谍带入敌方，使敌方流行各种凶恶之传染病，减却其战斗力，以遂其胜利之目的。此种毒菌中最危险而迅速的：为霍乱、白喉、猩红热、鼠疫、丹毒五种；迅速而不危害生命的：为流行性感冒；至于破伤风，赤痢则必须相当时日；疟疾，伤寒，肺炎不利于速战；脑膜炎虽属于危险症之一，但病菌抵抗环境之力过低，生活比较困难也。至关于此等毒菌之防御，与防疫法略同，兹将其最紧要之方法，列举如下：

（子）口鼻部戴口罩或面具，身着橡皮制防疫衣裤，并戴手套。

（丑）实行各种传染病预防注射及种痘，尤其前线官兵，更当先行注射，以免攻入敌地，限于重笃疾病地步。

（寅）时用双氧水或硼酸水漱口，保持口腔之清洁。

（卯）扑灭蚊蝇蚤鼠等病原媒介物。

（辰）厨房及餐具，要保持清洁状态。

（巳）饮食物当严密贮藏，遇有沾染嫌疑时，可径行抛弃，勿吝惜贻患。

（午）饭前便后要洗手。

（未）禁止饮用生水及不洁之食物。

（申）河水及井水用为饮料者，当妥慎防护，遇必要时，可行细菌学或化学的检查。如发现有沾染病菌嫌疑时，即将水源封锁，禁止使用。

（酉）自来水厂区域内，当严密看守及保护，且于放水前，须先检查——化学的或显微镜的——有无病菌存在。

（戌）对于传染病患者及疑似或带菌者，当严行隔离及消毒方法。

（亥）其他关于防疫上应注意的事项。

六、尾语

以上所论，乃防御毒气及毒菌的大概方法，在此"非常时期"快要到来或可说已经到来的今日，传入我们耳鼓的许多，全是非常刺激的声浪；映入我们眼帘的许多，都是非常凄惨的景象；我们为未雨绸缪，预防万一起见，应当快作准备，以免临时仓皇，措手不及！因之我希望大家对于此种防御方法，要特别注意！并希望大家在可能范围内，对于防御上的一切用品，能够多少置备一些才好。

念四年，一二，一〇，于河南省立有泉乡村医院

（《北平医刊》第 3 卷第 11 期，1935 年 11 月 10 日，第 39—49 页）

细菌战之研究

（1935 年 11 月）

李中献译

一、细菌战与其技术的可能性（法科学与生活）

英国之有名新闻记者 WicKham Steed 氏，最近在"十九世纪以后"之杂志上，发表关于德国之细菌战准备一篇论文即引起与德国深切关系之英、法两国以至大之反感。然而将细菌传播于远距离之事，果可能乎？对此问题以多年在帕斯珠尔研究所，研究病原菌之空气传播之专门家 Trillat 氏研究之结果以为解答。

"用空气以传播病原菌之种类"。这是罕见之事，例如只犯消化器之 E.

Bert 菌及各种类似伤寒菌等,只以食品为媒介物而已,然万一将此等之病原菌,混合于水中时,如 E. Bert 菌抵抗极弱,容易消毒杀灭之,霍乱菌亦同,又据 Charles Nicolle 教授之说,如发疹伤寒菌,若无虱为媒介,不易传染于人,与此同理,若扑灭蚊子,则疟疾,及黄热病,不能存在,无鼠类之蚤则无鼠疫。反是,呼吸器系之传染病,以空气传染为主,如肺鼠疫,及各种流行性感冒等类,可称为代表物,其传染之迅速,范围之广大,尽人皆知。此外虽非呼吸器系之病,亦有其起因由于污触之空气,而来之白喉病,猩红热,天花,结核等,以 E. Bert 菌投入自来水之水源,或以鼻疽菌混入马粮者,皆间谍所作,防御者乃警官之职务,而任其救急者是卫生家之事,与本文无关,故本文仅就空气传染之细菌战部门记之而已。空气传染性细菌中,适于战用者有两种,一、是干燥之尘埃状细菌,一、是湿润之尘埃状细菌。干燥之尘埃状细菌者,例如干燥之咯啖或粪便中之病源菌等。虽则痨病之豫防方法上,必禁止吐啖于地面,但在呼吸之际,尘埃甚容易附粘于粘膜上,所以已成干燥尘埃状之 Koch 菌之撒布,不得称为危险之武器。反是,若将菌包于营养液中之湿性尘埃状细菌(雾状细菌),则不附粘于粘膜而容易到达肺气胞,所以此类细菌可利用作战时细菌弹,或飞机上雨下法用之,是故细菌之技术的问题,只存于此矣。

是项征于严密之实验,亦得证明之。即以干燥结核菌,及雾状结核菌,试施于同一状态之天竺鼠时,干燥尘埃状之结核菌,使其吸入一小时之久,亦不见感染。而雾状结核菌,则仅吸入数分钟,已现感染。有几个实验者,对于雾状细菌,不当心而被其夺去生命之事实者有之。又肺鼠疫,流行性感冒,白喉等,皆于雾细菌之状态中,由谈话或咳嗽时容易感染之事实,亦可证明之。欲将细菌形成雾状之物理的必要条件,有三,即大气中之湿气凝集力、压力、温度是也。此三者于细菌战之攻防上,无论那一方面皆必须研究之问题,细菌攻击之成败结果尽系于此三要素而已。

二、细菌传播之物理的条件

在研究室内,形成细菌雾并非难事"最关重要者,即应如何可使在大气中,形成细菌雾之一点也。"第一图之装置是充此项之研究。(参照附图以下

相同,图略)

蒸发结果,水滴中之大者,或用热气及压力而分解,或用迅速坠落法使坠落于容器底部,而使其雾状浮留于容器上部,须臾亦受物理的重力缓缓开始下降。然此可从斯德克思法则,计算其半径,密度,空气之粘着系数等而知,其所费时间之大小。例如中径约一Micron之小水滴,在温度十五度时,每十分钟间可下降一〇耗,随时由外部揭开波德里箱之盖,取出寒天培养基,验查附着之细菌群,以供学理的,研究其物理的要素之影响。

三、温度对于细菌雾之影响

细菌雾对于温度之影响,在两种形态下而行之,细菌雾急激之冷却由其温度愈大而愈速,随其凝结而增加重量促进下降之力,据此即雾可迅速降下于地上,物体上,人体上等,而奏其伟大之传染之可能性,据此理性传染病传播时,寒气之于功用可以了解。第二图即指示此项之实验。(图略)

以目力看不见之细菌雾,装入于玻璃钟内,再送进涂抹寒天培养基之试验管四枝,其中两枝由外部温暖之,另两枝冰冷之,然后取出再送于孵化温室内,过后检查之,则现冰冷管有细菌之繁殖,而温暖两管则无之。

另一之实验,则以细菌雾装入A球内,球上部接联复杂之玻璃管,末端联系于装容培养寒天之坛,由无菌之坛,能将力量强度快要吹灭烛火之空气,流向A球方向吹送之,则A球细菌,似不能到达于无菌之坛中,然而验查坛中则必有细菌之繁殖结果,可见气流无完全净化密闭之空气的能力。(参照第三图,图略)

四、气压之影响

其次述气压之变化,气压急激变化,或缓徐变化,所影响于细菌雾之差甚大,在缓徐之变化,其影响于细菌雾者殆无。而急激之变化即于瞬间急速下降,是因气压之急降正等于冰冷也。

据Trillat氏研究之结果,对于人工细菌,含有大气受风与气流之影响,如下云,以风力运送细菌,其速度,比风为小,又认明气流随细菌之大小力能淘汰之。如由气流之力。可将混在空气中之酵母菌,与普通细菌分离之,或可将陈旧之细菌(形大),与新鲜之细菌(形小),各别分开之,据此事实若使用通风器,则可将某种之细菌,俾集积于某所,是诚谓危险大矣。大气以如何形式培养结菌乎。是任小水滴内之细菌,不取营养可能在存乎。而空气给与彼等之何种食物乎,是则不外营养瓦斯而已。吾人于兹,当熟考组成大气之化学的要素,那样可供传播之新要素之用。大气之组成,乃由烟气,及其呼吸气,或动植物之腐败气等之瓦斯,混入变化而发生种种之成分,由此类之,不纯物对于微滴内之细菌,或酸性,或碱性,或中性等形成各种之围绕物,而供给作细菌之营养源,对于干燥菌亦同。

又据 Trillat 氏之实验,白喉菌,在腐败化大气中得生存百日以上,然在普通之空气中则五日即死灭。水滴如系清水者,则菌实时失去活动力不能繁殖。然而若混有极微量之培养瓦斯在内,则细菌不单保持其生活力,且具有繁殖力也。第四图及第五图即是说明此项之表示。(图略)

更举其他之实验,以为考究备置四个玻璃钟,其第一个,装干燥之空气,第二个装稍带湿气之空气,第三个装已饱含湿气之空气,第四个装湿气外,再含老鼠之呼气,其次再各投入细菌相当时刻后,各个分别施行细菌学的分析,则见干燥空气钟内,及稍带温润之空气钟内之细菌,仅仅稍保生存,反是,湿气饱和之空气钟内,尤其是含鼠呼气之空气钟内,则显明增加细菌之数,属此类之试验以行多次结果,可知密闭场所之传播性甚大亦明矣。依是理由,如充满人类呼气之地下铁道为传播上,最适宜条件,又亦明矣。在下水沟得发生化学的有毒之瓦斯甚多,但其不成培养瓦斯故不似常人所忆想之传播力,实不适于传播之条件,气温上升是不适于细菌之物理的传播,然在容易繁殖之一点时,可增加传染之可能性。反是气温之低下又益于细菌之附着性之用,例如从外部寒冷处所进入温暖病室之访客,病菌必附着于其身体。要之冰冷之室,不适细菌之繁殖。总而言之,关于细菌之物理的传播与繁殖专门家之意见以如上述,征右之事实,欲使用细菌为攻击兵器之军人,得到何种之教训乎。

五、细菌战之战术的困难

解答此问题之前,既述物理的,化学的,考察外,更不得不加些纯细菌学的说明。空气传染的,在病源学的,有二种差异之方法存在,一、是直接感染渐次蔓延。一、帕斯珠尔氏所谓非本来感染之蔓延。而单以菌之保有未必致发病，对于病源或对于豫防法，全无智识时代，极猖獗一时之传染病。为何不能绝灭人类，而传染病本身，为何不无限蔓延，而早晚行于自灭自息乎。威胁于细菌战之住民，已光明地看出此点。司令官，虽可以命令飞机师撒布细菌，而无法行命令于细菌，假如在某国之都市上空，施行从飞机撒布细菌雾，而其处之大气，未能全准如实验室内之趣向，气压亦不如意想，以一分间，一〇粍之速度下降，至到达人群之头上，所需时间，亦有相当之久，再在其间成凝结时，则其危险性已减少许多矣。然实际上若欲发挥其效果必得用德国之间谍，潜伏于巴黎，及其他等处，撒布细菌雾于住宅内，或地下铁道为最良手段，而飞机及长程射炮实无多大效用。今纵令间谍对此项之行动，已告成功，而潜伏期，总要费数日，或十日之久，岂得称为真实之战术乎。而战术上有得其立足之地乎。

　　所谓细菌战者，不外是在战时续发之传染病也。

　　毕竟所谓细菌者，是以传染病，用人工方法，传播于敌国人，与战争并行之，或附随而行之也。然而如肺鼠疫已发生蔓延于敌国时，则其传染是不择敌方，我方之人，皆可猖獗其毒力一点不可忘。世界大战时，西班牙之伤风，转为欧罗巴之伤风，彼此两军皆被染犯而牺牲者，实比被炮火之牺牲者，为数更多，吾人今尚留存于脑海中之新记忆也。假令德国以此细菌战，为必然性，而专心埋头苦干要说是技术上之研究，无如道德上实可战栗之事何。然而以此类计划之风声，亦不得不考究其对应策也。关于此点据 Trillat 所论如下。

　　"关于防护法有三，即豫防注射，面罩，杀菌云之放射是也。豫防注射，不能随时行之，面罩则细菌亦能附着于衣服，及地面，杀菌云之放射之施行，则歉其过时刻故，可云对于细菌攻击之防护法，实比对化学兵器防护法为困难。"

　　对此集团的人类之杀戮法，吾人不得不对国际联盟，提出希望禁止细菌战之决议，虽由飞机上放散细菌雾之施行，实比在空中施行化学的攻击为困难，然而吾人对此之防护法之研究，决不能忽之。

△说明

设置大密闭玻璃波德里箱(装容培养寒天之玻璃钟)内,以眼目不能见之包含细菌,水滴撒布于下部逐次取出培养寒天,而检验细菌雾之传播速度及密度。(以细菌学的检查之)

(南京《防空杂志》第 1 卷第 2 期,1935 年 11 月,第 211—216 页)

细菌战与其技术之可能性(法国、科学与生活)

(1935 年 12 月 15 日)

得仁译

英国有名之新闻记者 Wiekhm Steod 氏最近于"十九世纪以后"杂志,揭载有关于德国准备细菌战之记事,致使与德国关系最深之英法两国,卷起极大之反响,然则传播细菌于远距离,果属可能乎?

以下以对此曾在"巴斯咨尔"研究所多年,研究病源菌之空气传播之专门家 Trillat 氏所研究之结果,揭举以答之:

"能藉空气为媒介之病源菌之种类,极为少数"。

此乃世所周知之事实,例如进入消化器之"耶伯尔笃菌",及各种之"巴拉基布斯菌"等,则仅藉食物为媒介物,万一此等病源菌,有投入水中之虞时,亦以如"耶伯尔笃"之菌甚弱,极容易消其毒、灭其菌也,又据 Charles Niclle 教授之言,如发疹之"基布斯菌",非得虱之助,则不能传染,同样若扑灭蚊子,则"麻拉利亚"与"黄热病",亦不能存在,若无鼠之蚤,则亦无"伯斯笃"。

反之,呼吸器系之传染病,为藉空气传染为主者,"肺伯斯笃"及各种流行感冒,可谓为其代表者,其传染之迅速,且亘于广范围,此人所周知者也,右述之外,虽无呼吸器系之病菌,但因污秽空气所起者,则有"基夫得利阿"、"猩红热"、"天然痘"、"结核"等。

投"耶伯尔笃菌"于水道,混入鼻疽菌于马粮,此为间谍之所任,防遏则在乎警官,而其担任救急者,则在乎卫生家,本稿仅就应入于未来细菌战之部门,藉空气传染之病菌而记述之:

第一　空气传染性细菌中,适于战用者

空气传染性之细菌,有二种类——一为干燥之尘埃状者,一为湿润之尘埃状者,所谓干燥尘埃状者,例如已干燥之咯痰及粪便内之病源菌等是,在豫防结核,则非禁止吐痰于地面不可,但因尘埃于呼吸之际,容易停止于粘液,为干燥尘埃菌之可火菌之撒布,不得不谓为危险之武器。

反之,与以营养于菌,则为液所包之湿性尘埃状(雾状细菌),不致接粘于粘液,而容易到达于肺气胞,因而唯此种细菌,战时可利用为细菌弹,或利用航空机而行下雨法,故细菌战之技术的问题,惟在乎此。

此事实征诸严密之实验,亦可证明,即以已干燥之结核菌,与雾状之结核菌,施在同一状态之天竺鼠以行试验时,干燥尘埃状之结核菌,虽吸入一时间之久,亦不感染,但雾状之结核菌,仅吸入数分间,必成感染,对于雾状细菌之试验者,有数人不注意,有致遭丧命之事实,肺伯斯笃、流行感冒、基布得利阿等,皆为雾状细菌,因谈话及咳嗽等而感染者也。

形成细菌雾所必要之物理的条件,在能备举大气中之湿气之凝集、压力、温度之三者,此三者无论细菌战之攻防若何,均为应研究之问题,而细菌攻击之结果,一悬于此等之要素。

第二　细菌传播之物理的条件

在研究室内,使成细菌雾之形,原无何等困难,最要紧者在大气中,应如何而始能成为细菌雾之形是也。

第一图之装置,即用以充此研究(图略)。

蒸发之结果所生水滴之大者,凭借热与力而分解,或速降落于容器之底,唯雾状之气体,残留于上部,但此亦不久即依重力,极缓徐而下降,此从半径、密度、空气之黏着系数等,可依"斯妥库斯"之法则而算出,例如中径约一米克罗之小水滴,于十五度之温度,每十分间下降十公厘,"伯妥利"箱之盖,可随时由外部开启,取出培养寒天,得调查其附着之细菌群,而能研究学理的物理的要素之影响。

第三　对于细菌雾之温度之影响

对于细菌雾温度之影响,能于二个形态下行之,细菌雾若急激冷却,因

其温度甚大,则极速凝结,致增加重量而促进其降下,此雾迅速落下于地面上、物体上、人体上等,大有传染之可能性,关于传播传染病之寒气之职务,可以了解矣。第二图,即示此实验者。

在天眼不能见细菌雾之玻璃钟内,插入涂以培养寒之四管,其中二管,由外部而温暖,其他二管,则冷却者也,以此入于孵化温室内而后检查之,唯见冷却管中,细菌繁殖。

今有一实验,注入细菌雾于球 A,在其上部,插入复杂玻璃管,以其端末系于容以培养寒天之坛,由此无菌之坛,向有菌 A 球方向,送以蜡烛火强度之空气,菌则似乎不能逆此气流,由 A 球到达于 F 坛,但在 F 坛内之培养寒天中,定可看出菌之繁殖,结局,所谓气流虽为密闭之空气,亦未必能净化也。

第四 气压之影响

复次气压,因其变化之激急或缓徐,而大生差异,缓徐变化时,虽不见细菌雾有何等之变化,但在急激变化时,则转瞬间即行下降,气压之急降,殆与冷却相当。

Trihat 氏对于含有人工细菌之大气,而研究其风与气流之影响,结果得知风运细菌,其速不比风小,又气流应乎细菌之大度,有能淘汰之事实,此依气流,能使混在空气中之酵母与细菌分离,或能使旧细菌(形大)与新细菌分离等,依此理由,使用通风机,因能使某种细菌,集于某种处所,不可不谓为危险。

第五 大气如何培养细菌

小水滴内之细菌,不摄营养,虽不能生存,但空气对于彼等将与以如何之食物,此不外营养瓦斯也。于是吾人对于为传播新要素之大气,非考究其组成此大气之化学的要素而观之不可,大气之组成,因烟之排出,及其他呼吸或动植物之腐败等之结果所发生各种之成分及瓦斯等而有变化,此等之不纯物,对于微滴内之细菌,致成中性、酸性、阿尔加利性等各种之围绕物,对于干燥菌,亦起作用。依 Trinat 氏之实验,鸠得利雅菌,在腐败大气中,百日以上能生存,但在普通空气中,五日即已死灭,水滴若为清水,则菌忽失活动力而不得繁殖，然若得极微量之培养瓦斯，则生活力无论矣，并得保持繁殖，第四图及第五图，乃说明此间之消息者也。

更举他项实验而观之，置四个玻璃钟，其第一则置以干燥之空气，第二置以稍带湿气之空气，第三则置以已饱和湿气之空气，第四则于湿气之外，并含以鼠之呼气。

次投入细菌于其内，稍顷，行细菌学的分析而观之，干燥空气及稍湿润之空气内之细菌，仅得生存，反之饱和湿气之空气，尤其是混以鼠之呼气之空气内，大见增加而发达，类此试验，多次施行，结果、密闭场所之传播性之增大，已益明了矣。

因而人间如呼气充满之地下铁道，已成为传播最适合之条件，下水道虽最善发生化学的有毒瓦斯，但此无培养瓦斯，则非为吾人所想适当传播之场所。

气温之上升，于细菌之物理的传播，虽不适合，但使其繁殖容易之传染可能性，则已增大；反之气温低下，细菌容易附着，例如在外部已冷之访客，入于温暖之病室必致病菌附着于身体，总之却冷之室，不适细菌之繁殖，

要之关于细菌之物理的传播与繁殖，而专门家之意见，已如上述。

依右之事实观之，欲以细菌作为攻击兵器而使用之军人，当可得如何之教训矣。

第六　细菌战之战术的困难

答解此问题以前，除已述物理的化学之考察以外，今不可不稍附加以纯细菌学的说明。

空气传播，有二个病源学的相异之方法存在，一为直接感染，段段蔓延而行之，他则为巴斯咨尔，所谓非本来之感染蔓延，仅仅保有细菌，亦未必能招来病症之发生，对于病源，对于豫防法，全然无研究之时代，而极猖獗之传染病，何故人类尚未绝灭，此等之传染病，何故不致无限蔓延，因其迟早行将自灭，故被胁于细菌战之住民，能现出光明于此点也，司令官虽能以撒布细菌之事，命令航空家，但对细菌，则不能下以有何意义之命令而使行之也。

假如在某国之都市上空，已由航空机撒布其细菌雾，但其处之大气，不

能如实验室内之空气，有一定方向，其气压亦不能常如意图，若十分间用十公厘之速度下降，及至到达群集之头上，需要许多时间，若更于此时间，其细菌雾不达凝结时，则其危险性，当减少几成矣，因而为发挥实际之效果，德国之间谍，似有在巴里及其他处所试行之事，结果将细菌撒布于住宅内及地下铁道，为最良之手段，由航空机撒布及长射程炮放射时，则不大见功效，令间谍纵于此等行动，获告成功，但潜伏期亘数日或数十日时，得称为战术者，尚真实存其处乎。

第七　所谓细菌战者，不外为战时之续发性传染病

毕竟所谓细菌战者，为对敌国民众，用人工传播其传染病，而与战争并行或追随于战争者也。然如肺伯斯笃，一度蔓延于敌国境内时，则无敌我两方之区别，无处不极其猖獗，此不可或忘者，世界大战间之"斯伯音"风邪，成为"约罗巴"风邪，彼我两军，均感冒之，因其凭借炮火，亦生多数之牺牲者，今尚能记忆之。

德国想到细菌战之必然性，正没头研究此细菌战，是由技术的见地，亦道德的可战栗之事实也。

然既已立有计划，则必须对此而讲对应之策，关乎此项，Triiladt 氏，有如次之言论："防护法须先就三方案研究之，即豫防注射，装面，杀菌之放射是也。但豫防注射，无论何时，均注射之，颇无意义，虽然装面，然衣服及地面，仍附着有细菌，又杀菌云之放射，易失时机而菌益盛，故对于细菌攻击之防护法，比对于化学兵器之防护，尤为困难。"对于此集团的人类之杀戮，吾人不得已，希望国际联盟决议禁此细菌战，而由航空机之放射细菌雾，比之空中化学攻击，其实施并不较困难，故对此之防护法，决不可忽也。

在大密闭之玻璃箱内下部，设伯妥利箱（装有培养寒天之玻璃钟），将包含于不能目见之水滴之细菌，撒布于大箱内，逐次取出，将落着于培寒天之细菌雾之传播与密度，而行细菌雾之调查。（下图略）

（《军事汇刊》第 20 期，1935 年 12 月 15 日，第 57—64 页）

毒菌战与今日的中国

(1936 年 12 月)

李芳兰

只要打开报纸,接触眼廉的,都是一片扩军备战的怒潮的震撼,战云弥漫了全宇宙,迟早总要在眼前展开,大屠杀是不可幸免的。

各国正在手忙脚乱地扩充军备,努力赶作杀人利器,如果战争暴发,无疑的将由平面战斗变成以空军为主的立体战,前线,后方都是战斗区,士兵和人民全不能逃避这个浩劫。他们的目的是要消灭敌方资源,交通,住处,全民族,一切……所以各国正在加紧制造并发明各种毒瓦斯,准备残杀他的敌方。

他们有更新的理论;用毒瓦斯作战,不算澈底残酷,因为被毒区域,只能在敌人用炸弹投掷所到之处,这不特可以防范,而且不能激烈传染,因此,将来战争是要用"毒菌"战的——即是培养各种急性传染病的毒菌,以各种方法撒布敌方,因为毒菌繁殖快,又微小,撒布毒菌既不容易发觉,更难于防范,增加敌方的急性传染病,就能很快的传染蔓延,敌方前线上的士兵不能作战,后方的民众不能做战时种种应做的工作,少数未病者还要诊治调护大批病人,这样更能扰乱敌方的阵容,更加速毁灭敌方的原动力。

第一次世界大战的末期,已经有毒气战的实验,到最近,一九三二年至一九三三年,德对英法大都市撒猛烈毒菌计划的秘密试验暴露以后,就大大引起欧西各国的注意和冲动。现在各国的细菌室里正培养了大批的毒菌,准备在战时用这无声无臭肉眼看不见的病菌来撒布,更普遍的杀害敌方兵民。他们预计的细菌攻击法,有以下几种:

(一)用染有鼠疫的老鼠向敌军撒布病源。

(二)培育伤寒,霍乱,痢疾等菌污染于饮用水中。

(三)把各种毒菌装在收容器内,从飞机撒落。

(四)把兵器上涂抹链球菌,炭疽菌,鼻疽菌。

我国一切落后,不仅没有防空设备,更没有防空知识。百分之八十五的工农不知道细菌是什么,剩下的百分之十五之中的一部分还在高谈玄理,认为提倡科学医是沦亡亡国粹，甚至做法会祈祷和平，多数人还在中古道上徜徉。如果大家老是这样怀疑，迷糊，拖延，等到一切实现，就是应用的时候了，那时我们只能坐待灭亡！

事业已经把我国转入战争的漩涡里了，绥东的炮声还能隐约听到，逃避是不可能的，敌人的空军配合"化学品"，"毒菌"的残酷的杀害，我们也不应该胆怯或消极地畏缩，我们要在事情没有发生前充分准备防御的工具；训练并组织大众，普遍介绍防毒瓦斯，防毒菌的常识和救治术。

政府在这个时候，于可能范围内推进一般社会卫生，多注重传染病的预防：如强迫种痘，打伤寒，霍乱，白喉等预防针；禁止玄医，巫医的活动，把人民的思想观念引导到科学的道上，训练民众遵守预防及各种卫生规条。一般医药卫生机关，要尽量撰写浅近防毒瓦斯，防毒菌与救护的书报小册；制作上项电影，幻灯在各城乡映放；举行防毒讲演会或演习。从事农村工作的，尤其要在组织训练工农外，注意灌输防毒瓦斯，防毒菌的常识和救治术。

时候不容许我们犹豫了，大家赶快分途去作，看清方向，朝科学的路上走，认识他的危险所在，准备怎样去预防和救护。

（《妇女新生活月刊》第 2 期，1936 年 12 月，第 33—34 页）

第二章　全国抗战时细菌战与传染病知识之传播

细菌战——明日的战争

（1938 年 2 月 1 日）

钟开莱译

本文重译自一九三八年二月号之 Living Age 杂志，原文著者 H. W.，载 Deutsche Wehr（德国国防）。

本译文所用医药名词概依照中国科学名词审查会所确定者。

细菌战者，在敌方的战斗员（人与其他动物）与平民中造成传染性流行病的一种企图也，其目的在使敌方蒙受物质的损害，并毁损其活力与士气。

关于此种前之未试的战术，有许多问题。使用细菌的攻击是否可能？受到此种攻击是否确有危险？如欲用病菌对付敌方，可有什么预期的效果？因为细菌战是没有"历史"的，而实地经验又不可得，要对这些问题作决定的回答是差不多不可能的。但如一考研究者对下列诸事目前所已有的知识，可得部分的解答：第一，最恶毒最适用的病菌；第二，最有效的散布方法；第三，致传染以引起流行病的必要条件。

制造极毒的细菌，大半是实验室技术的问题。但须记得从小规模试验所得来的经验不能无变化地用于大规模的运用。在选择所用的病菌时，不可太存奢望。很容易想到黄热病，斑疹热或天花——普遍地造成恐怖的疫病——但实施起来却必须饲养巨量的蚊或虱，使他们传染到黄热病或斑疹热的细菌,而且时时保有大量这种虫类。要制造适量的天花毒素有同样的困难,况且文明国都有有效的防御,即种痘是也。

有一时对霍乱细菌寄有厚望,以为只须将这种培养物放在井、水槽、或食物内就可以造成流行病。但后来却发现这种培养物可以安然吃了并不生病。只有染了霍乱的人才能散布它,因为那细菌要在被他们排泄出来以后才有毒而不久即告消失。痢疾细菌的培养物同样会失去其毒性,而使其恢复的方法大抵是无甚效力的。

较适用的显然是伤寒(肠热病)与副肠热病的细菌,但这两种病在许多国内原是风土病,其增加不致会造成什么大恐慌。瘟疫(特指黑死病)的细菌很受注意,因为其极毒的培养物较易大量制造,而且此种细菌对湿冷很能抵抗,且能以种种方法传染于人。最要一点,瘟疫永远是种厉害的病,对不熟悉它的人民尤能造成恐怖。

脾脱疽与鼻疽的细菌亦被考虑过。脾脱疽对人与其他动物均能传染,而且其极顽强的培养物很容易大规模制造。鼻疽是种马病,传染于人是必然致命的。

现在讲人工散布流行病的方法。首须知其实施的目标大概不是战场上军队而是敌方领土内非战斗员。理由是如果在前方造成了传染病,或许会很快地传布到自己的军队的。

要散布病菌,只有用奸细或飞机。如欲用奸细在饮料食料内下毒或使能散布疾病的动物传染,则严密的训练与敌方领土内人口的复杂是必要的。这办法实施起来困难很多,又须在种种不同的环境下行之。在一处成功在他处或许会失败。况且每个奸细只能带少量的培养物。即在有利于他的环境下,他也许只造成几起疾病而不能达到酿成流行病的目的。

飞机是远较适宜的驱使细菌的方法。种种从空中散布病菌的法子都在考虑中,如炸弹,玻璃管,大容器,喷雾与撒尘。

对于喷雾的可能曾经作过实验,结果显示湿而冷的空气最宜于细菌的生存。当然必须选择能由呼吸传染的病菌。但这种实验都只是在室内举行的。在大空中喷雾的效果现在尚乏确据。

对于喷雾一法，尚有许多未解决的问题。病菌在空中如何散布？在有利的情况下牠们能保持其毒性至多久？气流对之有何种影响？如以瘟疫细菌为例，其密度须多大才能使露天下呼吸传染？虽然在有利的情况下飞机能够制造充满细菌的云雾，到底能否酿成传染病还是疑问。但这事可以简单讨论之，而且即令这种攻击的实际危险是夸张的，仅仅其可能性就可以造成不安了。

造成流行病或扩大原有的疾病一事，与平常实验室内对动物或人所作的实验大不相同。仅有极毒的病菌及其散布的方法是不够的；许多其他事项必须考虑到。时季对于若干传染病的影响是熟知的——例如夏季宜于痢疾与霍乱，而冷天则宜于呼吸器病。

空气的湿度亦有关系。地势与社会的因素，与各种族对传染病免疫性的差异，是可以促成或者推迟流行病发展的因素。譬如黄热病是限于某种地理区域的，而其他的病如瘟疫与霍乱，需要特殊的外界与社会的环境。斑疹热可以在一群颠连困苦的人民中造成大害。霍乱与杆菌痢疾亦然。凡此种种细菌战的提倡者不可忘记。

有此评论家想使细菌战在其他军备中占一确立的地位，但此举目前尚觉太早。不能估计的因素如此之多，这方法或许会在完成它的人以为已可驾驭时宣告失败。要以其他军备的标准来判断细菌战一定是很危险的。即使要和化学战相比较亦不可能，虽则从空中化学战所得来的经验可以利用于某几种细菌云雾的扩散。

预计的结果大半要视被攻击国的性质而定。一个有良好的公共卫生业，在平时有有效的抗御疾病的组织之国，大概对细菌战是能抵抗裕如的。

因此，要创造一种极新异而结果又不可测的战术，在有远较有效而可靠的武器时，是否值得，成了问题。看来细菌战决不能对战争结局有决定性的影响，虽然流行病或许可以大大危及烦劳过度的领袖们。最须考虑的是其对于士气上的影响。如果用宣传来煽动敌方对细菌攻击的恐慌，并用谣言来永维其活动，一国的抵抗意志可以被毁损，尤其当战事延长时。但于此亦以不太夸张效果为是，尤其对于一既不愚昧又不易胁服的民众。

至于对细菌攻击的防御处置,一个有良好公共卫生业的国家应该加紧其预防小心,而对于饮料食料的洁净以及一般都市卫生特别注意——在工厂、兵房、军营、公共机关等等地方。军政两界的卫生当局应密切合作。察出传染病存在的方法须在实验室内研究出来,这样就可以将一个流行病中心立即加以隔绝。上次世界大战供给充分的防疫(在前线与后方)经验。小的发作可以迅速控制之——唯一的例外是流行性感冒,这个病使人人束手无策。

大体言之,细菌战的危险容易被夸张过分。细菌武器在理论上固有许多可能,实施时却有许多困难,其中有些是不可越的。虽然如此,若以此整个问题为无关紧要而以为不必有防御的方法,那是不对的。我们必须有应付这种新奇攻击的准备。

(《东方杂志》第 35 卷第 3 期,1938 年 2 月 1 日,第 47—49 页)

打破毒气细菌的恐日病

(1938 年 4 月 20 日)

林　翔

日本军阀在台儿庄吃了大败仗之后,将来会有一个更凶残的进犯,这是意料中的事。依照日本军人的残酷野蛮的特性,虽然有犀利武器的凭借,可是九个月来,处处遭遇着我英勇将士的抵抗,处处遭受溃败覆灭的凄苦教训,使他觉得优越的武器似可恃而实不足恃,将来会再利用全世界人类所反对,国际法所禁止的毒气,企图威吓我士兵与民众,这也许是有可能性的。

前几天,八路军的将领曾经有一个通电,说日寇将用飞机施放毒气和细菌来杀害我们前方的将士,并要把陕北这一区域人民杀害,甚至寸草不留。在后方的民众,听了这个消息之后,对于日军将用毒气这件事表示很大的恐怖。昔人所谓谈虎色变,今人则不免谈"毒"色变了。实在说穿了,毒气不过是个纸老虎,细菌更是一种神话。用科学眼光来看,毒气并不如一般人想象的那样可怕。

我觉得为研究毒气的真实效能,及打破前方将士与后方民众的恐怖心理起见,应该从科学上来说明毒气作战的可能性及其真相。万一敌人真是不顾天怒人怨,施用毒气的时候,一方面我们应该采用有效的适当防御方法,一方面千万不要故事慌张,使前方将士后方民众起了普遍的恐怖心理,影响到抗战的前途。

一、毒气可怕么

化学毒气应用于战争,是一九一五年德国攻击协约国开始的,当时曾引起协约国心理上的惧怕。可是经过多少年化学战争的经验,毒气的真正价值便渐渐的被认识了。许多专家都认为:毒气只是一种普通的武器而已,并不是特别可怕的东西,因为它的效能并不能完全像实验室和书本上所表现的成绩一样;同时毒气放出以后,还要受着其余三个因素的影响——毒气本身的弥散性,新鲜空气的浓厚,和中毒者在野外经长时间的曝露。

从军事观点看来,能常用于战争致敌人于死的毒气共有七种:芥子气、路易氏气(Levisite)、光气、双光气、氯、氯化苦(Chloropicrin)和二氯乙砷($C_2H_5AsCl_2$)。听上去这一串怪名词立刻会毒死人,而实际上却又很简单。先说芥子气吧:芥子气是一种最恶毒的毒气,它不仅是一种催泪性的毒气,而且它是侵害皮肤的糜烂者,中毒稍久便可损伤肺部而致死命。但是它的弥散性在各种气体中算是最小者,因为它的沸点甚高,在普通温度中只是一种液体而不是气体,所以尚不能弥散在空中,以为杀人凶器。(在华氏六十八度,只有半英两的液毒气体可以蒸发在一千立方公尺的空气中)因此,它的含毒气体不能透入一具防毒面罩,或者一间被封闭了的房间里去,它的危险区域也不能扩展到直接被毒弹击中邻近地带之外。因此,把芥子气装用在飞机上散放是不可能的。

就在战地来说,欧战时两军相持的地带,所谓"无人地带"内,曾经猛掷过一万二千吨的芥子气。协约国和同盟国都曾在各方前线战地上互相施用过,但是连俄国在内,死亡的仅有七千人,只占美国一九三六年因汽车出事而死者的五分之一而已。当时参战的共有三十一国,前线作战的兵士有一千二百万人,而防毒面罩的设备尚极幼稚,也不过用一吨半的"毒气之王",才能杀死一个人。

　　再讲到光气,可以说是一种挫折敌人攻击心理的一种防御利器。它像氯一样,弥散性甚高。它只能伤害那些已经吸到它的人,可是它能在旷野空气中停留二十分钟,所以实际上只能用于阻止敌人的袭击前进。

　　至于最有效力的双光气,是一九一九年德国人首先在凡尔登施用的。它因为有中等的弥散性和高度的有毒性,所以最适于战时的需要。但是我们必须记牢,这种毒气仍旧和其他毒气一样,它们的攻击并不是像一件什么神奇的灵迹似的,若要叫他们能生效力,必须是一件极艰难极耗费的事情。

　　这些毒气,是科学家认为"最可怕"的毒气了,然而它的"可怕"就是如此。一个国家的化学毒气的设备,是随着资本工业的发展走。日本资本主义的脆弱性,军需工业(特别是化学工业)设备的落后,许多科学家都不相信日本化学毒气有什么惊人的发展。这是一种事实。

二、飞机施放毒气的不可能

　　既然这些"可怕的毒气"只能施用于战地上,那么用飞机装置毒气弥散战地的后方是不可能的了。作者曾研究化学战争多年,据我所知:为了要用毒气攻击一个广大的面积,必须要在地面上笼罩着一层有毒的云雾,其密度为每平方公尺一五克兰姆。据一位专家估计,像美国波士顿(Boston)这样一个城,需要有三千架轰炸机才够分配;即使有这许多飞机,如果人民躲避房间里去,把门窗紧紧关住一小时后,毒气便消失了。美国的波士顿城,不会比中国的"陕北"大,日本的飞机不会比三千架多,即使它全体出动,也不能完成一件"用飞机残酷地屠杀陕北劳苦大众的工作。"去年曾有人估计过,倭机如在南京城内散布毒气,最低的费用也须六千万元以上;陕北面积如此之大,即使倭寇有十万架以上飞机同时策动,但是毒气的成本,比它全部战费还要大。所以在科学上说,日本军阀要想用飞机施放毒气来屠杀陕北民众是不可能的。

　　其次,我再引证两位军事学家的话,来证明飞机施放毒气攻击战地后方的不可能。

　　欧战时,英国化学战队的主任傅克斯少将(C. H. Houlkes)曾经说过:"我不相信毒气炸弹或者毒雾之类能够像猛烈爆炸物那样损失多数生命，……尤其是城市里的情形与战场中的完全两样。譬如说房屋吧，假若住在里面的人知道怎样去适宜地利用它，就可以变成一处很安全的防毒地方。"

德国化学家迈尔（Julius Meyer）博士在他最近著的《毒气战争》（Der Gas Kampf）一书中也曾说："以前所常常讨论的，关于一个大城市突然被飞机散布浓厚毒气笼罩全城的理想，在目前仍属不可能。"世界最进步的资本主义国家，都没有这种能力来攻击战地后方的城市，难道脆弱的日本可能么？

三、神话式的细菌战争

许多科学家认为未来的战争中，或将有一种细菌出现，最有效能杀害战地后方的非战斗员。可是这种细菌如何散布呢？据一些小说家说：最理想而最简单的方法，便是利用飞机去抛掷一些装满细菌的玻璃管，或用飞行伞使一些带着传染病菌的动物堕下敌人的区域。——这真太理想了。可惜这种理想的实现太不可能。

现在，我想请一位研究科学战争的日人寺岛柾史出来说话："细菌是医学上的一种名词，怎么应用在兵器上呢？真是想入非非了。但是现在已经拿它来用在战争上，而且要做一种可怕的兵器，这样的事情，正考究着哩。细菌这个东西，是不能像炮弹炸弹炸药毒气等直接在战术上发生效果的，而且炮弹及炸弹的冲力高热爆发力，是不容细菌生存的；就是装在飞机上去散布，也有些障碍；再说今日医学上的预防法，大有进步，就是使用这种细菌兵器，未必就能发生多大的效果。……"（见寺岛柾史著"科学战争"第一一二页）

虽然现在各国正努力于化学战争之研究，且听说法国曾经发明一种从飞机上散布细菌的投下器。可是这种说法，只是在科学家的化验室中、小说家的书本上，大家都把它当作一种神话来传播。我相信：残酷日本帝国主义，或在研究这种杀人利器，但日本决不会先各国而发明。英国有位兵学家，他曾根据多年作战的经验，说明未来战争中细菌兵器作战的不可能，即使这种发明成功了，施用这种工具的国家自身也有很大的危险，因为防备微细传染病的方法尚未十分完整。如果说细菌装在玻璃管用飞机抛掷是可能的话,那么玻璃管的细菌在二千公尺高空投下以后,空气的溶化作用也会把细菌杀害。——何况这是不能够的事。到现在,大家只知道它是一种神话而已。

四、"宣传的毒气"的可怕

从上面的观察,我们可以见到,毒气并非万能,细菌更是神话。我们十分承认宣扬防毒的重要,但是过分夸张毒气的威力和细菌的可怕,会造成意想不到的将士与民众的恐日病,会引起疑惧防毒的效力,减弱抗战的勇气与增进后方的恐怖。万一日寇使用毒气,其目的不过施行"威吓"手段而已。如果我们因此而酿成恐怖心理,正是上了日寇的大当。

作者这篇短文,是说明毒气作战效能并不怎样可怕;至于如何防止和抵御毒气的方法,各种刊物上发表的论文已有很多,所以本文不再谈起。我的意见,以为许多人对于消极防空方面,时常将防空与防毒等量齐观,实则为宣传的合理化起见,民间防空常识似乎尚欠普及,而防毒宣传,则至少在后方并不是值得很重视的事。

我们抗日的意志,是铁一样的坚强,日寇的恫吓手段,亦徒见其心劳日拙而已。

（汉口《民意》第 19 期,1938 年 4 月 20 日,第 13—15 页）

未来的毒气战和细菌战

（1938 年 6 月 11 日）

寺岛柾史著　　王达生译述

（一）催眠的毒气

毒气战争,惨无人道,所以华府会议,曾想禁止使用,可是各国又怕,一旦战事发生,这种禁例,不能发生效力,所以无不尽力所能地,研究着新奇的毒气。然而人道与毒气,究处于反对地位,要谈人道,就不能用毒气,要用毒气,就说不到人道。若是要把人道与毒气,相提并用,那只有用一种催眠的毒气了。

怎样叫做催眠的毒气呢? 就是这种毒气,不是杀人的,只有教人嗅到地,立刻就陷于睡眠状态。譬如两交战国,布开阵势,在未交战的片刻前,这一方面把催眠的毒气发出,敌人嗅到牠,立刻就神志模糊,精神疲倦,不知不觉的,把手中兵器一件件的都抛弃在一旁,睡卧在沙场上,寻他们的好梦去了。一定要经过若干时刻,等到药性过去,这些战士才醒觉过来,到了这个时候,不要说阵地早已经被人家占领,差不多国际谈判也要定局了。真是一梦醒来,河山变色,可算得一件痛快事情了。像这样的毒气,可以算得是人道的兵器,以救济世界上的杀戮么?

(二)毒气发射炮

前节所说的是人道毒气,现在所要说的,乃是一种只要一嗅就会教人立刻会死去的可怕的毒气。这是从前所没有的,现在新被发明。欧战时,联军受了德国的毒气打击后,英国又制造出一种极厉害的毒气炮,叫做"利文斯毒炮(Livens projector)"。这个炮像烟火筒似的,有几百门,发射时,随着炮火,发出极浓厚的毒气来。又有一种叫做"斯托克斯毒炮(Stokes mortar)",每分钟能发射毒气有十数发之多。这两种皆是极有效力的毒气炮,当时德国也受着很大的打击。将来这种毒气炮,一定还要研究进步,在战场上发挥他那威力,真是何等的惨酷呢。

在未来的战争上,要主持人道主义,因想着用一种有效而无害的毒气。可是一方面,还要研究极可怕的毒气,其所以如此者,据说是要使用毒气,把战争的时间,竭力缩短。

(三)比毒气更可怕的细菌

"细菌"是医学上的名词,怎么能够应用在兵器上呢?真是想入非非了。但是现在已经拿他来用在战争上,而且做成一种可怕的兵器,这样的事情,现在正继续研究着。细菌这个东西,是不能像那炮弹炸药毒气等,直接在战术上发生效果的,而且炮弹及炸弹的高热爆发力,是不容细菌生存的;就是装在飞机上去撒布,也有些障碍;再说今日医学上的预防法,大有进步,就是使用这细菌兵器,未必就能发生多大的效果。虽然是这样说,但是各国对于这细菌兵器,正像毒气兵器一样,同样的加以重视,并在秘密中进行研究。

要用这细菌,输送到敌人阵里去,先要自己冒细菌侵袭的危险。但是现在医学上,对于这一点,已有绝对的预防剂,即叫做"菌苗(Vaccine)"的那种东西,现在已发明了。在自己的伙伴身上,先行注射这预防剂,随后再撒放细菌去,或者才可收到那可怕的结果。听说法国发明一种从飞机上散布细菌的投下器。至于医学上,虽说有种种免疫的方法,但是对于各种传染病,总不能说是万能。据闻各国培养各种细菌,共有三百几十种,那可以使用在细菌战上的,为数正多哩。

更进一步说,设若把这细菌兵器,同毒气兵器,两种合并起来使用,那效力更大。例如被芥子气所侵伤的皮肤,再用细菌传染,那为害就不知伊于胡底了。化学兵器,各国是公然准备了;对于这细菌兵器,其实也是一步不肯放松的。无论如何,在未来的战争上,这细菌兵器,一定是要共同活跃的。

(四) 各种细菌兵器

细菌的种类极多,发生出来的病,也是不一样的。现在择几种最重要的说说:侵害消化器的细菌。那些病就是赤痢、霍乱、伤寒等等。这些细菌,大都是由饮水或牛乳中来的。虽然有净水法及牛乳杀菌法,究竟这个效果若何,是不能无疑的。而且做军人的,遇到战事,无论什么不健康的地方,或是野蛮未开化的地方,说去就是一定要去的。所以军队的卫生,无论研究多么精妙,也是决不能安心的。

侵害呼吸器的细菌。那些病就是痘疮、白喉、猩红热、流行性感冒、脊髓脑膜炎、肺炎等等,这些细菌,大都是由空气带下来的,尤其是防不胜防。

还有藉昆虫为媒介的细菌,那些病就是疟疾、黄热病、发疹伤寒、腺鼠疫等等。这其中最轻的,是发疹伤寒,是由虱子带得来的。譬如输送这种细菌的方法,把虱子装在一种器具内,或是装在飞机上,投入到敌人的地方,这种病原菌发作起来,侵入人的身体上,虽不致于送命,但是叫人十分难受,昼夜不安,这样子精神上就损失许多了。

此外还有军用动物——即军用犬、军用马、军用鸽等——的传染病,现在正在研究着。这个办法,是与兵士两样的。若是军用动物,有了传染病,立刻即将他屠杀,就能预防他的蔓延,这是最好的法子。还有把病鼠投入水中,就会发生一种疫病,传染起来,极为厉害。诸如此类的事,还很多哩,现在不过略举数种罢了。总之,在今后的战争上,这细菌兵器,一定是很重要的,各国都是竭尽心力,不断地在研究着。

(五) 做奇袭用的细菌兵器

在世界大战的末尾,德国要防备意大利的勇敢骑兵,在罗马尼亚的首府布哥列斯特地方上,培养过一种细菌,叫做鼻疽菌,用以防御骑兵。用细菌来防御骑兵,这不是一件奇事吗? 然而有这样的奇事发生过。

德国又因为俄国的卫生设施,不甚完备,在斯伊斯丘利奥的总领事馆内,培养着霍乱菌。把这个细菌,装在自来水笔内,由激烈派的手内,分送到俄国各内地。这样子的奇袭手法,真是异想天开了。

用细菌战的事体,从前皆有过的,并不自今日始。战事这件事,不是仅仅在战场决胜负的,应以国力决胜负,而以国民全体的活动力为其主要对象,因此,还有一种企图希望利用间谍,到敌人的内部去,撒放细菌,教那敌国的人民,均死于病毒之下。以上这些事,虽说是奇策,但皆是不正当的行为,残酷而无人道,在尊重正义的文明国家,是绝对不做的。不过这些事体,是要知道的,因为要防着敌人这样做。

意大利有一位名医说:"传染病比较枪炮厉害,蔓延他人,影响很大,培养细菌,培养比较制造枪炮,既简而又经济"。照这样子看,这细菌战是世界上免不了的,要想抵制的法子,只有使各种科学与医学卫生学,一同发达起来。

(六) 蚀铁的细菌

考查这许多细菌中,有一种菌是出乎人意想之外的,在将来的战事上,一定是要应用地的。这个虽然是细菌,但不是侵害人的菌,是单单腐坏那金属的菌,尤其是对于钢铁的腐坏力更大,这种菌真可以算得是不畏强硬的了。

若把这种菌培养起来,令他极度发达,送到战场上去,或是用飞机撒布,或是用炮弹发射,以及其他的种种方法。凡是敌人的兵器上,都把这种蚀铁的细菌奉送一份过去。像这些钢铁的兵器上,分布些细菌,看来似乎没有什么要紧,但是延迟几天,等到打仗的时候,那特大战舰和无敌大炮,一个个的,上面都起成窟窿了;机关枪也脱节了;军刀也上锈了;铁条网也洞穿了;

战车汽车的装甲,也破烂了;甚至铁路上的铁轨,也中断了;忽然的成了这么一种情形,那还打什么仗呢? 这岂不是一个绝妙的法子,可免去世界上的杀戮之惨吗?

这种蚀铁的细菌,确是有的,不过他的腐蚀力,尚觉迟慢,还要设法培养,能使他的力量增大,那就有这样的妙用了。现在外国有几位大化学家,同傻子一样,苦苦地研究着,要想做出那奥妙的兵器来。这蚀铁的兵器在和前面所说的催眠的毒气,是同样的用意。天下事物极必反,现在的战争,已残酷极了,也许将来有这一天,能把这件慈祥和平的事,具体做了出来。那也是世界上的一种福音罢!

（《青年周报》第 14 期,1938 年 6 月 11 日,第 11—12 页）

毒菌弹果能实现吗?

（1938 年 8 月 1 日）

杨应雏

战争是一件血淋淋可怖的事情。穷兵黩武的侵略者自己也未尝不恐慌,所以常常希望速战速决,予敌人以最快的倾覆,而自己受到最少的损失。

当此不分皂白,把老年人、妇女、儿童一律看做战斗员而加以屠杀的时代,恐吓是最有潜力的一种武器。狡猾而有组织的宣传,能麻痹民众,使陷入恐怖状态。"毒菌空袭——用老鼠传播病菌——饮水中掺入毒药——毒气弹——甚至用微生物使人民断绝生育",这种种呐喊宣传,已使侵略者售其煽动的奸计。这种可怖进攻的威胁,对于无知识的人民具有莫大的力量,所以把这种方法为不合实际的情形早一日揭破,人民的恐怖心理便可早一日扫除。

欧洲大战时,德国人曾散布一种谣言,说他们会播散一种致命的传染病,叫做"西班牙"流行性感冒("Spanish"influenza),结果一无所有,纯粹是宣传作用而已。

现在仍有许多人高谈毒菌战争,与在欧战时一样的轻信。最近德国军事刊物德意志国防(Deutsche Wehr)且刊载了一篇一位意大利医官所作毒菌战争的报告,加以讨论;若干德国人和意大利人又在研究如何恐吓敌人的伎俩，那是毫无疑义的。

据这篇德国论文说，最有效的病原菌是斑疹伤寒、黄热病、伤寒、副伤寒、恶疫、霍乱和天花。散播的方法系把微菌装入炸弹或玻璃瓶，从飞机在敌人的后方掷下，以攻击平民为目标，因为若用以攻击前线的敌军，或将于进攻中的自己军队发生大危险。

但是要从天空中掷下数百个毒菌弹来散播疾病，大体上是不合实用的。伤寒、黄热病和其他许多疾病都要靠兽类去传播；若论最可怕的霍乱，虽然在理论上确是播散毒菌的一种好武器，可是要从掷在蓄水池或其他水源里的炸弹，放出病原菌去污染饮水，是完全没有效力的。且由于种种理由，微菌很难用人工来大量繁殖。国联微菌委员会已报告过，说是"人工造疫为我们现在的卫生学和微生物学的知识所限"。

在德国也曾传出了一个离奇的故事，说她常养着数千只老鼠，集中在地下室内，一旦有事故发生，可立刻把它们送到边疆，播散恶疫。但是，从前虽曾有过剧烈的鼠疫发生于"满洲"等地，死亡了不少人民，而现在公众卫生术的进步，任何文明国家均能预防鼠疫的窜扰，故对此问题，也无足忧虑。

从天空中掷下微菌弹以传疫的危险，由于不能保证它们的功效，几乎已完全减除。同重量的猛烈炸药和毒气要比微菌的破坏力大得多，还不说微菌是不能大量地培殖的话。

近来国外专家对毒菌战争的实验有一个报告，说是实用上所遇的困难比理论上的困难还要大。但是——这是主要点——这种宣传疫所引起的恐怖，对于无科学知识的人民实是一种强有力的，心理上的武器。倘使你能够恐吓人们，使他们相信敌方使用了毒菌弹能使他们在数小时内死亡的话，这种阴险宣传的效力实在要比炸弹和毒菌的威力大得多。因为恐怖是军心和民气的摧毁者。一个敌人一旦能够使他的对方在心理上造成了恐怖，他已在胜利之路上走了一半。现今世界各国，都在彼此施放烟幕式的谣言，以蛊惑别国的民心，这可于各国报章上看到；为什么在战事期内谣言特别多，更可不言而喻了。

我的意思是政府应当正式揭露这些阴谋，使人民了解其中的真相。我们全国上下应当尽力预备防御天空轰炸，但对于所谓毒菌弹的传说及其足以造成恐怖心理的宣传，必须加以镇静，以免堕入敌人的奸计。

恶疫，天灾和恐怖是战争的三大武器，而以恐怖为三者中之最大者。

（《科学画报》第 5 卷第 12 期，1938 年 8 月 1 日，第 1 页）

可怕的细菌之空袭

（1938 年 11 月 5 日）

黄士源

在未来的空战，比毒气或烧夷弹更为可怕的，是飞机从高空上向都市撒布细菌，即在爆中装填极盛的病菌，不必在敌人的都市上空掷下，只要利用气流，在相距数百英里之外，也可以破灭敌人的全都会，故细菌战比毒气和炸弹，更加可怕，这种空战武器是看不见，听不闻的，我们要怎样去防御这种可怕的空袭呢？

最近法国的昆虫学者露茜安·柏尔兰女士乘飞机调查上空各部分的昆虫分布，即调查空中生物之垂直的分布，她的研究实在引起了全世界人的注意。女士从去年肆月至九月杪，以飞机采集空中的昆虫，所用采集器和在海中采集浮生物（Plnkton）的捕虫网一样，将此网系于飞机的翼上即可，专门采集空中昆虫类的学者，当以女士为嚆矢。

其次是一九二三年的美国学者史塔克曼、克利斯多法、亨利及克兰四人，在米西西比河畔，调查空中生物，此时在高一万六千五百英尺的上空，采得一种菌类的胞子，加以培养，竟能发芽，这是生物生存地点之最高纪录。

但据露茜安女士的调查，则昆虫类分布高空者甚为稀罕，最高处为高二千五百米尺，发见有半翅类，（小水虫类）等翅类、双翅类（蝇类）之三种，其次在二千米尺之处，发见有翅类，（菊花中常有之小虫类）及弹尾类，又其次在高一千米尺高处发见有甲虫类、蜂类、啮虫类等，从来早就知道在相当之高空上有昆虫之飞翔，但是等翅类、蝇类，能高飞至二千五百米尺之高空，则属初次的发见。细菌和霉菌的胞子能够漂游于更高的空中，则已由前述美国学者的调查证明了，昆虫则限于二千五百米以下。

　　露茜安女士根据调查结果,作如下的分类,即(一)由地面三百米尺至五百米尺之范围,叫做空中生物带,(二)在三百米尺以下则属地上层,在地上层范围中昆虫类可以一时的或升或降,但一般为悬气性的生物所栖息的范围,不仅昆虫,即菌类一切之空中分布,因地方及季节之不同而有差异,故须分别各地方之空中各层及时节变化,以调查生物之分布,调查接近地面之悬气性生物普通分布状态,实属极必要之事项,例如一旦战争勃发时,则可以由空中的变态而发见有敌机飞来,撒布毒菌,敌人的飞机或向水源地撒布毒菌,或洒撒毒菌的培养液,若能预先明了空中之常态,则容易发见其异态,以防患于未然。德国人从森林地带之上空散布细菌,在地上用水盘承接,以检验其究能发挥怎样的效果,在各国关于此项,也有相当的研究了。

　　世界各国军事用毒菌为赤痢、霍乱、伤寒,(肠窒扶斯)等传染性极强烈的细菌,但一般需要:散布之后,经过长期间,仍不死灭,且容易侵入人体的毒菌为最有效力,故各国军事当局又更进一步以发见这类可怕的毒菌了。并且在未来的大战,不单用飞机以分布毒菌,更进一步利用气流,从一定的距离放散若干量之毒菌,而研究其经过若干时候,可下落至何地方,其结果可以和大炮的发射距离一样的正确,向远距离放送毒菌,譬如从大戈壁乘气流向东南飞散的砂尘,不仅可以飞至长江流域,且可以飞到日本,又风速极强的时候,放发毒菌,可以及于更远距离的地方。

　　故知空中生物分布了调查,不仅可以防备未来之细菌战争,并且在航空事业发达的今日,传染病菌也常由甲地染附于飞机,而向空中分布,甚为危险,此亦有预先讲求防卫之必要,所以空中之生物分布状态之调查,是刻不容缓的。

(如皋《现代民众》第 3 期,1938 年 11 月 5 日,第 3 页)

细菌战争

(1938 年 11 月 5 日)

　　细菌在过去的战争上,虽没有正式参加过作战,但牠的威力却早为各国军人所熟知。

细菌原是致人死命的恶魔,医学家正想尽方法发明种种毒药,去毒死细菌,但是野心的帝国主义国家却在大批的饲养着,预备在下次大战中,散布到敌国境内去,捣乱后方。

细菌的种类,大概都是猛烈性的,如伤寒,霍乱,黑死病等,预先装在炮弹里发射出去,或用飞机散布在敌军后方,这样敌国境内没有受到炮火的害处,先受疫病的袭击,死亡枕藉,那里还有力来战斗呢!

(如皋《现代民众》第 3 期,1938 年 11 月 5 日,第 5—6 页)

可怖之细菌战

(1939 年 1 月 21 日)

陈边城

在战争中,最恐怖之活跃于战场险地新战术中一部门者,为细菌战,在不易攻陷重要地域——,如满布阻塞物之危险地带,要塞之南死角,火力纲重点等——可以代替毒瓦斯兵器,施用合法度份量,在中点施行散放攻击,使敌人受间接,或直接传染,以陷入疫病涡中,而消灭其强顽战斗力,唯须必不得已而使用之者,运用细菌战,先在散放器内,蓄威无数病原菌(Pathogene Bacterien)在合宜场合,(须先经过正确之测量估计,而始配合),为万亿兆之动员,使敌人占有地区,全如病原菌所侵害,迄今此种新战术,已为科学发达国家之理想对像,其进步程度如何,只能在各国军事杂志,略知其大概,然其诞生与研究之努力,实堪告于我,国人须为极度之注目可也。近闻德日美三国,有相当之成就,而斯新兵器战术诞生,在法国国立斯巴德研究所,细菌科中,被为有数的专研病原菌场所,经多数学者,穷□累日,乃研究成今日公开的秘密,非人道的细菌战术,在一九二八年六月,由在斯巴德研究所,多年专研病原菌空气传染之学者,多里拉博士,发表其颇有趣之研究成果,谓"细菌有远距离传播之可能性",兹记述如次:

使用细菌战,其无空气传染性者,不可以收十分效果,故必先用仪器为有准确之测量,而后配合适宜病原菌,施用,则有百分之八十六效用价值,而在空气传染性细菌特质,可分二种:

（一）为干燥尘埃状者，如食物内之秒佳(细菌)，粪便内之病菌。

（二）为湿润尘埃状者，先将病原菌加以培育营养，将之化成为包含液体，又变化为成雾状细菌，使可容易达到人类之肺气胞，此湿性尘埃状细胞菌类，（即雾状细菌）只能在不易攻击之要塞用之，可放在特殊制造之爆炸弹，或飞行机撒布投下，以达至毒杀敌人目的，但细菌雾活跃成功程度之要条有三点：

A. 大气中湿气之凝集，B. 压力(气压)C. 温度。

由此三条件配合适宜病原菌，为有效的施用，细菌活动攻击力如何，实验结果，当细菌雾降下速度与过度极有关系，且必须适合该细菌营养温度，由气流流诸四方传播，细菌雾，在急激冷却时，则凝结有重量，而增加急激下降速度，大型细菌雾，则迅速在地上物体及人体落下，如粘着，大有传染之可能性，唯散布于住宅内，及地下铁道为最优成绩，战壕次之，空圹比较又次之，由轰炸飞行机，及远距离长射炮发射细菌，效果比较的微弱，最佳者，为近距离用放射细菌炮，及人工散放。（在不易流通河沟，场集，井水自来水塘，工场，地穴，防空壕为大有显著的效用），在含细菌大气中，对于风向与气流，极有影响，因风，足以运搬细菌，其速度强大者，能远吹而淘汰之，而此种杀菌气流，在空气中混在，实有分离酵母与细菌之可能性，或可分离形大之旧病原细菌，或形小之新病原细菌，由斯原理，可则知防御细菌战之有效方法，而通风器，乃极可有效之使用于细菌集合场所者，现今列强，专研细菌诸国，其防御细菌战普通公布有效方法，约三种：

（一）预先为豫防注射（即血清注射）：如防鼠疫之鼠疫浆苗注射，——现在普通，俱用合法量，活性生鼠疫菌为一次过注射于人体。

（二）装面：（即防毒衣帽、面具，及防菌场所之预备而尤以口鼻耳之防御为尤重要，细菌战之病原菌，普通攻击，多以面部为容易传染而有效之目标）。

（三）杀菌雾之放射：（此种为普通而易举之消毒法先由防菌专门人员，先用器具以证明为何种菌雾，穿着防菌衣帽、被服，再由化学研究所配合杀菌器内，在病原菌大量聚集场所，施行放射，以消灭病原菌蔓延）。

综合而观之，第一种防御法，因事前未知敌人撒布何种病原菌，及应注射何种防御药,且我多种急性传染病菌之防御注射药,至今亦未有发明,故实极感困难,不过有者胜于无而已,第二种,则自敌人撒布病菌以后,虽然穿着防御衣帽,唯其他用具、畜类、地面等可传染体,亦粘着有极多之细菌,第三种防御法,则在杀细菌雾之放射完毕后,外来细菌搬移侵入,亦成问题,唯此三种混合施用,则比较发生大量效用,综之,现今列强各国,对于此积无人道之细菌攻击防护法,比毒瓦斯攻击防御,更感非常困难而麻烦者也,现今以日寇东京化学研究所,所公认有效细菌攻击种类有数种,A,流行性脑膜炎菌,B,大肠热菌,C,星红热菌,(即 Pesc),D,鼠疫菌,E,赤痢菌,F,虎列拉菌,G,急性肺炎菌,H,马鼻咀菌,九,其他各种电击性病原菌。

　　以上所述,皆以急性病原菌类,施用于人类仕者,其余施用于杀害畜类——如牛羊马鸡犬等——之病菌,约有七十四种,又有直接传染与间接传染,电击性与慢性之分,其用意不外将人畜全部残杀,或将有经济关系,资源供应之畜类杀灭以威胁减少敌人战斗力,细菌之散布,不论人类,地面工具,衣服,畜类,皆粘着有细菌,其毒杀对方与否,全视各种条件之充足而肯定其效用,现在列强,以机械部队著名,各国之细菌毒素学者,俱潜心力容种此新式兵器之防御及攻击,所得之成果,即将敌人全数陷入疫病涡中之细菌战,世界二次战斗,施用细菌战者,必在得一肯定之效用实验标准,迄今抗战,入于最严重阶段,此种新式战术,我国人尤须加度以注目者也。

　　　　(《新新新闻每旬增刊》第 20 期,1939 年 1 月 21 日,第 23—24 页)

细菌战的使用和防御

(1939 年 3 月 10 日)

赵建中

一　杀人不见血的武器

二　细菌是怎样的?

三　怎样使用细菌作战

四　细菌战的优点

五　细菌战的缺点

六　怎样防御细菌

七　战时怎样防御细菌

八　日本强盗怎样使用细菌战？我们要怎样应付细菌战

一、杀人不见血的武器。

现代的战争，是科学的战争。帝国主义者利用科学的方法造出种种杀人的利器，来征服弱小民族和争夺殖民地。

现在所用的杀人利器：枪炮、飞机、炸弹、毒气……等，都是用物理化学的方法造成的，已经发生很大的威力，演出很残酷的结果，使人们听着都觉得害怕。而最近更用生物的方法，拿"杀人不见血"的东西，来消灭人类，造成恐怖的世界——这便是"细菌战"。

人们的病死，多半是遭了细菌的"暗杀"。在传染病流行的时候，一家人或一个人地方的人，都会被细菌杀死。所以有许多生的细菌，和救治受细菌侵略的病人；但是，侵略的帝国主义者及其野心的军阀，却又要利用"细菌"来普遍的大量的杀人。

二、细菌是怎样的？

细菌是很微小的单细胞生物，不是肉眼看得见的，要生在显微镜底下才看得出来。它生存在我们的四周：土壤中、水中、空气中，和动植物体内。靠着媒介物：空气、干料、食物、蝇蚊、臭虫、虱、蚤、鼠……等，从人们的口、鼻、手、皮肤而进入身体内，发生一种毒素，使人们的身体中毒生病。要是病人的抵抗力弱，就被细菌战胜而死亡。细菌的繁殖力很大，互相传染的机会又多，所以会发生流行的时疫，使那个地方的人，都感受疾病和死亡。但是，我们也可以利用"以气攻毒"的病子，制造抗毒血清，免疫苗等，注射（打针）在人身上，增加抗毒的力量，来预防或消灭细菌。

最利害的细菌有：霍乱、伤寒、痢疾、脑膜炎、流行性感冒、肺炎、肺结核、白喉、回归热、斑疹伤寒、战壕热、破伤风、疟疾等病的病菌。害了这些病的人，要是医治不当，都有生命的危险。

三、怎样使用细菌作战

理想上使用细菌的方法是？

一、用飞机将细菌弹带至敌人的阵地和后方,把细菌弹投下,炸开后,就散布在四周。多量的投下,可以造成一个"毒化区域",伤害多数的敌人。

二、用大炮将细菌弹射出,或制成手榴弹掷出,爆炸后,细菌就散布在敌人阵地附近,使敌人遭受疾病,死亡,失却战斗能力。

三、利用间谍潜入敌国境内,将细菌散布在水源、菜市、食馆,和公共场所。使人民受细菌的侵害而互相传染,死扰乱敌国后方,使其不能接应前方作战。

上面的方法,是可能而且容易做到的。不过细菌的培养,装置,储藏,使用等,还需要专门学者和技术人员的研究和实验,上面只是个原则而已。

四、细菌战的优点

把细菌应用在现代的战争上,有几点是很有价值的:

一、方便。现在的许多新式兵器,都是经过不少的手续造成的,中间的过程非常复杂,不是少数人力在短时间内可以做成的,成本又要得很多。细菌的制造,手续比较简单,少数人力在短时间内也可以做得出,成本也需要不了多少,很适合军用。

二、秘密。飞机、大炮、炸弹、毒气等杀人兵器,是容易查觉的,在防备上也比较有办法。但是,细菌却不容易查觉,若是把细菌放散了,敌人依然不知不觉,直到细菌在他们身体内发作生病,才会晓得。所以容易保守军事上的秘密。

三、蔓延。现代所用的兵器,它的伤害区域还有个限制,超出那个范围,危险的程度就小了。细菌却不同,只要有一个地方着了细菌,就会互相传染,不受任何区域的限制,真是防不胜防,在知少时间内,救治和免疫也很不容易。所以在队用上的威力,实较任何兵器为大。

四、普通。新式兵器的使用,还被气候,地形等条件的限制,而失掉效力。细菌却不受任何气候,地形等的限制,随时随地,都可以使用。对于敌人的威胁和破坏,也较任何兵器优良,不但能使人畜生病,甚至可将人类生机灭绝。

从上面四点,我们可以知道使用细菌的"惨无人道",较任何兵器利害。

但是侵略的帝国主义者,野心的军阀们,是不讲什么"人道"的,杀死的人越多,他们的利益和功劳才越大啊!

五、细菌战的缺点。

细菌战的宣传,虽然很利害,很可怕;但是实际上,还要大大的研究方能应用。

一、细菌培养以后,把它怎样装置,是很成问题的。不论装在玻璃瓶里,钢筒里,或炮弹里,都要把它密闭起来,不与外界接触,在这种环境下,对于细菌的生存,是有很大的影响的。

二、用飞机投掷细菌弹,就像投掷炸弹一样,在没有防空设备的地方,当然可以任意低飞,瞄准投弹,命中效率就很大;但在防空设备完□的地方,飞机活动所受的限制甚多,不能低飞,投弹不易准确,并且有被击落的可能。

三、用枪炮射出细菌弹,因火药的爆炸力而将子弹射出,同时发生高热,很能影响细菌的生存。炸弹裂开之后,细菌又非常轻微,随着空气四处飞散,不能同时落于一地,效力自然减低。

四、利用间谍施放细菌,只要侦察得力,利用反间谍去肃法真间谍,使人民知道随时随地防备细菌的侵害,还是危害不大的。

五、细菌能使任何人都会生病,它不像别的兵器,只会杀敌人,不会杀自己,所以在使用时比较不便。

因此细菌在军用上,还有许多缺点;要防御细菌的侵害,还是可以有法子。我们不要听夸大的宣传和恐吓,就以为细菌真了不得啊!

六、平时怎样防御细菌。

假使细菌真的可以做杀人的利器,难道我们就只会等着死,而不想法子来防御吗? 进攻的法子虽然利害,抵抗的法子也不见得不会周密吧! 防御细菌,可以分做平时和战时来说:

在平时,细菌的活动能力还是很大的,只要是机实,它就像人进攻,稍一不慎,就有生命的危险。所以平时卫生习惯的养成,医学常识的训练,有很要紧的。下面几点,是要做到:

一、不吃生冷的食物,和腐败的肉类菜蔬。饮水要煮沸,食物要煮熟,即使有细菌,也被高热煮死了。

二、衣服、食物、住所要保持清洁。因为细菌多半是生活在污秽的环境里,清洁的地方,它却不高兴来的。

三、时常洗手,不要用手拿食物吃,或伸入口中,免得手上的细菌也混进身体内去。指甲更要剪去,这里最容易使细菌积聚。

四、身体要时常沐浴,使皮肤的抵抗力加强,细菌就不易市皮肤侵入体内。

五、扑灭传染疾病的媒介,蝇、蚊、蚤、虱、鼠等,使细菌没有寄生的地方,和断绝间接传染疾病的道路。

六、有病的时候,就要赶快请医生治疗,发生流行病的时候,赶快打预防针。

七、政府应当注重医药卫生的普及,以保护人民的健康。(下期续完)

(《战时知识》第 2 卷第 4 期,1939 年 3 月 10 日,第 13—14 页)

恐怖的科学战争——毒菌战

(1939 年 4 月)

俞天民

本文系在杭时为中央航空学校出版的《空军周刊》所写的特约稿,原文详载一四六期《空军》。抗战以来,敌人的狰狞面目,完全暴露,谋我野心,狠毒无底;最近则泥足深陷,窘状毕露,黔驴技穷,崩覆可期,在此最后关头,或将实行恶毒袭击。毒菌使用,颇属可能,特将本文加以增删,再向我青年介绍,俾知有所防范,亦充实抗战力量之末策也。作者识

近代战争,完全是科学的大竞赛,不是力和力的较量。谁有优越的科学知识,和大量的机械生产,谁的胜利便愈有保握。虽然胜败的因素不全靠物质,但是科学的配置,确能影响到战争的结果。所以实际的说,谓近代的战争是科学的战争,还似乎切实些。

科学在战争上使用的目的,是利用机械的功能,电化的特性,去增强破坏的威力,以达最后的目标——胜利。目下科学配用在战争上的,约有三方

面的发展：一是火器威力的强硬——目前火器威力，确在发达不止，在尽量的强大，但是牠亦有牠特殊的缺点，像有效范围的狭小，和代价的高大，都是使用火器的障碍。二是毒气攻击的成功——毒气的效能，颇能弥补火器的缺陷，但在使用时各方所需的条件太多，又于占领区内，消毒困难，亦是使用毒气的显著阻力。三是毒菌战斗的实施——毒菌在合理的使用下，能充分发挥作战的能力，虽然牠没有正式的作战过，但是牠的性能，已不容否认，将来科学战争中的主力，亦将舍此莫属。

毒菌的威胁，超过任何强烈的火器和毒气，范围的广大，更胜过一切武力，利用牠迅速的繁殖，辗转传染，立刻可使得前线后方受到纷扰和伤害。虽然各国细菌研究家，和一九二四年国联会的报告，曾再三解说，细菌是不能利用到军事上的，但是他们的言论，是否可靠，还是问题，是要我们细心体会，加以判别的。

毒菌在军事上价值的讨论

细菌在军事上使用的惊奇消息，是英国名记者威克韩斯蒂德，在《十九世纪及其后》一文中泄漏的，述明德国准备以毒菌作战的计划，各国的科学界都感到兴奋，加以注意。虽然细菌害毒性猛烈，繁殖力迅速，但是否可适合军事的威胁，便成为关心细菌作战者研究的中心。研究的结果，显然有两方面的见解，兹列述如下，以供读者用冷静的观察，合理的分析，加以认识。

（甲）反对细菌有作战价值者的见解

（一）生活不易——有毒细菌，都是下等植物，牠的生存，完全是受着环境的支配的。环境的不适合，能使牠死亡，或丧失发育和生殖机能；像温度，不能过冷或过热；日光，不能直接照射；压力，不能过大；振荡，不可过甚；所以生活的条件太苛刻，在军事上，这多方面适合的环境，颇不易办到，当然牠的价值就微小了。再，大量的培殖，也是不容易的。

（二）传布困难——毒菌的传播，困难得很，因为要避免高温和振荡；所以利用火器的投射，爆炸弹的投降，都不适用；其他方法，更缺乏把握；在传布方法上讲，确是非常困难的。

（三）防预艰难——毒菌使用，还有一严重问题，就是牠的传染，是不分敌我一律有均等机会的,若不防预得当,在自己阵地上蔓延起来,岂不弄巧成拙?所以自己的防预和消毒,事先都应有充分的秘密布置,但是许多人马,一一施行手术,困难麻烦,便够你周旋;并且,很容易给敌人以暗示,施以相当防护后,即影响侵害的效能。

(乙)承认细菌有作战价值者的见解

(一)利用科学方法造成适合的环境——毒菌的培植和生存,虽因环境方面,有许多困难;但是在现今科学发达的环境下,尽有许多方法,可以解决所有的困难,造成适合一切需要的环境;像温度过高,虽会影响细菌的生长,却很可以用适当的方法去调剂牠的;压力的增减,及避免日光的耀射和振荡,都是容易的事;至于培植不易的困难,更不成问题,因细菌自身的繁殖,太迅速了。只要一个到达目的,便能在二十秒内,分裂为二,由二为四,以后每经二十秒钟,每体即分裂一次,以全日计算,那个数目够大了。况且利用科学方法去培植,更会加倍繁盛;总之,一切生活上不适合的环境,及所需要的条件,都可以用科学方法去克服和改良的。

(二)集团军队的防护不会周密的——反对细菌作战者说,现今科学消毒和卫生预防,都很健全,就是施放毒菌,效果必定有限,虽则这理论是不错,可是在集团的军队中,人马众多,生活匆忙,一切生活的支配,不能像我们后方人民那般闲暇有规律,前方将士因为任务关系,几昼夜的废寝忘食,是极普通的。所以在起居饮食方面,简直没有选择和消毒的机会和可能,在这种情形下,毒菌混入军队中,大肆猖獗,是再好没有的机会,所以对于集团的部队,施以毒菌的伤害,是有优越的可能和价值。

(三)毒菌有辅助毒气作战的性能——毒菌对于毒气,有特殊的辅助效用,根据巴斯德学院研究空中病菌传播的屈里拉氏所得的结果说,菌雾的传播很容易,对于健康的人畜,或施过预防的动物,牠的伤害效率,并不能这样凶猛;但对于毒气侵害过的人畜,牠的效率,便异常狠烈,尤其是像破伤风菌、脾脱疽菌等,都可由糜烂性毒伤害过的创伤,传播进去,所以在使用毒气袭击之后,若更辅以毒菌的威胁直可得事半功倍。直接影响战事的胜负。

毒菌传布的方法

毒菌传播的方法，确有相当的困难，但是并非没有办法解决的，像下面所述的几种，都有相当的把握，可以达到传布的目的。

（一）飞机的散布——将实验室中培养好的菌苗，利用飞机散布，但是要免去激烈的振荡，骤热的高温，自然不能像毒气一般的封装在爆炸弹中；只有另行设计一种特殊的炸弹，像时弹（Time-bombs），就是利用时钟的原理构成，达到一定时间，因弹簧的推动，破裂开来，以达到传播的目的；玻璃弹（Glass-bombs），是将菌苗封入玻璃制的炸弹中，当玻璃破碎后，细菌自然便留在空气中了，人畜辗转交互的传染，牠的结果，真不堪设想，尤其对于毫无预防的人民，与时并进的伤害，实在没法统计。

（二）食物的传播——将有害的毒菌，混入日常必要的食物中，像菜蔬，肉类，水果上去，遇到没有消毒的防范，侵害的效果，立刻可以表现；若把一些细菌，倾入敌方上游的河流中，或蓄水池内，牠的伤害，更伟大了，很短的时间内，整个城市的毁灭是很容易的。

（三）动物的传播——这种方法，比较差些，但亦有相当的特效，如用老鼠去传布鼠疫菌，就能收很好的效果，尤其是对于岛国的袭击更好，牠不会有逃回本阵的危险。或是利用人类，施以毒菌的注射，混进敌阵，以达传布毒质的企图；欧战时便有某大国，贿买了虚无党，把虎列拉菌带往俄国去的事实。

各种毒菌性状及病态

毒菌的范围，在生物学上讲，不一定限于有毒的细菌，更应包括各毒质，原始质和其他致病种子，以及可以伤害人畜的微生物，所以在军事方面可以应用的，似乎很多；但在战争是要用一些功效迅速，毒性猛烈，感应量少，生存力强，不受温度或药力影响等特性的。现在把比较适于战争使用的毒菌，分类略述其性状及病态，如后：

（甲）激烈传染的细菌——此种毒菌，种类颇多，大都于短时间内，发生险恶的病态，传染极迅速，人畜交互相传，滋蔓很快，像伤寒菌，霍乱菌，鼠疫菌，结核菌，马鼻疽菌，天花菌，瘟疹菌等。

（A）伤寒菌（Bacillus typhasus），为伤寒病的病原菌，体长一 U 至二 U，阔〇·六 U 至〇·八 U，生于人体内，均单个孤立。发育在三十七度时最盛，十五度以下最弱，一年四季，均可生存繁殖；不过牠的毒力（内毒素 Intra-cellular toxin），却很奇怪，就是在牠生存时，所有毒素是包含在细菌体内的，因此伤害不大，直等到被人的抵抗力扑杀后，毒素才崩溃出来，人即中毒，发生高热，至昏迷或癫狂而死。

（B）霍乱菌（Microspira schroter），是霍乱症的病原菌，体长一·五 U，阔〇·三五 U，两端钝圆。在发育时生内毒素，乳酸，硫化氢等；本症状态不定，大多是呕吐，泄泻；因此体内水份异常缺乏，所以患者面貌形状，猝然大变；再进行时，便脉息停顿，呼吸困难，转入极度昏迷而死。至于传播，不但患者可以辗转传布，就是新愈的患者肠中，常有经过半月或二三月之久，仍有细菌存在的现象。遇抵抗力衰弱的人畜，便有传布开去的危险，本症死亡率占五〇％以上。

（C）赤痢菌（Bacterium dysenteriae），是赤痢症的病原菌，在发育时生内毒素及外毒素（Extracellular toxin）少许，本症潜伏期内，不易感染，在发作时，初亦仅泄泻，微觉腹痛，以后逐渐增剧，终致排出血液或脓汁，体温增高，口渴头疼，以致死亡；惟此症在秋夏之交，较易蔓延，其他时间，颇难奏效。

（D）鼠疫菌（Bacterium pestis）亦称黑死菌，侵入人体呼吸器中，即生鼠疫病症，渗透入皮肤及腺内，则生核肿症，体长一·五 U 至一·七 U，阔〇·五 U 至〇·六 U，为卵形单个独立，或许多连成一串，发育时生内毒素，为各种传染症中最猛烈者。此菌抵抗力，非常强大，在 40℃ 即能发育生殖，在0℃仍能保持生存，曾有人以鼠疫菌冻入冰块中，经过八月之久，将冰溶化，无一死者；但干燥气候，便能消灭，若用日光照耀，则三四小时，即可绝迹。侵入肺部，毒力便入心脏，脉搏无力，发生高热，头眩晕，起呕吐状态，昏迷不醒，大约不出三日，即虚脱而死；侵入皮肤及腺者，发生寒栗，高热，眩晕，精神委靡，全身淋巴腺疼痛，同时周围组织，及附近皮肤，发生红肿，渐次化脓，陷于昏睡，终致虚脱而死。致病作用，异常剧烈，所以一经传染，有如电掣，几至不及医治。

　　（乙）间接中毒的毒菌——这类毒菌，包括病菌和其他不含毒素的细菌，由于人畜的创伤，传播进去，达到伤害的目的，像破伤风菌，脾脱疽菌，坏疽菌等；牠们对于菌气侵蚀后的创伤，更是容易有效。

　　（A）破伤风菌（Bacillus tetani），是破伤风症的病原菌，体长约由二 U 到四 U，阔〇·三 U 到〇·五 U，形状亦不相同，在生长时为杆状，发育时生外毒素，及溶血酵素（Haemolysine），牠的毒素作用，甚是猛烈，其传染由创伤而起，像擦破，裂伤及指伤等外伤，都是很容易感受病症的区域。本症初期，仅身体略觉疲乏，以后恶寒，发热，头痛，呼吸困难，这样苦闷持续过久，便发生炭酸中毒症，窒息而死。

　　（B）脾脱疽菌（Bacterium anthracis），是脾脱疽症的病原菌，患者无论人畜，血液中，脾中，组织中，皆有生存，形状大多是杆状，长五 U 至一〇 U，阔一 U 至一·五 U 至一·U，抵抗力最大，干热至摄氏一四〇度，非经三四小时，是不会死的，蒸热至摄氏百度，亦非五分钟以上，是不致死亡的；在发育时生毒素，不过牠致病的原因，并不全然由于毒性的伤害，实由于毒素引起体内循环的障碍，使血脉不通，而发生恶疮，再经变化，菌毒即侵入血内，陷于败血症，以致不救。

　　（丙）有毒细菌——这类细菌，本身即有很毒的毒性，可用牠去直接完成伤害的目的。通常在牠发育时，便生各种毒素，当人畜中毒后，均能致死，像肠中毒菌，肺炎菌，疔疮菌等。

　　（A）白喉菌（Bacterinm diphtheritiais），为白喉症之病原菌，所生的毒性物，能传布全身，而起中毒状况，在三十度至三十七度时，发育最盛，其生活力极强，虽干燥至百日，尚能发育，保存毒性，各种动物，都能受感应，为自动性的杆状细菌，患者，往往于喉头生灰白色斑点，次第增加，连成被膜，或使心脏麻痹而死。

　　（B）肺炎菌（Bocterium pneumoniae），为肺炎病菌之病原菌，状呈长形而弯曲，自动的能力很活泼，生活力很强，辗转传布极灵敏，若病人所居房屋不甚通风时，病人每一呼吸，发言或吐痰，均可喷出不易目见的菌雾，以达传布目的，病态是高热，昏迷，终致死亡。

毒菌防护和消毒

毒菌的性能和病态，上面已略加述明，所以我们必需事前有充分的合理防护，安全的消毒设施；虽则防护方面，比较困难些，但是科学万能，这些困难，都可以解决的，防护方面，约有下列几点：

（A）饮料食物消毒——对于一切日用饮食所需的，必须施以消毒手续，以减少伤害，这是针对敌人在河流上游，或食物上施放细菌的有效办法。

（B）注射防预药剂——对于利用空气传布的细菌，唯一预防方法，只有施行注射药剂，才能有效，因为我们人畜，是没有方法隔离空气的，纵然麻烦些，但是增强内体的抵抗力，是扑灭毒物特效的处治。尤其在生活不能闲逸的战士们，更觉有益。

（C）检查行旅及隔绝患者——战时间谍的行动，无奇不有，只要有害于敌方的事实，一桩桩都会搬演出来，像用人类将虎列拉菌带往敌国，欧战时便实现过，所以战时行旅之严格检验，是不容忽视的；至于患者的隔绝，平时已应注意，战时自然更应远隔，以免间接影响作战力量。

（D）厉行消毒的操作　消毒的操作，都是扑灭毒物的手续，所以对于一切对象，若能施以合理化的消毒，纵然猛烈的毒物，也无从发挥牠的力量；消毒在作用上讲，可分作两方面，如：

A. 物理方法的消毒

〔干燥〕细菌大都是下等植物，畏怕干燥，因为气候的干燥，体内水份蒸发，即易死去，像凶悍的霍乱菌，唯有干燥，可以致牠于死命。

〔高温〕一般的细菌，不论燥热或湿热，都可致死的，仅少数的像脾脱疽菌例外。

〔日光〕日光由七色单光合成，其中的紫外光，青光均有杀菌特性，紫外光的性能更明显，所以细菌，遇到日光，都要受伤害的，因此日光消毒，就是唯一普遍的有效方法。

〔电光〕强烈的电光，是能阻碍细菌的生长和繁殖的，若用九百支烛光的强烈电灯，照耀八小时，细菌即绝灭，五小时便可阻止繁育。

〔寒冷〕温度的低寒，亦可达到扑灭一部毒菌的目的，但不是绝对有效，因一部分细菌,根本低温时,也会生存。

〔煤气〕煤气亦足阻碍细菌发育和生存,所以我们用湿薪湿炭去熏烘时,所生的白烟,是有杀菌力量的。

B. 化学方法的消毒

化学方法的消毒,轻便易举,只须将要消毒的东西,如衣服,用具等,投入化学药剂中,都有特效的,手续很简单,只浸洗几分钟,便可达到目的,但是一般消毒剂,都有剧毒,是不能弄到嘴里去的。常用的消毒药品像:

升录(Subemate)的千分之一水溶液。

石炭酸(Carbonic acid)的三十分之一溶液。

来琐耳(Lysol)稀溶液。

酒精(Alcohol),漂白粉(Bleaching powder),水杨酸(Salicylic acid)等。

结论

毒菌在军事上的效能,现在还没有明确的证实,但是牠的性能和威力,确未可忽视,若是应用科学的方法,去弥补牠所有的缺点,则牠的猖狂破坏力,是任何火器及毒气所不及的,未来战争中主力的权威,将舍彼莫属,尤其是牠的迅速交互的传布,和无影无形的不易捉摸等特性更造成牠的威力;同时不但是在实力上,予敌人以重伤,并且给敌人精神和心理上的威胁,瓦解斗志,更是他种武力所未能。所以恐怖的变化,究竟如何演出,且待事实来表现给我们看,但愿我们都有最低的认识,免致临变张皇,间接损害了我们的国力,那便是作者意外的收获了。

（《战时中学生》第 1 卷第 3 期,1939 年 4 月,第 16—24 页）

德国计划中的细菌战

（1940 年 1 月 1 日）

一个德国的军事杂志上发表了这样一篇文章:

我们若要在未来的战争中应用病菌作战,我们最要紧的是必须集中我们的注意力在三个主要的问题上。第一个问题是:那一种病菌能产生最有力最可靠的功效,第二个是:传播细菌最好的方法,第三个是:在怎样的条件下最有利于疾病的蔓延和传染病的发生。

对于"那一种病菌能产生最有力最可靠的功效"这个问题,我们似乎不必过于深究,就会留意到黄热病,发疹肠扶斯,和天花等的传染病的传播。要传达到传播上述各种病菌的目的,只要把染污着那几种病菌的苍蝇或虱类散布出去,同时还须经常的储蓄着大量新染病菌的恶虫就够了。黑死病的病菌,比较容易大量的产生;它虽在潮湿寒冷的环境里,也能保持传染的功效,而且能永远的保持,所以从各方面看起来,把黑死病传染给敌国,是比较最好的。

讲到第二个问题,我们必须假定使敌人感染传染病的一切努力都集中人民而非前线的士兵,因为流行于敌人前线的疫病恐怕容易传染给自己的兵士。对于平民,飞机是细菌战争中最好的武器,因为他可以用种种方法传播病菌,例如从特制的机件中喷出病菌,或投下满装细菌的爆裂弹或玻璃容器等。

关于第三个问题,我们必须先要研究气温及潮气对于细菌的效果影响怎样,以及季节对于某种传染病的效率有何影响。夏天是消化器官传染病的好机会,如虎列拉、赤痢等,而冬天则利于呼吸器官的传染病症。除此之外,当我们选定一种病菌预备从空气中散布时,我们必须考虑泥土的性质以及社会的状况。

(《民众公论》第 2 卷第 1 期,1940 年 1 月 1 日,第 18 页)

怎样预防鼠疫?

(1941 年 1 月 31 日)

新运促进会

鼠疫(Plague)一名黑死病,病原是百斯笃菌(Bacillus Pestis),为急性热症,患者死亡率极高,在古代曾有好几次大流行:最著名而又最悲惨的一次,是于十一世纪中叶,在美索不达尼亚地方开始的,后来十一、十二两世纪,十字军东征归去,就带到欧洲遍地蔓延,十四世纪达到最高纪录,这时死亡数约有二千五百万人,占当时总人口的四分之一,到十七世纪末叶,仍继续发现于欧洲,一六六五年伦敦发生鼠疫于四六〇〇〇〇人,中死亡七〇〇〇〇人,十九世纪以后,随着交通发达,逐渐传布全世界,印度于一九〇七年染疫而死者达二百万人。民国七年我国东三省发生此疫,死亡者达五十万人,惊动全球,国际交通断绝,直到现在还未能完全扑灭,闻今年十月间,又再蔓延至哈尔滨,长春已因此成为死市。福建龙岩在民国十七年发现鼠疫,经国联派专员扑灭,也仅能使疫势暂告停息,现在每年仍在流行,民国廿八年并且延及浙江省庆元,如今龙泉也有发现,鼠疫之烈,真可惊人!

鼠疫有三种:是腺鼠疫,败血性鼠疫和肺鼠疫,肺鼠疫由咳嗽传布病菌,所以病人陆续发生,流行最猛烈,不过我国和印度地方肺鼠疫很少,大多数(几乎全部)是腺鼠疫和败血性鼠疫;这次宁波发生的鼠疫,便是这两种的合并,传染更烈,死亡尤速,现在医学虽然进步,但是对于鼠疫的治疗,却还是束手无策!

鼠疫病状:潜伏期 217 日(稀有 10 者)

前驱病状:头痛、眩晕、厌食、四肢酸痛、但不多见。

周身病状:突然恶寒战栗、呕吐、腹泻、发热 40～41,面呈恐布状、舌动作迟钝、眼结核膜充血。

上述乃为周初起病时之病状其发现一——二日局部之症状渐形表显,由此可别为三类:

1. 腺鼠疫:约占全鼠疫 90%,除具有鼠疫一般病状外,其特点为淋巴腺肿胀,以腹股满腺受染为最多 70%,致步行蹒跚,次为腋淋巴腺 20%,头淋巴腺更次之 8%,此类鼠疫比较其他鼠疫略轻,若其病菌不染血液或其他器官如肺心等,而能延长至六日不死者有痊愈之希望。

2. 肺鼠疫:为直接吸入病者之泡沫而起,约占全鼠疫 1%,其特点为胸痛、咳嗽、呼吸短促吐血,(其痰内含血较大叶性肺炎多且含大量之鼠疫杆菌故传染力极大)五日内因心力衰竭而死亡。

3. 败血性鼠疫:此类鼠疫为最烈之一种,此次在甬及衢州所发现者多为此类,故患者无一人获痊愈者,此病乃病菌侵入体后直接入血运者致发生血中菌毒症状,突然发寒战,高热,谵妄,昏迷,皮下及粘膜出血,(黑死病之名亦指患此类病之尸体死后其皮下出血处变紫色)虚脱而死亡,有或数小时至十数小时死亡者。

但是最近宁波衢县发生的鼠疫,却不是由于老鼠的传播,而是由于敌机的传播,在宁波衢县各地检查疫区的时候,并没有发现死老鼠,而敌机却曾在这些地方散布含菌的跳蚤,后来敌机又在金华散布鱼子状物,经浙江省卫生处处长陈万里鉴定为鼠疫杆菌,这证明敌人利用这种毒辣的手段来杀害我们的同胞。

鼠疫的传播,既然是那样厉害,患病的人,服药往往没有什么效力,药效力没有生效,而病者已死亡,所已只有事先预防,预防的方法,可分下列各点:

一、预防敌人散布毒菌——防空监视队哨或人民对于敌机行动,须严密监视,如有空掷物品落下,须就当时空掷情况,落下地点,紧急报告本路军警机关及所在地县政府,听候他们派员前往调查并急行处置办法。空掷物品如系棉质、纸张、五谷、杂物等,应立即用火焚毁,不得用手接触。掷下地点,即用石灰一分清水二分之石灰水喷洒,并通知本路及所在地卫生机关;前项空掷物品,须注意跳蚤,如有发现,应立即尽量搜集加封保存备检,勿使遗漏。空掷物品如系玻璃小管或其他盛器,尚未破损者,应立即由卫生机关加封保存备检。如系破损的可疑物件或粉末颗粒等,应即通知卫生机关,用消毒器械搜集其一部分盛于消毒的玻璃管或玻璃瓶内,加封备检。留剩部分即行焚毁,并以石灰水喷洒,如已黏染行人衣件用品时,即由卫生机关派员予以消毒处置,不能用手接触。

二、预防注射——在病流行的时候,注射预防针,可以发生相当的免疫力。

三、捕杀老鼠——我们常用的捕鼠器捕鼠笼,往往会捕杀不到,这是因为自己不懂使用的原故。我们在装放捕鼠器时,尤其是在装放已经捕过老鼠的器笼时,没有先将它洗干净,上面存留着人的气味,老鼠灵敏的嗅觉发觉着人的气味或鼠的气味,就不敢再来尝试了。所以在装放捕鼠器笼以先,我们已用过的捕鼠器,一定要用肥皂水洗过,那末就能奏效了。

至于要放捕鼠笼的时间，最好在晚上。还要注意到放的地点，最适宜是厨房，食品箱厨的附近或鼠的进出道口，都是老鼠必到之地，捕杀可有十分把握。

陷鼠缸也是一种最普通而简便的捕鼠方法，即用普通小缸一只，埋在地下，将缸口露出地面约五寸高，缸内放二分之一的水，水面撒上多量砻糠，砻糠上面再放些糕饼等老鼠喜欢吃的食品，老鼠嗅到了香味，他因为看不出有水，很大胆的向缸里跳下去，砻糠受到鼠的压力，就立刻分散，老鼠沉溺在水里，再也不能跳起来了。

此外用一种特制的打气筒，筒内装满氰化钙 $Ca(CN)_2 + H_2O \rightarrow Cao + 2HCH$ 射到鼠洞里去，老鼠嗅到这种药气马上就会跑出洞外而死亡。使用此法，必须有特制的机械，并且应用时又非一般人所能做到的，这是应该注意的一点。

防鼠方法，最有效的一种就是要断绝鼠粮，使它寻不到食粮。也就是说要将食物严密保藏，盛食品的器具要常盖住，老鼠就自然会离开了。另外处理垃圾和废物，也是基本的灭鼠的方法，因为垃圾和废物堆不仅为鼠巢穴，而且垃圾中有许多我们人吃过的残余食物和其他东西，可供他们食料，这不是给老鼠良好的滋养物吗？所以我们若要杜绝他们的滋生来源地，对于垃圾和废物的处置是不能放任的。

除此以外家庭必须保持清洁，把碎石、砖瓦等物除掉，或叠实，以免老鼠作巢；以上所说的办法，如能依此实行，防鼠当有成效。

有很多人用药品杀鼠，这也是一个好方法，但是除了炭酸钡之外，普通药品多不能使老鼠马上致死，总须经过很久时间方能发作，这样一来，老鼠往往死在什么地方都不知道，老鼠死后腐烂起来，反而成为鼠疫的导火线，实在非常危险。

四、灭绝跳蚤——鼠疫的传布，我们都知道先由老鼠发生了疫病，然后再由跳蚤传染到人，因此，我们要讲预防鼠疫，必须要灭蚤：（一）房屋及公共场所保持清洁，在蚤的发育场所，常利用日光曝晒，灰尘较多之处，时常喷射洋油，床下尤须扫除尘土，举火烧之，消灭其中的蚤卵及幼虫，国人素来不注意清洁,藉此可以养成清洁的习惯。(二)床离地稍高,约二尺光景,使蚤不易跳上,床脚上缠围黏蝇纸,阻止他们攀登。(三)鞋袜涂薄荷油,蚤类便不敢上身。(四)犬猫常近人体,易生跳蚤。遇有发现时,可用克里亚林(Creoln)做成百分之三浓度(约克里亚林四茶匙,水一加仑)温水浸洗,只露出头部,以硬毛刷刷之,约五至十分钟,跳蚤悉爬至头颈部然后扫下烧死,犬猫浸洗后,须用温肥皂水将其洗净。(五)用避瘟脑(Naphthaln)及除虫菊粉末,刷入家畜毛内,使蚤麻醉,落于地下预铺之白纸上,再收集焚杀之。(六)用氰酸气或硫磺等毒气熏杀,在鼠疫流行时,藉以杀灭室内之蚤,预防鼠疫传布,甚为重要。(七)用捕蚤器捕捉跳蚤,虽无显著成效,然亦不无补益,少一蚤就是除一害,可以减少一鼠疫传染机会,捕蚤器最好的是诱蚤杯,于玻璃杯内放水四分之三,水面加四分之一橄榄油,油之中央置一浮灯,(灯心系于硬纸上,或嵌入木塞中央均可)再将杯放入盛少许浓肥皂水之汤碟内,晚间燃点,置于地板上,蚤类被火引诱,均相率跳入碟中而死。

五、疫区的处置——发生鼠疫时,病家的周围区域,应该立刻封锁,监视内部的人民绝对禁止任意与外人交往。内部的房屋,更要仔细消毒杀鼠灭蚤。等到疫势完全消灭,恢复常态以后,封锁才能撤消。一般人民应该特别注意:

(一)遇有疑似鼠疫病人及死亡者,应该从速报告甲长转报,以便紧急处置。

(二)病人和他的家属要分别严密隔离。

(三)病人所住的房子,都要用硫磺熏蒸消毒杜绝病毒,最好焚烧。

(四)每家都应准备大量石灰和硫磺,以为随时消毒之用。

(五)垃圾是为鼠类盘踞,跳蚤繁殖最好的地方,所以我们要常常整理住屋,清除垃圾,改善环境卫生。

(六)鼠杀患者之家属,无论亲戚与否,应该破除情面,不要随便收容。立刻报告卫生当局,把他放在特设之隔离所内,以免蔓延。

(七)不到公共娱乐场所去玩。

(八)一切沟渠,须加上铁格盖,以防鼠类栖止。

(《浙赣月刊》第 2 卷第 1 期,1941 年 1 月 31 日,第 40—42 页)

细菌战与今日防空

(1941 年 2 月 25 日)

袁子平

　　最近敌机曾在浙江衢甬等地投掷米麦蚤类及白色烟雾,经化验确系鼠疫杆菌,未几衢甬果先后发生鼠疫,死亡颇重,幸防御得力,并火焚疫区,始告肃清,吾人凛于衢甬教训,自应热烈展开预防疫菌攻击运动。故本文着重于鼠疫介绍及今日防空新任务的商榷,至于细菌战的另部及细菌战的防御组织与设施等,未及一一叙及。

——笔者附志——

细菌战的必然性

　　侵略者为了达侵略的目的,侵略的手段是无所不用其极的,因而侵略战争的剧烈与惨酷,也就无可避免。

　　"正义"与"人道"在现时期究竟还不只是二个名词而已。它仍然存在于一些爱好和平的国度里。任凭侵略者在军事失利的当儿去施用那些惨毒的瓦斯与细菌来屠杀爱好和平的人类,可是爱好和平的人们只背以诸种有效的方法来防御这种危害而不去"以牙还牙"——施用瓦斯与细菌的还击。所以这里要谈的细菌战,倒不如说是防御细菌攻击来得切当些。

　　欧非两洲的战争火花渐渐地东向延烧:太平了很久的太平洋也已临到了暴风雨来袭的前夜,预料当一场天昏地暗的空前血战之后而老希仍不能赶走游弋于地中海的英国舰队。当日本帝国主义,点燃了另一火药库——马来荷印菲律宾——而仍旧无法拔出深深陷入中国的泥足的时候,必然的他们会失去理性底疯狂地施用他们认为能毁灭人类的瓦斯与细菌。所以今天来谈防御细菌攻击实在是十分重要的事。

细菌战的特点

　　细菌战是最剧烈最危险最惨酷的一种新战法,所谓细菌战即是以科学的方法培养出大量烈性的细菌,把这些细菌用作战争的工具来危害对方的人员牲畜,使对方失去应付战争的能力以达成自己战争的目的。

可能由于战争里危害生命的细菌种类是极其繁多的。其中为害较烈的要算鼠疫与霍乱——因为他们具备，死亡率高与传染率速的条件，所以他们被用于战争的机会也就特别多。

我们寻常比较担心的是敌机四处投毒，可是在各种军用毒气中除去糜烂性毒气稍能持久兼能传染以外，其余催泪性、喷嚏性与中毒性窒息性等类的毒气都是不能传染的。纵使敌机四处投毒，也不过是很小的毒区范围内遭受损害，同时毒区的消毒工作比较容易，一般消毒药品的价格比较低，中毒者的治疗方法也比较简单，所以毒气攻击的死亡率较不大，这在第一次欧战中有着铁的明证的。可是细菌攻击就不然了。尤其霍乱与鼠疫杆菌，据专家统计，霍乱死亡率约 59/100，腺鼠疫的死亡率为 75/100，肺鼠疫死亡率则为 100/100。至于他的流行传染，更如风驰电掣般的迅急，在中毒之后，至多三五日，少则数小时即可以致死。

细菌的防御是极为不易的。尤其在立体战的今天，全国都是战场，全国的任何一隅都是攻击的目标。越是不值得注意的地方越是疫菌攻击的最好所在，越是发现偏僻城镇的疫瘟——因为卫生设施的简陋——越是难以扑灭。

在往昔假若某一地方发现鼠疫，为了避免疫疠的传染，它的周围居民常常会扶老幼的迁徙一空。然而那究竟是平时，那种传染究竟是平面的，在广大的地面上也许三五十年还不会发现一次，在战争的今天是完全不同的，由是"银纸鸢"的"无远弗届"，虽小小一县一区之内，十数处以至数十处的疫瘟同时发现是很有可能的事。如果没有充分底防御措施与精练底防御部队，那种后果是任何人都没有勇气去想象的，所以死亡率高，传染率速以及防御的困难，可算是细菌战的三大特点了。

鼠疫的历史病原症像治疗与预防

（注：本节资料系邓一韪先生代为搜集）

鼠疫在中国历史上记载最早的要算洪稚存的《北江诗话》，其中叙述乾隆壬子癸丑年间鼠疫在中国流行的状况，像师道南的鼠死行："东死鼠，西死鼠，人见死鼠如见虎，死鼠不几日，人死如圻堵，画死人，莫问数，日色惨淡愁云护,三人行未十步多,忽死二人横截路。"

"夜死人不敢哭,疫鬼吐气灯摇绿,须臾风起灯忽无,人鬼尸棺暗同屋,乌啼不断,犬泣时闻。人含鬼色,鬼夺人神,黄昏遇鬼即疑人。人死满地人烟少,人骨渐被风吹老。田禾无人收,官租向谁考? 我欲骑天龙,上天府,呼天公,乞天母,洒天浆,散天乳,酥透九原三丈土,地下人人都活旺,黄泉化作回春雨。"当年天然疫灾还如此惨烈,细菌攻击下的疫灾更可想见了。其次是在同治初年,云南的鼠疫流行,俞曲园的笔记:"……滇乱之后,又有大疫,疫之将作,其家之鼠无故自毙,或在墙壁中,或在尘承上,人不及见,久而腐烂,人闻其嗅,鲜不疾者,病皆骤然而起,身上皆坟起一小块,坚硬如石,颜色微红,扪之极痛,旋身热谵语,或逾日死,或即日死,诸医束手,不能处方;有以刀割去之者,然此处甫割,彼处又起,其得活者千百中一二而已。疫起乡间,延至城中,一家有病,则其左右十数家即迁移避之,死于道者无算。然卒不能免也,甚至阖门同尽,比户皆空,小村落中绝无人迹,老子云:'师之所处,荆棘生焉'倍矣! 马星五观察驷良云南人,为余说如此,盖其所亲见也"。《药言随笔》中对于滇黔两粤的鼠疫也有零星记载:"……如见有毙鼠,人触其嗅气则病,……所感病象无论男女壮弱,一经发热,即生痒子,或在腋下,或现两胯两腮,或痛而不见其形,迟则三五日,速则一昼夜即毙"。此外清末民初,东三省及北部诸省,受鼠疫传染而死者达六万人,经济上的损失达十亿元。又山西陕西绥远香港福建等地在民国十七十八二十年亦曾经有过鼠疫的发现。

关于鼠疫的病原与症象,在鼠疫历史中我们已可以见到一部,这里再作一个比较综括的摘录:"鼠疫原为一种鼠疫杆菌(Baci ilns Plstis)原为鼠类的疾患。由鼠蚤转传于人类,此病有腺鼠疫与肺鼠疫二种。腺鼠疫发作很早,先发冷,继发热,脉搏呼吸同时增进,头痛及全身疼痛,恶心吐呕,——全身皮肤暗黑,故有黑死病的名称,髀胀大;行走站立不稳,脑力迟钝,腺股沟间的淋巴腺肿(俗名鱼口)最为特别,于第一日即可发见。鼠的腋下方往往有这种淋巴腺肿的现象。内脏诸器官都不免有中毒气,有时且有脓毒血病的现象。发炎的淋巴渐渐化脓继而腐脓;但多数不待至此时而已死亡。普通平均病程约一日到五日,但剧烈时,或数小时即死。一二星期之后才死的,多由心机忽然衰败或由淋巴腺府内溃而致的,大血管破裂出血。

腺鼠疫到有脓毒时,则全身各器官都有损害,尤以肺脏为最,肺受损的地方,立即变成坏死,咳嗽时将有毒性的细菌喷在室中,若因与之接近,而受痰沫的传染,那末起始便成为肺鼠疫了,腺鼠疫的死亡率约百分之七十五,肺鼠疫的死亡率几为百分之一百。

鼠疫虽然是一种顶险恶顶剧烈的疫疬,虽然具有百分之百的死亡率与风驰电掣般的传染速率,然而究竟还不是没有办法可以治疗或预防。假如治疗或预防得适宜,纵使被用着战争来危害人类,但终久也会像侵略者的飞机大炮一样地失去效用。这里所要介绍的治疗与预防,只是治疗与预防中的较为简单的一部,至于治疗预防的组织与设施等等,应该留作另文来研讨了。

鼠疫的治疗法。(一)抗鼠疫血清疗法:此为现时治疗鼠疫最好的方法,自一八九六年颜新(Tersin)氏始用的,这种抗毒素是由注射死亡生活的细菌从马血中得来。初用的时候,剂量很小,……但到现在才知道欲有效,非用大量不可,并且最好用静脉注射法。成人八〇至一百公撮。小儿不能静脉注射时可用肌肉注射或腹膜注射。热度如果不见减退,六小时后可再注射同量。若热度已减,可到十二至十八小时后再注射。共约须注射六次到八次,而所用的血清大约一五〇至三百公撮。近来用牛血清所制抗鼠疫血清,效力似乎比较大些,用原地细菌所制的血清,比较储存为佳。(二)噬菌素治疗法:制备噬菌素的方法,培养鼠疫细菌在肉汤中二十四小时,每一公撮加三公撮新肉汤而种入〇・〇・二公撮前制的鼠疫噬菌素内。置在热度三七度的蒸气杀菌器中二十小时,滤过的血清就可用了。每次注射一——二公撮注射期愈早愈好,必不等细菌培养诊断,或以一公撮注射入淋巴腺肿处,若两边都有,可以〇・五公撮注射每一边。若没有淋巴脓肿和肺疫的,可用静脉注射。"

鼠疫的预防:(一)扑杀鼠蚤,鼠与跳蚤,是传染鼠疫的主要媒介,故欲预防鼠疫,必先把鼠蚤扑灭,这二种东西灭绝后,鼠疫的病源自然可以绝迹了,至于如何灭绝跳蚤,如何扑杀老鼠,可由各人的经济环境去设法。(二)严密隔离。不但患鼠疫的人要隔离,就是凡有可疑的人(病者家属邻居)都当绝对的隔离,病人的排泄物用具,应严密消毒,传染对象当焚毁,病室、房屋当完全消毒,死亡尸体,尤当特别注意,若在可能范围内,火葬最佳。所有看护病人的都当穿着特制内衣,以防跳蚤,面部套上口罩,以防痰沫传染。(三)哈夫金(Haffkine)氏预防菌液苗为鼠疫杆菌,在肉汤中培养以热杀死者,普通成年男子剂量为三公撮,用皮下注射法。女子约二公撮,八日至十日后可再行注射一次,及应较肠热菌苗注射为剧。免疫有效时期不过数星期。故在此疫流行的时候,一年必须注数次。并且注射后须隔数日才能见效。因此一般人都视作畏途。

细菌战给今日防空带来的新使命

这里把话锋回到本题——细菌战与今日防空了。提到防空,想来谁都知道防空的三部曲——情报,积极与消极三个手段吧? 在积极方面要想做到"不使敌机来袭",莫说我们工业落后的国家,世界头等强国英德的广漠领空不也一样任人自由地翱翔吗? 因此,关于积极部份我们似乎可以"暂从缓议",但是另一面防空情报与消极防空,却因飞机能够撒布毒菌的关系频添了不少的新任务。

第一说到"防空情报",它原来除去广义的要获知敌团航空发展情形——飞机厂库、空军编制战法等以外,主要的还是以监视方法来把握敌机的动态。不过已往的监视很忽略敌机在航行或盘旋中的一些细小运作。据说不久以前宁波于发现鼠疫之后才想到是前几天敌机的布毒。这即是监视者还未能愉快地达成他的任务。所以今日对空监视,范围必须扩大,勤务实施必须严密,不但对于敌机航行盘旋的情况要迅速转报,即使是航行或盘旋中极细小的某一动作,也应该切实注意。因而普遍强化补助监视网的组训的责任,便适应着细菌战的需要而压上今日防空者的肩头。

第二要说到"警备"与"管制"。警备的责任原来只是很单纯的预防或制止空袭下一切意外事故的发生,管制(灯火管制除外)的任务也只是指挥并维持空袭下人马车辆的交通。他们在警报解除社会秩序恢复以后便立时解除了任务(如敌机投弹的灾区自然除外)。但当遭遇敌机细菌攻击时就大大不同了。为了要以隔离的方法来预防灾害扩大，遭受细菌攻击的区域不但要切实底管制交通，而且要严密的武装封锁。因为这种隔离的预防方法显得有些残忍，所以管制与封锁（即警备）的实施也就十分不易，担任这种勤务为必须先行施以相当的防空训练，使之具有最低限度的，（一）冒险服务与严格执行命令的精神。（二）普通对空监视与辨识毒气及细菌的常识。这种新的需要也便是细菌战对于今日防空□的一点赐予。

第三是"防毒""救护"组织的强化，细菌本来就是毒类的一种，不过他与毒气性质、治疗、预防都是迥然不同的，细菌战的出现，直接影响到防空的即是防毒对象的扩大与增加，如果把防疫（即是预防毒菌）的任务溶入防毒救护组织以后，防毒救护的各种设施与技能，便要迅急地加以充实与考究。

第四是"全面防空"的推进。不容否认的已往的防空业务是偏重都会与城镇的，我们应该知道敌机向偏僻的乡村投下很少量的传染疫菌，其后果较之在闹市投下几百几千颗重磅炸弹还要严重！因此今日防气需要全面化。那么"全面防空"应该从那里做起呢？个人的意见以为推行全面防空必定要以种种"开快车"的方法来普及全面防空教育，所以加速度的普及全面防空教育也成为预防敌机撒布疫菌的急切需要了。

结语

战争本来是惨酷的。细菌战不过是惨酷战争中最为惨酷的一种，我们为了要延续祖宗父母的无穷生命与谋求子子孙孙的永久幸福，对侵略者一切卑劣残忍的手段，我们只有立稳脚跟捏紧拳头以"打击"回答"打击"，因而在我们提出了晴天霹雳似地"细菌战"尤其是"鼠疫"的问题以后，大家只需要加意地讲求防空，切不可无谓的徒事惊慌！

其次要提起的是预防设施方面。我们知道□防空防护设施多半是在节省财力物力原则下因陋就简的来改造。经于疫菌的防范是不可能的，因此在把预防疫菌的任务交给已经强化了的各地原有防空防毒组织以后，对于预防疫菌诸种设施所需用的大量财力我们盼望能不惜一切的尽可能的予以支付。理由是：用于预防较之用于扑灭是不可以道里计的！

（《今日防空》第 1 卷第 1、2 期，1941 年 2 月 25 日，第 3134—3137 页）

关于"细菌战术"毒气战如对己无保障则不能施于前线

（1941 年 5 月 1 日）

　　在战争军队的劲敌中,除掉炮火飞机等机械和毒气外,还有一个不常为人所注意,而其危险性却常比炮火更大的流行病,在历史上许多战争中,士兵之死于流行病者,常较死于炮火者为多,一八五四年至五六年的克里米战争,一八六一年至六五年的美国内战,和一八七七年至七八年的俄土战争,都是好例,而更显著的,是拿破仑西征的史迹,拿破仑既平中欧,雄视寰宇,气概纵横,不可一世,乃于一八一二年五月继续率领大军六十五万,进攻俄国,以为指日可以削平残敌,称霸全欧,可是大兵一入俄境,士兵不幸都被传染斑疹,伤寒和痢疾,死亡枕籍,弃尸遍野,顿使从来无往不胜的雄师,变成不经一击的病旅,待到十一月间,全军退出俄境的时候,只剩了八千多人,拿翁因此不得不困死荒岛,在我国历史上,则有马援南征,将士多病天花,他自己也染天花,客死江西湖口的故事,使这位"大丈夫"终不得不遂其"战死疆场,马革裹尸而还"的壮志,为后人所悼惜。

　　传染病在战争中既有这样的破坏力,所以常有人预想由毒气战争将趋入细菌战争,双方利用细菌,造成疫疠,摧毁敌人,如本年九月英空军空袭柏林时,将农作物的害虫硬甲虫,掷放柏林附近田野,伤害德方的农作物。

　　在一九三二年日内瓦国联裁军会议席上,且曾将细菌战争问题,专设一组讨论,最近据说,素以研究害虫为事之美国昆虫局,在此次欧战勃发后,该局工作大见忙碌,于害虫战术之研究,尤为致力,从来世界各国,如发见新奇虫类,必送于德国研究其为害为益之点,制为标本而保存,供作参考之用,欧战起后,则皆改送于美国,最近英国所用之害虫战术已成为问题,故英国的昆局时时有附以"此虫具有菌以上之效果",或"此种吃害之益虫"等字样,而送至该局者,华盛顿国民博物馆,现因大战之故,新奇昆虫的标本,已增至三十万种,进行研究之标本,约有五百万种,研究员事务员,已不足敷用,与昆虫局协议,决定增加数倍,在战争时代,其为马铃薯、棉花等农作物害虫之研究,及较炸弹效力尤大之害虫战,或因大战之故而有急速之进展也。

记得上次世界大战以前,曾有人预言毒气战争,后来果然不幸而言中,毒气而成为战争主要武器,则此次大战"细菌战术"又是否又有同样的可能性呢,殊堪注目。

细菌是一种生物,在适宜环境下,牠能繁殖,蔓延都市乡镇,造成盛大的流行病,然而细菌战争,仅英国用于硬甲虫,且破坏力甚小,故今后细菌战术的发展,至今仍属难题,殊值我们来检讨。

工具问题:

1. 飞机——飞机投放炸弹毒气,同样可以成为施放细菌的利器,从飞机上施放细菌的有:

A 直接洒喷,在欧美田野农村发生害虫时,曾有用飞机洒散药物,以杀农事的害虫,如利用飞机洒撒细菌当亦可能。

B 投掷满盛细菌的瓶罐,前曾有人秘密研究从飞机上撒放方法,据研究结果,以用直径十一厘米,长二米满盛细菌的玻璃管,从飞机上掷下为适宜。

C 投掷细菌炸弹,细菌炸弹的作用,一方面与普通炸弹一样,可以轰炸敌人,另一方面可以散布病菌,像这样的细菌炸弹,已经有人制造成功,只是在三十六小时以内有效,可是还不能完全致用。

2. 利用曾受传染的动物,有人设计将受狂犬病传染的狗,受鼠疫(百斯笃)传染的老鼠,或受斑疹伤寒传染的蚤,由飞机装送,投到敌方的阵营里去,可以使敌人传染受病,此法如果用以作战,则从传染之日到发病之日,总须经过一个相当的潜伏期,或环境的条件很多,如季节、温度湿度、气候等,都有很重要的关系,并非单单将细菌传散,就可以当面见效的,因此用于作战不能有准确的结果,纵使成功,若非对自己的兵士有周全的保障,决不宜施用于前线,但是用以扰乱敌人后方,却非常可能。

3. 间谍与侦探,用间谍与侦探将马鼻疽细菌传染敌人的军马,造成可怕剧烈的损失。

我们由上列各项推测,细菌的传布,确实有几分可能性,不过用战争的细菌来攻击敌人至今仍属问题,例如:(一)应当易于培养,而不失其毒力,(二)应当抵抗力强大,可以在任何环境下生存,(三)最好是能兼到人畜两者之病害,(四)同时又有方法保障自己军民不受传染等,都是要待科学的进步,而才能逐次实现的。

(《新民报半月刊》第 3 卷第 9 期,1941 年 5 月 1 日,第 29 页)

鼠疫漫谭(一)

(1942 年 1 月 31 日)

金兆年

一、绪言

二、鼠疫为害之历史及地理之分布

三、鼠疫之原因

四、鼠疫与鼠和蚤之关系及其传染之过程

五、鼠疫与其他动物之关系

六、鼠疫之尸体解剖

七、鼠疫之种类及病状

八、鼠疫之诊断及鉴别

九、鼠疫之免疫性预防后及死亡率

十、鼠疫之治疗

十一、鼠疫之预防法

十二、结论

一、绪言

鼠疫(Plague of Pestis,Pest)为特殊流行性之急性传染病,我国今列为九种法定传染病之一,普通是由于已患鼠疫之老鼠,经蚤类之媒介,感染人体,其病原体为鼠疫杆菌。(Bacillus Pestisor Pasteurclla Pestis,Pestbacillen)牠存在于各淋巴腺(Lymphatic Glaoods,Lymphdruesen)内脏(Viscera,Viszera)及血液(Blood,Blut)中。本病有发热(Fever,Ficber),腺炎(Adenitis)及血痰等之主要现象。患皮肤鼠疫者,(Pustular Plague,Hautpest)其皮肤有呈暗黑色,故有黑死病(Black Death,Schwarztod)之名。于十四世纪在欧洲流行甚盛,死亡人类占全洲四分之一。

本病之经过甚速，死亡率极高，达百分之六十——百，为疾病中最可怕之一种，各国人士闻之，无不心惊！迩来浙江东阳，湖南常德，及皖南与浙赣路沿线之衢州、金华、义乌等处，均有发现，故我本路工作人员，宜特别注意之。

二、鼠疫为害之历史及地理之分布

鼠疫最早开始于埃及，在欧洲最早有记载的，于西历纪元前五四二年，后渐传至罗马帝国，其最惨最著名一次，乃十一世纪中叶，在美索不达尼亚地方流行，后来十字军东征归去，带至欧洲，蔓延各处；继之以十四世纪为最剧，至十七世纪欧洲仍有流行。

一六六四至一六七九年流行于英国，在一六六四至一六六五两年中，伦敦于四十六万人中死亡七万人之多，其数至足惊人！一八九四年发现在香港，一八九六年流行于台湾，一八九九年日本之神户及大阪亦发现，一九〇三年流行至日本东京，死亡人数亦不少。

我国鼠疫的发生，有记载可查为清朝乾隆的壬子癸丑年，继之同治初年，发生于云南。清末东三省满洲里一带发现，流行颇剧，死亡人数达六万以上，民国九年及十二年东三省第二次发现，延及哈尔滨，十七年发现于福建龙岩，经国联派专员施行防治，暂告停息，迄今每天仍在流行。至廿七年延及浙江庆元，继而蔓及邻县龙泉。廿九年十一月初旬鄞县突然发现，一日后即死亡十余人，后被传染者九九人。据宁波中心医院金医师之统计报告，此次鼠疫之发生，死亡率达百分之九七·九七，即九九人中治愈者不过二人而已。由此可见鼠疫之为害甚烈，继之衢州亦有发生，鄞衢两处幸赖政府及地方上的努力及防治严密，得告扑灭。迩来东阳义乌和金华衢州，均有类似的发现，今由中央及省防疫队的努力，和地方医院的协助，谅不致蔓延。

地理之分布：鼠疫常发现于印度各部及 Uganda 地方，其中以山上居民为特多。在我国之西南及云南省，曾流行过数年，日本和菲律滨由中国而传入，一八九四年香港发现，于一八九六年传入孟买，嗣流行颇烈，传播至加尔加太及印度其他各部，迄今仍继续流行。一九一三年由 Negapatam 地方传入 Cylon，翌年在 Colombo 发生第一次流行，该地之一部份城市，迄今仍依然存在,或可说印度之为害,更甚于其他国家,有几年因鼠疫之死亡超过一兆。在一九〇七年最高死亡率,总在此数以上。印度自传入至一九〇七年,死亡之人数统计近十兆。自印度发生鼠疫不久以后,在 Mauritius 大流行,该地迄今仍流行于某季,一九一〇年及一九一一年之冬,满洲肺鼠疫大流行,数日间死者超过四万五千人以上。英属东非,西非诸国 Mombasa,Madagascar,Delagoa Bay,Cape Town,Elizabeth 一部及 Durban,以及澳洲之锡尼和埃及之亚力山大等处均有发现。直至 Brozit,Argenfina 及南美诸国,旧金山及 Mexico,而决不侵入西半球;现在鼠疫之问题在 California 甚为重要。于一九〇三年秘鲁之鼠疫由印度传入,为南美西海岸第一侵入之国家,经 Guayaquil 传至 Ecuador,且流行到一万英尺之高处。

　　流行性及地方性:年龄性别及职业,对鼠疫之关系颇小,然年轻之孩子较易感染,气温如太高或太低,似乎对本病有影响,在另一方面而言,苏俄及亚洲北部之冬季,亦有鼠疫发生,总之在普通温度华氏五十度—八十度及一定温度,易流行或发生。但肺鼠疫在气候最寒时传染最速,例如在满洲则传染速,而印度则慢,据梯杰(Teague)及排勃(Barber)两氏之解释,印度气候较热,咳痰易干,疫菌亦易死,而满洲之气候严寒,咳痰不即干燥,由飞沫传染故也。在许多大城市及有些地方,鼠疫仍继续数年有最大或最小的季节性,定期性流行着。鼠疫在加里福尼亚省为地方病,由松鼠所传染,一九一八年,该省曾一度发生小流行。

　　鼠疫流行之持久性甚大,在大城市如孟买、香港、广东,在十年或数十年不能减轻,而小市城在数月内可以扑灭。本病之延长是特殊的,其传染甚速,可以从一点到他一点,普通慢慢的从一乡村蔓延至他乡村,从一街道或房屋延至他处;有时能跃过一屋,一乡村,或一地方,由此可知在鼠疫之流行学上,可以证明鼠和蚤对本病有关系。

三、鼠疫之原因

A 细菌(The Micro Organism)

本病之特殊原因,为鼠疫杆菌(Baeillus Pestis, Pestbacillen),该疫菌系于一八九四年香港流行时,叶尔新(Yersin)及北里(Kitasato)两氏的发现,后经德、奥、俄、日诸国之细菌学专家，依据谷霍氏定律，(Koch's Law, Koeh's Gesetz)——即将纯粹疫菌递次注入动物，可得同样之病症，并仍可得该菌之现象——试验本菌得圆满之结果，尤足证明本菌为鼠疫之病原菌。如作纯粹培养，以此种特殊腺肿，纯粹培养，中可发现极多之疫菌，然而在后期常与化脓性链球菌及葡萄状球菌相混，除上述以外，亦有许多疫菌在脾、肠、肺、肝、肾及其他内脏，而血中较少，肺型在痰中能找到许多疫菌，又可在大便及小便中见到，在后期直接之观察，难以找到迅速死亡之病例，其血中疫菌颇多，本菌为短而粗之杆菌，在显微镜下之血像中可以看到，其两端呈圆形，极似鸡霍乱杆菌，(Chicken Cholerab acillus)长约〇·〇〇〇一五—〇·〇〇〇一七公分，宽约〇·〇〇〇〇五—〇·〇〇〇〇七公分，(Aniline)色素两端浓染。通常本菌一个单独存在或成对，有时二三个菌成一起，但稀见，在不适宜环境之下，易陷于退行变性(Degeueratonsform)，呈细长形或长椭圆形或霉菌状，酵田细胞状物等各种变形，在传染已久之物体标中，或本病患者分解之尸体上所采取之标本观察之，更为显明。

　　B 鼠疫菌之抵抗力：本菌乃需要氧气之细菌，如氧气不足时，就停止繁殖，且无运动力。

　　1. 对于寒冷及潮湿之抵抗力：本菌对于寒冷之抵抗力较强，据美国纽约病理学会活尔松氏(Wilson)之报告，将培养成功之鼠疫杆菌封置于冰箱内，十年后仍能生活，且有毒力，又对于潮湿之抵抗力亦强，如在人体或其他动物体以外之疫菌，置于潮湿黑暗之处，能生活数月或数年之久。

　　2. 对日光及干燥之抵抗力：对日光及热力之抵抗力薄弱，如在直射日光之下，四五小时内死灭，一百度之干燥，一小时内死亡，流通之蒸气或沸水中，数分钟即可杀死，干燥之抵抗力亦甚薄弱，如在干燥空气中，三日即死亡，如用人工干燥法使之干燥，四五小时亦可杀死，如在尸体内不使变干，能生活至数周或数日，在脓或痰内可生活八—十四天。关于这些在东三省肺鼠疫流行时，虽有西欧学者研究过，疫菌生活期之长短，与温度之高低，及湿度之大小，有密切之关系；故在冬季，其传染之时间比夏季为长，此点与肺鼠疫之传播有关，成为卫生学上之重大问题。

3. 对药物之抵抗力：本菌对于普通消毒药水之抵抗力薄弱，述之如下：

a. 百分之一石炭酸水——两小时内死亡。

b. 百分之五石炭酸水——十分钟内死亡。

c. 千分之一升汞水——十分钟内死亡。

C 培养特性（Culture Churacters）

在血清上培养，保持摄氏三十七度经过二十四——四十八小时后，有许多潮湿之黄灰色之生长，在洋菜（Agar）上呈灰白色，最好在甘油洋菜（Glycetin-agar）上培养；在洋菜平面上培养，产生淡蓝色半透明单独之菌集，其轮廓稍不规则，且表面潮湿，如在甘露醇中和性红色胆汁食盐洋菜（Mannite-neutral-red-bile-saltagar）上培养，则其菌集呈明鲜红色，在石蕊牛乳（Litmusmilk）和葡萄糖肉汤中呈弱酸性，而乳糖肉汤则不变。新鲜之集落为透明，而陈旧者，中间厚而不透明，针刺培养（Stubeultares），一二天后呈粉末线状生长，依叶尔新（Yersin）氏在胶汁（Gelatin）培养上，用反射光线观察，细菌呈白色透明集落，其边缘为红色，在牛肉汤培养，中呈特别之现象，液体为澄清，而试发之边缘及底面，有颗粒状沉淀物，在肉汤中培养，浮着澄清之牛酪（Butter）椰子油（Coco-nutoil）鼠疫杆菌现特殊无数石钟乳状线状丝条之生长，且渐下降，其状为颗粒沉淀，用显微镜检查各种不同之培养基，可见短杆菌之连锁呈大球茎状膨大，在胶汁（Gelutin）中，有时疫菌呈螺丝状，培养以摄氏三十六度——三十九度为最适宜，又本菌不生芽胞。

（未完）

（《浙赣月刊》第 3 卷第 1 期，1942 年 1 月 31 日，第 6—8 页）

鼠疫漫谭（二）

（1942 年 2 月 28 日）

金兆年

四、鼠疫与鼠和蚤之关系及其传染之过程

鼠疫本是一种啮齿动物之疾病，藉鼠、蚤及鼠疫杆菌三者之关系而传播，使人类发生本病。一八九七年西蒙特（Simond）首创蚤传鼠疫之说，汤姆松(Thompson)等附和之,其后印度鼠疫委员会,更澈底研究证明本病确藉蚤由鼠传鼠,并由鼠传至人类。欲知鼠疫之传染,必先略知老鼠及跳蚤之大概,今述之如下。

A 老鼠之种类颇为繁多,其鼠属据屈罗舍氏(Troucssart)一九〇五年前所订定哺乳类分类名汇,共计二百五十种。鼠类中传染鼠疫最有关系者算埃及鼠(Mns Alex'andrinus),沟鼠(Rattns novegiens)及灰鼠(Rattns Novegiens)次之,家鼠田鼠及山鼠更次之。

鼠类之特征——1. 头嘴尖形 2. 门齿狭而无空隙,臼齿有三,齿根甚小。3. 耳比例较大,4. 目有光且外突,5. 有不甚发育之母趾而无爪,6. 身上软毛及毛相间而生,7. 尾长,由无数之圈连接而成且无长毛。

迩来我国各地流行之鼠疫,据伯力士博士之报告,以家常之鼠关系最为密切,今述之如下:

a. 沟鼠——体大而重,成鼠可达十四—十七两(约四四八—五四四公分)头至身之总长可达十英寸,尾较头身之总长为短,头形较大而喙短,耳厚而小且不透明,性狡猾,善游泳,喜饮水,贪食而选食物。

b. 家鼠——体小而轻,稀有超过八两,头身总长为六—八英寸,尾较头身总长为长,头形尖,耳薄而大,半透明,不善游泳,不喜饮水,但最能攀爬穿洞,对于食物较沟鼠为有选择。

家鼠与人较接近,故其传播力比沟鼠为大,但在印度鼠疫流行时,曾先发生于沟鼠,继染家鼠,再及人类。其他松鼠(Squirrels)亦能传染。美国一九〇三年一铁工厂工人患鼠疫而死,系加里福尼亚省 Coutra Costu 县之松鼠所传染,一九〇四年勾里氏(Curri'c)证明地下松鼠易患腺鼠疫。一九〇八年卫利氏(Wherry)发见地下松鼠(Ground Squirrels)能身患鼠疫,自一九〇四——一九〇六年内,地下松鼠患本病死者计数千,并知鼠疫为加里福尼亚之地方病;松鼠传播鼠疫于人类,其法有二:

1. 由松鼠蚤(Ceratophyllus Acntus)

2. 由松鼠咬人以传本病

故鼠疫流行时,松鼠亦须加以注意。

B 跳蚤（Fleas,Floh）

小动物——蚤，为无翅之双翅类动物，善于跳跃，全身有六只脚，上下粗细如一，跳时全足用力，不如蚱蜢之专恃大腿；据不列颠鼠疫调查委员会之报告，蚤能高跳至三—五吋，但无高出六吋者。成虫长约二或三粍，有硬壳，口略似蚊，雌雄皆能吮血传病，其宿主为人类、老鼠、猫及狗等动物。普通雌蚤产卵于动物宿主之毛上，但不紧粘于毛，经动物之动弹，易散落于地上，以不清洁之处最为适宜；其卵之每次产量可达五十一—八十颗，蚤卵之形态似鸡卵，色微白而光滑，长约半粍，经二至五日后即出幼虫，幼虫为管状之小动物，瘦长无足，色淡黄或淡白，全身分头及躯干二部，头部有角，可破卵而出，角于第一次蜕皮时随皮消去。又头前有齿一对，能食各种废物，如尘埃兽粪，因其中含有机物质故也。其躯干有十三节，尾端有角一对。

幼虫期约为一周至十日，间有二周者，在此时期中蜕皮三次，后渐织白色扁形之丝盖，生活其中而成蛹（幼虫与蛹不栖水，此点与蚊相异），再经五至八日，蛹自丝盖出而成幼蚤，其变形之迟速，随空气之温度及湿度而异，普通自卵成蚤，短者十八日，长者约三周而已。

蚤之种类——在目今所载者已有三百余种，初为 Picidae 科 Pulex 属。近代分为数类，例如印度鼠蚤（Xcnopsylla Cheo Pis. The Indian Rat Flea）、欧洲北美普通鼠蚤（Cerato Pyllus Fasciatas）、人体蚤（Pulex Irrituns, The Hasnan Flea 亦有称为家蚤或普通蚤）、家畜蚤（Pulex Serraticeps）猫蚤（Ctenocealus Felis）及松鼠蚤（Ceratophyllus Acutus）等，其中以印度鼠蚤及欧美普通鼠蚤最能传染。

此次我国鼠疫之流行，以印度鼠蚤关系最大，人体蚤在本病流行时亦为有力之传染者。

今将印度鼠蚤与人体蚤之重要鉴别点列下：

（一）印度鼠蚤——1. 眼上之小刺生在眼之前部，2. 胸部之中胸甲上有一脊状厚硬之处。

（二）人体蚤——1. 小刺生在眼下。2. 无。

据雷包德氏（Raybaud）报告，欧美普通鼠蚤，如三十天或四十天不与食料,其胃中所食之疫菌尚能生存不减毒力,由此可知鼠疫之能远布他处或由于此。

裴珂德(Bacot)及马尔丁(Martin)两氏之试验报告,气温摄氏十度—十五度按时饲食料与跳蚤,可维持生命五十日,但在二十七度只能生活二十三日,死亡后疫菌仍不离蚤体。裴珂德又云带疫菌之蚤经四十七日仍能传染于鼠类。

印度鼠疫调查委会之报告,跳蚤吮吸含痰菌之血,经三周后仍能传染。

C 传染之过程

跳蚤叮咬已患鼠疫疾病之老鼠,体内之鼠疫杆菌即被跳蚤吞食,在其胃中迅速繁殖,此蚤再叮咬人类,将含疫菌之血液注入叮咬之小创口内,如疫菌将胃前囊(Proventriculus)全部阻塞,则蚤不能如愿将人血吸入,因此即行任性用力叮咬,然其所吸取之血,仍不能入胃,只能膨大食管,其旁之胃抽器(Stomach Pump,Magenpumpe)一经停止,血复外流,回入小创口内,故蚤更不肯放弃,在此种情状之下,传染之危险尤大。

跳蚤叮咬人体后,经过相当之潜伏期,即发生鼠疫之原有症状,疫菌如侵入血中,则症状凶猛,而成败血性鼠疫,亦有因侵入血流传至肺部而生肺鼠疫,亦有因原发生性肺鼠疫患者之咳痰,转辗传播他人而形成肺鼠疫之流行。其他如皮肤鼠疫续发于原发性鼠疫(特于腺鼠疫),因疫菌由淋巴管或血管转移于皮肤而成本病,眼鼠疫由疫菌侵入眼结膜所致。

D 传播之泉源

本病患者之组织液,新鲜腺肿痛,皮肤泡疹,末期病人之血液及肺型之咳痰等,直接或间接传染之。

E 侵入之门户

1. 皮肤及粘膜之小创伤。

2. 扁桃腺及其他腺组织。

3. 呼吸器等(滴状传染)。

五、鼠疫与其他动物之关系

除鼠与蚤将鼠疫传播人类外,其他如海猥、猫、狗亦偶有传染本病,纳推尔(Nutta'll)及叶尔新(Yersin)两氏之调查报告,蝇类或其他昆虫或亦能传染鼠疫,据会而克氏(Walker)之试验报告,臭虫或他种吸人血之昆虫,亦能传染鼠疫。裴珂德氏(Bacot)证明臭虫如带疫菌,饥饿四十八天,仍能传于鼠类。

我国西藏之发生鼠疫为龈齿(啮齿动物之一种)所传染,又满洲之发生本病,据伍连德博士之报告,为起源于旱獭(bagan)。

由上述各点可知除鼠蚤之外,亦有数种动物与本病有关,故在某种特殊状况之下,亦须注意之。

六、鼠疫之尸体解剖

A 人体之病理解剖

1. 鼠疫之腺肿乃出血脓性炎症,其周围起蜂窝织炎,(Cellulitis,Phlegmone)内有许多鼠疫杆菌。

2. 肝脏及脾脏之病理变化,呈炎症性肿胀,处处可见坏死性病灶或脓疡(Abscess),但肾脏稀有此种现象。

3. 肺脏可见出血性气管枝肺炎。

B 鼠类之尸体解剖及检验之注意点:

a. 染疫一般鼠类之尸体解剖之所见:

1. 淋巴腺肿大及呈充血之现象,亦有腺肿不显明,外表无变化无特殊硬性而于切面显现坏死现象。

2. 鼠体皮肤色微红,以足部甚为显著,皮下组织充血,有时竟有皮下出血现象。

3. 胸及腹部之肌肉,有时有充血现象。

4. 肝脏呈斑点状态,由于红色之充血及黄色之坏死部份相衬而成。久病者,肝脏硬化呈蜡样穹顶状态,边缘有时可见针头大小之坏死,脾脏肿大且坚硬横压胃部,不如正常之为平铺状。

5. 肋膜间有澄清之渗出液,常与胸膜间及肺脏出血合并出现。

b 作皮肤染疫豚鼠之尸体解剖之可见:

1. 淋巴腺肿大且出血发炎。

2. 普通性质之皮下水肿,感染处有出血,渗入水肿之中央。

3. 肠之浆膜下常现出血。

4. 肝脏有水肿及充血现象,并有黄白小点,四周环有充血地带或竟有硬化之处。

C 检验染疫鼠类尸体之注意点:

1. 当解剖可疑之染疫而死之鼠体时,须先检视全身淋巴腺有否腺肿。

2. 腋窝淋巴腺藏于肱骨肌胸肌之下,易被忽视。故解剖时,须腋窝肌肉切开之。

3. 有时腺肿不显明,外表亦无变化又无特殊硬性,此时最好将淋巴腺悉数剖视,尤其切面可见坏死。

4. 如疫鼠尸体解剖不现显著之肉眼症状,须割取肝、脾、及腺肿之小片,在灭菌血液中掺和生理食盐水,研磨使成肉浆,作豚鼠感染试验。

5. 如疫鼠尸体已腐败,可采取股骨骨髓作细菌学试验,可检得疫菌。

七、鼠疫之种类及症状

A 鼠疫之种类

普通分为两大类,即腺鼠疫及肺鼠疫;亦可分为三类,加一败血性鼠疫。又因所患部位之不同,除上述三种以外,如皮肤鼠疫、眼鼠疫及脑膜型鼠疫等。

B 鼠疫之症状

潜伏期(Incubation Period)——大多二—八天,稀有十五天者。

前驱期(Prodromal Stage)——甚少患有特殊之生理上及精神上之忧郁、食欲不振、四肢酸痛、寒冷感、心悸、眩晕,有时鼠蹊部疼痛。

侵入期(Stage of invasion)——普通患者多突然发热、四肢疲乏、头痛、四肢痛、眩晕、恶寒、脸部现特殊之表情,眼发红,下视而固定,瞳孔散大,有时脸部呈可怕的现象,患者若能行走,亦如醉汉状。或发生恶心、呕吐,亦有发生下痢者。

发热期(Stape of Fever)——本症无定型之战栗,多突然发热,常至华氏一〇三—一〇四度或至一〇七度,同时脉搏及呼吸亦成比例增加。皮肤干燥而灼热,脸肿胀,眼下视而固定,听觉迟钝,舌被奶酪状,厚苔干燥而易破裂,齿、唇及鼻孔现污秽状,频渴,四肢疲乏。患者极度衰弱之下,听觉甚迟钝,有时发呓语、昏睡、痉挛,无尿或其他之神经症状。呕吐为常有之现象,有时便秘或下痢,脾及肝常肿大,尿少,稀有含少量之蛋白,脉搏在最初先实而大,但多数病例细且速,失调,重复或间歇,至末期心脏扩大,第一音减弱或消失。

腺鼠疫(Bubonic Plague,Druescnpest)多数病例,在最初数小时或第三天发生腺肿,(Budo)但一般在廿四小时以内发生,腺肿常发生在右侧鼠蹊部(Groir)(占百分之七十),有时股腺(Femoral Slands)肿胀,其次腋下腺(Axillary glands)肿胀(占百分之二十),更次之为腭下腺(占百分之十,多为小孩)极少患者,因扁桃腺侵入而起,颈腺肿胀,极稀有膝腘腺(Poplitealgland)或上抟内髁肿(Epitrcchlealglands)肿膨腺肿,一般单侧发生,但亦有两侧同时发生。本病腺肿之大小不同如胡桃大,有时如鹅蛋大,腺肿诉剧烈疼痛,腺肿常皮肤愈者,如皮肤坏死破溃脓汁流出残留溃疡,重症者因疫菌毒素,起急性心脏衰弱而死亡。

各种不同的出血,不是鼠疫稀有特征,常见恶性流行鼠疫,在妊娠妇常生小产,有时胎儿有发现本病的病状。

鼠疫,快者数小时可以死亡,常常发生在第三天与第五天之间;因为剧烈的心脏衰弱等之症状,或于由痉挛、昏睡、内出血,或由于长期发热或化脓等之疲劳的结果,或由于续发性出血而如死亡之归转。

上次宁波及衢州等处所流行之鼠疫,多为本型。

肺鼠疫(Pneumonic Plague,Lungen Pest)——本型常常发生在中国北部之土拨鼠捕者,(Marmot-trappers)以服侍患者及探者最为危险,因为许多疫菌以患者痰中散布各处。本型鼠疫常误诊为类似之肺脏疾病,因不知本病流行,常被忽略故也。肺鼠疫之一般症状为战栗、不适、剧烈头痛、胸部痛及一般痛苦、呕吐、发热、Cyanose 强度虚弱、呼吸困难度(每分钟五十—七十次)频发咳嗽,伴有许多湿性含血之痰,(内有多数疫菌)其咳痰无粘性及锈色,不如普通肺炎,在肺底可以听得湿性啰音。呼吸变成急促,其他症状迅速增剧,并发生谵语,患者在第一天第四天或第五天死亡。此次义乌即有本型发见。

败血性鼠疫(Septicaemic Plague Pestsepsis)——本型无特殊淋巴腺之肿胀,(或已死患者全身淋巴腺稍有肿大或充血)常突然恶寒战栗后而发高烧,患者开始即衰弱,面色苍白及冷淡且无欲状,皮肤及粘膜充血,肝脾脏肿大,渐起高度衰弱,而即速陷于虚脱,可于数小时或十数小时内发生昏睡而死之,故又曰电击性鼠疫(Pestis Siderans)或一二天或第三天死亡,或较迟,但稀有。本型迅速死之原因,由于许多疫菌侵入血液中故也。上次宁波流行时,曾有本型发现之报告。

(未完)

(《浙赣月刊》第 3 卷第 2 期,1942 年 2 月 28 日,第 1—4 页)

防御鼠疫之我见

(1942 年 3 月 10 日)

李紫衡

一、绪言

想起鼠疫之为害,真令人不寒而栗:历来各地因鼠疫之蔓延其损失虽无统计可考,然为害之烈,确有甚于洪水猛兽者,搂数十年各地之流行史实,每有昔为热闹市廛,一经鼠疫蹂躏,顿成无人废墟,荼毒生灵之惨烈,闻者无不色变,尤以过去民众防疫常识缺乏迷信深固,每诿为神祇之降灾散瘟致浩劫莫挽,不胜慨叹!最近报载湖南之常德桃源一带鼠疫流行,要知一经萌动、不免随地发现,且此一带水陆交通颇称便利,罔加防堵、蔓延堪虞,在这抗战进入最紧张之时期在这接近抗战重心多鼠之乡的后方,言时言地其遗患何堪设想!幸我政府卫生当局已以严重之注意及最大之努力从事防止与扑灭,作者忝为医药卫生界之一员,本知无不言之旨,不揣简陋,爰就鼠疫之来源、流行、种类、防止、各端略抒管见以引起国人之注意并供关心是疫人士之参考。

二、鼠疫之来源

鼠疫、一名黑死病,为法定急性传染病之一,由于鼠疫菌(Pest-Bocillen)

所致,此菌为一千八百九十四年为法国耶散(Yersin)及日本北里(Kitasato)两氏在香港发见,为一种短的杆菌卵圆形杆菌,粗短不善运动,但易于变形,用梅青(MethyleNblau)染色,则菌体两端着色极显明而中央不显,是即所谓菌极染色(Palferbung)也,本菌对于寒冷抗力甚大在潮湿环境中毒性保持更加长久,反之干燥则与彼大有不利,直射日光下很快死亡,百度干热中二十分间死亡,百度湿热中不过数分钟死灭,倘若置于百六十度干热中则一分钟即死,此外二十倍石炭酸水与千倍升汞水均可使其十分钟内死亡。本病传染藉鼠为媒介,更由鼠蚤传染于人体。此外鼠疫菌易于侵入之处为皮肤。表皮稍有损伤,即能侵入,又附着于指尖及衣类等,不知不觉随皮肤搔擦而入,酿成鼠疫。故当鼠疫流行之际,蚤之蜇人,不可不大加注意。

鼠疫菌不独能由皮肤侵入,亦能侵入粘膜,以口、鼻、咽喉之粘膜为尤甚,其他由扁桃腺,眼之结膜等而侵入,或与肺鼠疫病人谈话或当病人咳嗽之际,其痰与唾液变为极微细如雾之小水滴飞散空中,此小水滴中,有无数之鼠疫菌,吸入此小水滴者即感染肺鼠疫矣。此外不仅病人分泌物即排泄物亦可传染,间接传染虽属可能,不过须在未经干燥之条件下始有可能之机会耳。

三、鼠疫之流行

鼠疫流行之速与蔓延之广,每使吾人感措手不及,自一八九四年香港鼠疫爆发后,不久即波及福建全省,英国人民受鼠疫之蹂躏,及今思之,犹不免有谈虎色变之感,印度自一九〇一年至一九一〇年,此十年之中死于鼠疫者约六百万人,一千七百二十一年(Toulon)流行,于二万六千二百七十六人中罹病者竟达二万人——死亡者达壹万六千人!清末流行于满洲死亡枕藉,其传染力之强,诚令人思之而栗,言之恐怖。在一八九六至一九一零年即迄民国初年止,每年鼠疫继续流行,彼时民众及医师尚均未能明了疫病之真相,而世人乃在模糊中死去者不知凡几!迨一九〇五年西人马士敦教会医师始正式发表漳浦永春之鼠疫流行,欧战后福州教会医院竟因鼠疫流行之剧烈,传染外籍医师护士三名,其疫势之凶猛及社会未能明了鼠疫之盲目情形,由此可见一斑,民国十七年七月起曾流行于吾国之北方,始于察罕套拉桥,渐次南下,侵入四洮铁路及通辽,而钱家店一带之死于鼠疫者,平均每日达十余人! 鼠疫之流行,凡沿铁道公路顺江海河流之各地,传染最早,而蔓延亦最快,反之,距水路较远或河川之最上游及不近铁道公路之各地因交通不便,其传播亦迟缓,鼠疫之侵入一地,在流行之初数年疫势快而死亡率高,若经若干年连续之流行,因鼠族间产生相当之免疫性疫势亦随之衰减,但流行反变为消长性。此外因战争之连绵亦易引起鼠疫之流行且难遏止,吾人于此当知所警惕矣!

四、鼠疫之种类及其症状

鼠疫大抵可分别为腺鼠疫与肺鼠疫之二种,皮肤及粘膜之鼠疫,与通常之腺鼠疫相同。三者中以腺鼠疫为最多,而死亡率最高者为肺鼠疫也。

（1）一般病状

无论腺鼠疫肺鼠疫,凡罹鼠疫,其症状先犯心脏,使心力衰弱,因鼠疫菌有侵犯心脏之毒素,其力甚剧也,所以心脏衰弱,为鼠疫著明之症候,心脏之鼓动非常激烈,而脉搏如丝,按之殆无可触知,故若心脏鼓动之音尚可得闻,而脉象如丝,即为毒素侵犯心脏之唯一症候,其次体温速升,其热型为稽留性、头痛、眩晕、同时有作呕吐者,意识逐渐朦胧,陷于昏睡状态,发谵语,且病人时时突然起床,步行蹒跚,如酒醉之人,不拘轻重症,有时皆能自床跃起,有乘看护人不备,遁出病院者,言语带一种异样声音,全不明亮,与平常言语迥异。发谵语时,恰如饮酒烂醉之人,卷舌作含糊之语,容颜痴呆,眼结膜强度充血,多畏光线,舌多带白苔,如有石灰撒其上然,少真红色,污紫如熟李之色,呼吸亦迫促,大概鼠疫以腺鼠疫为多,肺鼠疫较少,前已言之。

（2）各别症状

（甲）腺鼠疫——腺鼠疫之症候,为突然起战栗后,即发高热至四十度,或至四十一度,头痛、眩晕、烦渴、全身倦怠。一二日后,肤浅之淋巴腺就中脑腺、鼠蹊腺、腋窝腺、颈腺,皆起肿胀疼痛,周围发赤,一二星期后渐渐消退。重症者腺肿持久,病人陷于昏睡,发病后一二星期而死。亦有先发剧烈之全身症候,其腺并未肿胀,一日至二日即死者,是谓之电击性鼠疫,腺鼠疫最危险期为五至六日,其死亡率为百分之八十至九十,甚不良也。

（乙）肺鼠疫——肺鼠疫之特征，为出血性肺炎之症候，故又名肺炎性鼠疫，战栗后发四十度或四十一度之弛张性热、咳嗽、呼吸困难、脉搏频数、喀血喀痰。检验咳出之物，皆含有鼠疫菌，故不可不严重消毒，病者皮肤上发青发紫甚至发黑，精神朦胧，发谵语，至二三日而死，是即所谓黑死病（Schwarze Tod）之命名也。本病亦有不及发生肺症状而即死亡者，是由热度太高所致，亦有无甚显著症状，忽然一日吐出纯血痰而死亡者。其死亡率约为百分之七十至百分之百，故为极危险之症也！

此外尚有所谓败血性鼠疫者，以呈败血病之症候为特征，突起战栗，高热达三十九度至四十一度，头痛、眩晕、呕吐及皮肤及粘膜出血，遂毙于衰脱之下。

五、鼠疫之防止

鼠疫之祸害既如是之剧烈，则既发生之地区应如何赶速扑遏，勿使蔓延扩大；未发生之地区应如何防患于未然，设法防止，诚为极端紧要之工作，兹略述防疫工作之大要如下：

（1）防疫宣传

宣传为防疫工作中首急之务，盖本项工作为防疫工作之原动力，然其能否普及推行，胥赖于地方团体，智识份子、及保甲长等之努力协助，方能深入民间，俾家喻户晓，人人乐于接受防疫机关之指导。如是则全民防疫力量始能发动，根本防疫办法始克完成，否则吾人虽竭全力于消毒、灭鼠、预防接种及临床诊疗等防治工作等，而事后时过境迁，鼠族又复繁衍如故，疫势仍有复发之患，故非藉宣传之力量使人民自知日常之预防不可。宣传之目的在使民众咸知鼠疫之可怕，鼠疫之来源，鼠疫病之种类及其症候，以及鼠疫之预防方法，其宣传之方式，不外下列各种：

（一）演剧

（二）幻灯

（三）电影

（四）集合讲演

（五）消毒时按户各别讲演

（六）召集保甲长讲话

（七）街头讲演，散发传单小册

（八）张贴图画标语

（九）展览打鼠机毒鼠饼消毒水等模型样品

（十）报章登载以广宣传

一般民众对鼠疫之认识向甚幼稚，设非苦口婆心循循善诱，则难期其领悟与接受，吾国各省地方辽阔而文盲及智识幼稚者为数不少，如何以期达到唤起全体民众，自动的合力的扑灭鼠疫，诚属艰难困苦之工作，吾愿从事防疫工作之人员三致意焉！

（2）鼠疫疫苗预防接种

预防接种在防疫工作内亦为重要部份，自不待言，然民智未开，狃于固习，每为此种工作之绝大障碍。故于预防接种前当行广大之宣传，以助民众对注射有相当了解，以利工作之进行。虽然积习之久亘数千百年，当非短时间之宣传即能使其全数澈底觉悟，故每于第一次施行注射后，其第二次，三次即觉不易，因此，除对注射之技术方面力求免除受注射者疼楚外，其他方面障碍之扫除，尚有赖防疫人员之最大努力与夫社会贤明人士之合作，关于预防注射有下述二者：

（A）自动免疫——以 65℃ 30 分钟加温杀灭细菌，按 0.5％ 与石炭酸配剂制成注射液，注射 2.5—3cc 于皮下。

（B）被动免疫——先注射抗鼠疫血清（Antipestserum）10—20cc，于是在体内可产生被动免疫（parsive Immunisieumg），然后再施以自动免疫（Aktilve mmunität）之注射。

（3）实施熏蒸灭鼠等消毒工作

防疫工作以熏蒸灭鼠消毒方法收效为最大，盖犁庭扫穴，可使鼠族几于靡有孑遗。并可利用此种结果以为老鼠系传染鼠疫病源来源之宣传，其平素迷信鼠疫为瘟神散灾等说，可以不攻自破，此种蒸熏灭鼠消毒方法乃世界上最新最有效最常用之法，在中国则福建省办理鼠疫防疫时为第一次之使用，曾收极大之效。其法系将青酸钙 $Ca(CN)_2$ 之粉末置于一种特制之打气筒内以便将此粉末吹于鼠穴,此粉末一遇空气中之水蒸气即起化学反应作用而生青酸(HCN)气体:$Ca(CN)_2 + 2H_2O = Ca(oH)_2 + 2HCN$。此青酸气体性质极毒。在夏日于立方公尺空间内撒放二克之青酸钙粉末,在冬日于每立方公尺空间内撒放五克之青酸钙粉末,即可将其间一切动物毒毙,故使用此物之时,则不特穴内老鼠及疫鼠全数毒杀,而其中所有跳蚤及疫蚤亦皆毒毙无余,疫祸之源既清,其害自绝,然后将鼠穴用洋灰、砂、及碎玻璃之三合土封塞完固,以免此已毁之鼠穴复为繁衍生存之所。同时亦可避免鼠尸腐烂臭气外溢。惟此种青酸钙蒸熏灭鼠工作,须经相当训练之人员方能胜任,否则糜费材料,或效力损失且为小事,偶不谨慎青酸飘飞因而毒毙入口杀害畜禽亦将不免,是诚不可不特别注意者也。

灭鼠方法除蒸熏之外,尚可使用捕鼠笼捕鼠机及毒鼠饼等物以期尽量发挥灭鼠力量,笼之构造有新旧二种,旧式系中国各处普通各式之鼠笼,新式即英国政府前在印度办理防鼠捕鼠所用之鼠笼,此种鼠笼制造精巧,效力特大,有时一笼一次可捕鼠至三十头之多,见者称奇,至所用捕鼠机亦纯属铜钢制成之新式者,机关灵敏,效力亦大,至于毒鼠饼通常多用炭酸钡饼,使用此饼有一优点,即鼠类食后感觉剧烈之渴感,出外觅水,故不致死于穴内,可免死鼠腐烂,遗害无穷也。

(4)房屋建筑之改善

我国一般民房之建筑,或以迷信风水,或以防御盗贼,或以因循旧惯,或以经济拮据,或吝锱铢之用费,或贪外表之美观,对于防鼠及卫生应行改良各项均未注意及之,以致空气恶浊、光线不足、沟渠污塞、蚊蝇丛生、蚤鼠繁衍、人鼠同居,不特鼠疫之病年年为害,即其他各病亦时肆其虐、故若以根本防疫起见,对于旧有房屋固应随时设法使其改善,即新行建筑之房屋其建筑方法与所用之材料亦须完全以预防鼠疫为原则,即着重于防鼠设备,换言之,即竭力避免空隙洞穴,以直接减少鼠类繁殖之机会而间接,即可以减少鼠疫之发生也。

(5)粮食贮藏之管理

防止鼠类繁殖之方法,不仅注意于房屋之建筑,同时对于鼠类所需之食物亦同时加以注意。盖以青酸钙蒸熏固为极有效之灭鼠方法,惟以鼠性之黠,及普通民众住所内可为老鼠藏身处所之多,故虽经慎密灭鼠工作之后,老鼠之漏网者为数尚在不少,加以鼠族繁衍之速,此遗留者生活裕如,则一二年之后,鼠数又复依然如旧。是即鼠疫之猖獗,又可依然如旧。是青酸钙灭鼠方法,只能防遏鼠疫于目前,而未能防遏鼠疫于久远。其补救方法,即为改良贮藏粮食之方法,使家家可为老鼠食粮之食物,尽藏于避鼠器皿或仓库之中,则老鼠无所得食,即能自身幸存,亦断难复事生殖,如是则预防鼠疫之根本办法方能成效。至避鼠器皿或仓库之制造方法颇简易,只将原有器皿或仓库略事改良即可备用,是须赖防疫机关主持此项工作,并随时派员至民家,直接为之计划指导,务使适合于民众经济状况及防疫设备。因势利导,相机推进,务达鼠粮封锁之目的。

（6）家庭环境卫生之推行

鼠疫之害甚于洪水猛兽,故防鼠之法,实不能稍有疏漏,涓涓不塞则成江河,星星之火可以燎原,是以家庭环境卫生非常重要,防疫机关应常作家庭环境卫生之观察,如见有家庭内有不合于环境卫生及易于藏匿老鼠之处(如不良之天花板、地板、夹墙板、复壁等等)则即加以改善指导与督促。其指导督促方法,可参考闽省防疫总所所采用之方法,即除先用《家庭环境卫生改良通知单》将应行改善各项及所限日期逐条填写清楚交与户长,并当面加以口头解释劝导,限期既届,则派卫生稽查执持该通知单存根前往各该户视其是否已照所通知改造家庭,如尚未改造或改造而不完善,则察其困难原因及情形,再加以解说,援助与宽裕展限,如第二次限期已满仍未照办或置诸不理者,则予以口头警告,并再予以相当期限,如无适当理由而再置之不理者,是即故意置公共卫生于不顾,则请地方政府协助,予以直接或间接之强制处分,惟无论如何,决不予以罚金处分,以免误会,至于家庭环境卫生改善工作,可略举如下:

一、新开窗户

二、增大窗户

三、开天窗

四、撤除不良猪圈

五、改良厕所

六、撤除不良厕所

七、粪坑(缸)加盖

八、疏浚阴沟

九、改良双层地板

十、撤除不良双层地板

十一、改良天花板

十二、撤除不良天花板

十三、改良复壁

十四、撤除不良夹墙

十五、改良厨房

十六、改良仓库

十七、填补屋内外隙洞

十八、其他

(7) 推行灭蚤工作

发现病鼠房屋,除灭跳蚤,实为防遏鼠疫传染人畜之有效办法,故当鼠疫发生之时,除其他重要工作外,并应竭力注意于灭蚤。灭蚤药剂除匀氰酸气熏蒸外,市售之灭蚤药剂如来素而、除虫粉 Bilt 等种,以其价格昂贵,均不适于普通之采用。可参照香港卫生局成法自行制造,主要成分为肥皂三份,水十五份,煤油八十二份制成,为白色乳状,法简便,民众易于制备,至于肥皂可用科发药房肥皂粉,杀蚤效能较之用普通软肥皂或固本皂条为佳,跳蚤在百分之二溶液中经二十秒钟即死,如在百分之五溶液中(水一百西西加灭蚤剂五西西)仅须十一秒钟。普通房屋灭蚤,十平方尺只须百分之二溶液两加仑,经溃射一分钟后冲即达到完满灭蚤之目的。灭蚤剂之制法宜渐次灌输民众,俾其自制,以便普遍进行。兹附述灭蚤剂之制法如下:

以肥皂(最上等之肥皂三百西西)(三份)溶解于一千五百西西(十五份)水中,用木棒搅之,使之完全溶解,用间接加热法徐徐加热至沸,并随时用木棒搅之至成黄色透明流质，以后每二十分钟加入煤油一千西西，并不断搅拌，俟加入煤油总量达八千二百西西时，再继续加热至油与肥皂完全混合成乳状为止，灭蚤剂用时按所需之成份加入水中，即为灭蚤应有之溶液，普通用百分之一至百分之五。

（8）推广防疫机构及医疗机关

防治鼠疫乃系技术工作，自需专门人才，任劳耐苦，群策群力，始克有济，未染者急谋防止，已染者速施医疗，兢兢业业，快干实干，否则恐死亡骤增疫势蔓延其为患将不知伊于胡底也！是故对于严重地区尤宜及早设立永久防疫机关及医疗机关，除实地极力进行防与治之工作外，并宜大规模训练防疫人员，以备各地鼠疫流行时，可有专门人才实地从事于防疫工作也。于此作者主张二事：一曰确定防疫及医疗系统。二曰推广防疫及医疗机构，在重要中心区域应设立防疫及医疗总所，次要疫区设立分所，其下更置流动防疫队及医疗队，以便随时应各地之需要，而派赴疫区办理临时防疫及医疗事宜，同时上列机构务期其普遍，内部务求其充实，各地之疫势情报，得有汇集之所，而指挥工作方针，亦可在一致目标下进行，如是，庶几可以达到推行根本防疫工作矣！

（9）严行检疫

由以上所述，吾人已知公路分岐商业辐辏之都市帆樯云集交通频繁之港口与城市咸为鼠疫蔓延扩散之源，故检疫应切实执行，事关防疫，吾人不可不加注意者也。

（10）其他

以上所述概多指国体防疫而言，至于个人防疫，应注意下列数事：在流行期中须带口罩，皮肤上涂以油脂，手上套以手套或橡皮套，勿赤足露体，寝具餐具注意常洗消毒，生活习惯力求整洁，隔离鼠疫病人切勿接近，严防老鼠，此外并须举行预防注射，如是则庶几可免为疫鬼钦。

六、结论

鼠疫为流行最古之传染病，为害亘数百年（十四世纪时英国黑死病之流行已极惨酷）蹂躏几遍全球，惟现今欧美各国以公共卫生之开明预防医学之发展，斯患殆已绝迹，环顾我国，依然如旧，疾病之生，先鬼神而后医药，不知预防，不识趋避，故时疫一起，动戒□□，间有一二高明，号呼预防，声嘶力竭，鲜有听者，而奔走救治之医师，作焦头烂额上客矣，夫一般民众知识低落，对于鼠疫罔加惧畏，固无论矣，独怪乎智识者流，亦漠然少有注意，最近湖南各县鼠疫流行，而报章杂志尚未见有所论列，岂此斫丧民族生命消灭抗战力量之恶疫毒力下于敌人之飞机大炮乎？言之心伤，思之愀然！余语至此尚不禁感于怀者二事：公共卫生，已为现今一往无前，方兴未艾之事业，然目前最大弱点为未能将科学上各种知能联络应用，故措施上致不免发生虚耗错误中辍等流弊，方今言公共卫生者其思之否耶。现在卫生设施，每易偏于医疗，而忽于预防，即所谓不能将治疗医学与预防医学打成一片也，故最合宜之主张，为科学须切实用，医学尤应以能为实际上之运用为主眼，至实际应用，须以敏捷，继续贯彻，充分设备为要着，凡此诸端，非一部分之努力，即可获其大效，政府机关、医药卫生界、民众、均应联合共图，庶可对于各种疾病下一总攻，固不仅鼠疫一端已也，然乎？否乎？尚期高明有以教之。

三十年元旦脱稿于中央政治学校

（《战时医政》第3卷第10、11期，1942年3月10日，第12—20页）

细菌战的防御

（1942年5月24日）

一　细菌在中国

细菌本是坏东西，闹得人生哭笑非；

如今又要来帮战，真是越来越刁皮，

越刁皮，教我们怎生支持？

细菌原是小冤家，大战怎的又用地？

倘自空中奔投下，教我军民没处遮，

没处遮，叫我们那里搬家？

大战没有来，细菌早已到了。细菌之来，比我们民族的祖先还要早。地一向就没有离开我们广大的民众。而且，中国的细菌显然地比列强的出色。

我们若使用细菌战来抵抗帝国主义者的侵略，原料是十分充足的。你瞧吧！

华北一带，飞沙扬尘，苍蝇多如麻，不是肺结核病菌和赤痢病菌最繁盛的区域么？

扬子江流域，那黄黄的带粪的水，不是霍乱病菌和伤寒病菌最好的根据地么？

华南不是麻疯病菌最大的商场么？

那白山黑水间，那福建的龙岩漳泉各处，不是鼠疫病菌最凶险的潜伏所么？

蛮烟瘴气的西南是病菌的别墅。

灾荒穷苦的西北是病菌的行营。

我们弄堂里的小学堂，白喉天花随着儿童去上学。

我们的码头车站，影戏院游戏场，及一切公众的场所，脑膜炎、猩红热、流行性感冒等也夹着人群里面挤来挤去。

这些，不过举其大概罢了。

现在我国的交通逐渐发达了，公路天天在建设，而关于卫生的行政，只听见大都会里的清洁运动、厨房比赛、医院盖造等等，却并没有深入民间，到农村去实地救济，尤其是那交通的枢纽上，没有严密的卫生戒备，那些病菌是不时都会趁势蔓延起来。大战没有来到以前，细菌已潜入我们的内地，暗暗地在活动了。

二　细菌战，可能吗？

不知那一位军事野心家，先提出"细菌战"的口号。这消息一传出来，就大有人替牠捧场了。这些人对于细菌学的真理都有些隔膜吧。

细菌，传染的细菌，的确是可怕的兵器，然而并不是轻易可以使用的。

许多人都在揣测了。

装在炸弹、炮弹、手榴弹里面，放烟花似的，向敌人正面射击吗？然而细菌是生命微弱的软性的东西，和那些滚热烈焰的硬性的家伙，是水火不兼容的，恐怕人没有杀到手，自己早已被热力杀尽了。

在飞机上散布下来吧？然而大多数的病菌，在人体内虽是慢性的，要经过相当的时间才发作；在外界却是急性的，在空气中飘舞，或在干地上栖息，没碰到可吃的东西，都要急得短命而死了。就是恰巧遇到敌兵，嗅见了人味，然而没有苍蝇、跳蚤、老鼠、带菌人等做牠们的向导，仍是摸不着人的嘴，鼻孔和皮肤的伤口在那里呀！光靠着空气的流动而传染，是不会有什么可观的成绩啊！

空气一向是被认为病菌的流浪所，其实空气里多是安份守己的普通细菌。那些出没人身的病菌，都过不惯冷落飘泊的生涯。那些如"猩红热"、"流行性感冒"、"肺炎"之类的病菌，都最爱在热闹的场所盘桓。那里人群拥挤，是唾沫痰花的世界，病菌早已预伏在好些人的鼻孔、口腔与咽喉之间了。在谈话、咳嗽、呼吸、喷嚏之时，牠们就如小机关枪似的，连珠放出。这是由于人与人接触之间的浊气，而给牠们一个侵略人身的好机会啊。

空气么？在高山、大海、旷野、沙漠上的空气里，病菌站得住脚么？

让我说一句老实话吧！一切危险的病菌，都是从不卫生而又喜欢挤在一起，扭做一团的人群里酝酿出来的啊！

山村里的人家，不会得肺结核病。

荒岛上的鲁滨孙绝没有脑膜炎。

三 在平时就当防御

细菌的防御，早就当注意了！何必等到现在，这才着急呀！

这都怪科学知识没有通俗化，其实，防御细菌的常识，在个人方面，就是幼儿园里稍大的儿童，听他妈妈或师娘用软语温言来开导，也就都懂得。所难者，怎样永远地养成卫生的好习惯是了。

譬如他的妈妈说：

"吃饭之前要洗手，撒过屎后要洗手，要用肥皂来洗手！"

"要喝沸的水，生冷的水不要喝！"

"见了苍蝇要驱除，苍蝇爬过的东西，千千万万不要吃！"

"要吃热的熟的菜，生的冷的臭的酸的不清爽的通通不要吃！肚子有些不舒服，东西更不要乱吃！"

这些话儿，那个孩儿听了不懂？

这些虽是琐细而平凡，若果尽人都能严格地遵守，就能大大的减少三个大水疫流行的恐慌。

那三个：

大哥霍乱，二哥伤寒（副伤寒在内），三哥痢疾。

这就算是每个人都尽了一分防疫的义务了。

然而各种时疫的防御，七分在人，三分在钱。有的，如肺结核病，钱的能力竟占了九分。如果那三分的钱力无着，这七分的人力还要打一个大大的折扣哩。

不过，这七分的人力里，毕竟有些是人才，有些是学识，有些是技术人员，可以给我们送送救急药，打打预防针，也不要全埋没了他们。

那末，这七分人力是怎样地分配呢？

就卫生的学识与实验而谈，这七分的人力：有两分是剿灭病菌的巢窝；有两分是毁断病菌到人身的桥梁；有两分是增加人体和人群的抵抗力；还有一分就算是治疗吧。

病菌的巢窝在那里？现在把牠们略述在下面：

粪和水是第一窟，是霍乱、伤寒、痢疾等种病菌的巢窝。

人的鼻房，口腔和咽喉之间是第二窟，是脑膜炎、猩红热、流行性感冒等种病菌的巢窝。

食物是第三窟，这里食物是指病畜的肉和含有细菌的芽苞的蔬菜，是肠炎、腊肠毒、肉毒等种病菌的巢窝。

虫类是第四窟。如臭虫、八角虱是回归热病菌的；身虱是斑疹伤寒和战壕热病菌的；黄热蚊是黄热病菌的；疟蚊是疟疾原虫的；这些飞飞跳跳的巢窝。

兽类是第五窟。如病羊病牛是炭疽病的；疯狗疯狼是瘐咬病的；家鼠田鼠是黑死病的；这些乱奔乱跑的巢窝。

土壤是第六窟。以土为巢窝的病菌，如破伤风病菌之类，都是那末讨厌空气而又有坚实的芽苞，一到了兵士伤口里面，就格外地活动起来了。就是战地上的救护队所应特别注意的呀！

皮肤是第七窟是皮肤病菌的巢窝。最著名的如梅毒淋浊,那是花柳科医生的生意经,这里不去细究了。

知道了这些病菌的巢窝在那里,剿灭的法子就不大难了。

水可以烧沸了再喝,或蓄水池中施以防毒剂;粪可以消毒,在都市里自有科学的粪便处置法,在乡村里茅厕坑不要露天,不要给苍蝇看见了,不使粪流到河水井水里去,更不要在洗米洗菜的池里大刷起马桶来。说到这里,连毁断病菌的桥梁的法子,都讲到一些了。

水,苍蝇和冷饭菜就是病菌从粪窟到人口的三条桥梁。

此外,还有一条最顽固的病桥梁,既不易侦察,又不好折断,就是那带菌人,自己不病,却带着无数病菌在肠子里,在胆囊里,在膀胱里到处散布。这些人若在兵营里当大厨子,全军的人都要受传染了。

伏在咽喉里的病菌呢? 那就不易剿灭了。在这里,带菌人的乱子更闹大了。在人群拥挤的场所,咽喉与咽喉之间那么接近,病菌的航线缩短了。因为短而又甚纷乱,所以这桥梁不易毁断。因此,如脑膜炎之类的大时疫一起,就缠个许多不能遏止。有时细菌的交通网可以不断地绵延几万里。一九一八年的流行性感冒,不是绕了地球一圈,打得人类如落花流水么? 这比未来人工的细菌战又何如。

呼吸道时疫的防御,是当前公众卫生学最大的难题。一向用的是隔离病人与监视带菌人的办法,但现在都已公认为没有什么灵验了。这是因为人与人之间的隙缝太多了,病菌如漏网之鱼,又如走私偷运之货,是防不胜防的啊。

没法子,于是引我们到第三道防线上。

这防线是卫生局最高兴走的了,是临时紧急防疫的妙法,是要增强人体的抵抗力,使病菌不战自败,这生力军就是免疫苗的接种,大众语叫做打针。

霍乱吗? 大家都来打个霍乱预防针!

脑膜炎吗? 这里给你们打个脑膜炎预防针。

在这里我们似乎要原谅卫生局的苦衷,也许他们已费尽了心力,说干了舌唇,而我们不争气的民众,老不肯改革恶习惯,使卫生的环境不能实现。

环境改良了,打针就非必要了。

普遍打针的办法,却还有一种大好处,打过针的人愈多了,危险的病人,带菌人就减少了,那一块人群的免疫力也无形之中提高。

扑灭病菌的巢窝,毁断病菌的桥梁,增加人体和人群的抵抗力,这三者,都须早早点先下手为强,不然细菌一冲破了第三道防线,那就只剩了一分治疗的办法了。

治疗是末技,虽有血清、营养、化学、电气、光种种新发明的治疗法,就如一所房子已着了大火,虽有种种的救火机,然而来迟了,也只能救起残垣破瓦,不复是旧观,何况医院虽盖得如何华丽,更华美的殡仪馆也就在附近了。

四　战时更须加紧布防

素来就不大灵动而是官僚式的卫生机关,恐怕被那大炮炸弹的巨声一震就停了。于是更使病菌得势了。

德国是那样讲究卫生的国家。德国人是那样爱吃腊肠腌肉的。平时对于肉的检查是特别谨严的。然而在上次欧战期间,他们对于食物毒细菌的防御,不免松弛了。于是在这食物巢窝里的病菌,都得意洋洋,兴旺了一时。

战争爆发了,兽窝里的病菌如果也趁火打劫,军用马军用犬军用鸽等都有发生疫病的危险了,防御的法子是见一头病畜,杀一头病畜,立刻把牠埋了消毒了。杀死那害群之马,其余的就安全了。英国的马鼻疽症本来是很凶,在一八九三年受害的马多至二千一百三十三头。自从一九〇七年宣布了屠杀病马的法令之后,在一九二五那一年,一数,受害的马只有两头了。

病菌的兽窝里,还有那可怖的老鼠,鼠疫的话有些太长,这里不去说牠。单说那欧战的时候,在西线的战场上,德军和联军都得着一种急性黄胆病,据说是皮肤的伤口沾染上一些儿老鼠尿了。

病菌的虫窝呢?

在战时就有斑疹伤寒的病菌,利用身虱作牠的坦克车。欧战时在俄国及中欧一带是最盛行的。

身虱又被战壕热病菌所利用了。在欧战时每一个战区里都很流行着这时髦的战疫。

　　这身虱的活动,全靠着人身的不干净,不洗浴。然而战争的环境,怎能使兵士们干净呢? 然而要免除这些可怕的疫病,就得扑灭虫媒,扑灭虫媒最适当的办法,又是在维持人身的干净,多洗浴呀!

　　真是好战的人类落入细菌的圈套里去了!

　　现在我们到了病菌的土壤巢窝的大门口了,这里是抗敌的战士们和救护人员等所应严重的注意啊!

　　这些土壤里的恶菌,平时难得到人身,战时正是牠们示威的机会呀! 牠们凭着不需空气的好本领,又拥着一身坚实的芽苞,能持久和人体恶斗,真不是儿戏呀!

　　牠们随着弹丸、碎片、尘土污物,从伤口而深入人体已经破烂了的组织。那儿是死气沉沉地一些儿没有抵抗力,一任牠们的侵蚀。

　　在这里,救治的人就应当将伤口的腐皮烂肉,一切污物,迅速剪除,迅速洗净,赶快消毒,赶快防护,牠们就要放出狠毒的毒素了。在伤口没有缝好之前,尤当慎密的检查,病菌有否潜伏在里面,受伤的兵士,十之二三死于枪弹,十之七八死于病菌。这些病菌简直就是活动的达姆达姆弹呀。

　　然而,科学又战胜了细菌了。

　　这些土壤里的毒菌,如破伤风毒菌,如产气荚膜毒菌,如水肿毒菌,如腐败毒菌,这些怪菌,牠们都各有各的毒,我们也都各各发明了抗毒针。打一针进去,毒就软化了。我们又可以制成混合的抗毒血清,来扫清混合的毒菌。

　　这打针的勾当,真是战时防御细菌的妙算。免疫苗、抗菌血清、抗毒血清,如此等等,这些药品都是反细菌战的法宝,不过打针要打得早,不可一味的挨延,挨延就要坏事了。

　　细菌这凶恶的坏蛋!

　　要来我们的皮肉溃烂吗?

　　我们也不怕也不逃难。

　　用科学的抵抗力,

　　团结起来迎头一击!

（《国民新闻周刊》第 30 期，1942 年 5 月 24 日，第 22—24 页）

罗芝园氏治疗腺肿性鼠疫方法与理论的检讨

（1942 年 8 月 10 日）

吴建中

鼠疫为一种最可怕之急性传染病，依其症状上区别，有腺肿性（Bubonenpest）血毒性（Septisohepest）及肺炎性（Pneumoniepest）等三种；惟近年来，蔓延于吾国东南各省者，以腺肿性鼠疫为最常见。斯疾至今仍无特效药剂之发明，致染者十死八九，为祸至惨。吾国先哲罗芝园先生对鼠疫苦心研究多年，著有鼠疫汇编一书，备载方剂疗法及理论甚详；其对于腺肿性之医治，似较可靠，并广集医案不下数十则，皆其经验。二十八年夏间斯疫曾猖獗于吾闽大田永春二县，死亡颇众，后闻有某先生者，广刊罗氏方剂，一般贫民，无力延请西医，藉此救治者，颇不乏人。作者适于该时往永春，因得闻及此事，遂将罗氏方剂，加以检讨；始知罗氏之理论及疗法，与近代生理学化学上之学理，不无可以沟通之；惟罗氏生于清代光绪初年，对细菌病原说之理不明，故其立论，仍不免引用阴阳疫气之说，而使学习科学人士，见而远之，殊为不幸！作者鉴于年来斯疫在吾闽西北一带，屡屡为虐，为谋根治疫氛，增强国民抗建力量，故对罗氏方剂，特为之表扬；惟因限于篇幅，不容详述；兹先就实力用方面草成斯篇，望临床医师，予以青睐！若能加以研究，裨罗氏方剂，益臻于完善，则造福人类之功，当非浅鲜！

一、症状与诊断

按本症多无前驱症，俄然战栗，即发摄氏三十九至四十一度之高热，头痛、眩晕、烦渴、倦怠、脉搏频数（每分钟九十至一百二十次）；呼吸为中等疾速，眼球结膜，恒充血发红，舌苔干燥或被厚苔，脾脏肿大；于第二日即觉淋巴腺肿胀疼痛，尤常侵及两胯间之鼠蹊核，有时腋窝核或全身诸淋巴核亦同时侵及；初发时即甚明显，大若栗子，间有较大者；不旋踵间，核之周围组织，及其附近之皮肤亦咸肿胀发赤，四面浮肿，此即腺肿性鼠疫之征候也。罗氏依症之轻重，别为轻症、稍重症、重症、危症及至危症等五种，分述如次：

（一）轻症：核小色白不发热为轻症，宜戒口戒色，切不可忽，宜急治。

（二）稍重症：核小而红，头微痛，身微痛，体微酸痹为稍重症；若面目红赤，旋必大热渴痛，照重症治。

（三）重症：单核红肿，大热大渴，头痛身痛，四肢酸痹为重症。

（四）危症：多核焮红，随时增长，热渴痛痹，疔疮（起泡或白或黑，破流黄水，或突起如奶头），及□（黑片如云），疹（红粒如麻），衄（鼻牙舌出血），咯（咯痰带血）谵语、癫狂，腹痛腹胀（稍痛不必甚），大便结，熟结旁流（有粪汁粪渣勿误为泻）皆危症。若服药后嗽（咳嗽出瘀块），下（大便下瘀），妇女非月信来血，系毒外出佳兆也，不在此例。

（五）至危症：或陡见热、渴、痛、痹，四症；或初恶寒，旋见四症。未见结核及舌黑起刺，循衣摹床，手足摆舞，脉厥（无脉可按），体厥（身冷），与疫症盛时，忽手足抽搐，不省人事，面身红赤，不见结核，感毒最盛；坏人至速，皆至危症。

作者按罗氏之所谓危症与至危症两种，即肺炎性之鼠疫与血毒性之鼠疫；又罗氏之所谓轻症者，或系假性鼠疫，但在疫区中发现时，仍应注意。

二、医治之方法

罗氏对鼠疫之医治，分为急救与善后两步，急救以驱毒为主，善后为补养病时之损耗；又于急救之中，有内服方剂与外用方剂，以收内外夹攻标本兼顾之效，可谓极其能事矣。兹分述其治法如次：

甲、急救医法

A 内服方剂

罗氏对内服汤药，极为重视，原方出自王勋臣先生之医林改错，名曰活血解毒汤；吴存甫先生首用之以治鼠疫见效，罗氏继吴氏之后，就原方枳壳一味代以厚朴，其他轻重之数，亦略有加减，如连翘改重而柴胡改轻也。罗氏对方之加减方法及症之应变情形，述之尤详。兹录其方如左：

桃仁（去皮尖打碎）八钱，红花（另用开水泡之去渣和药服）五钱，连翘三钱，赤芍三钱，生地五钱，柴胡二钱，葛根二钱，归身钱半，甘草二钱，厚朴（后下）一钱。

以上共十味。红花以西藏产者最佳,若无藏品,以普通品八钱代之。

按症有轻重,服药之分量,自应不同。兹附其规定之服法如次:

(一)轻症:上午八时服一次,或下午六时又服一次,一日一剂或二剂。

(二)稍重症:上午八时服一次,下午四时服一次,下午十二时服一次,一日二剂至三剂。但须照原方另加银花竹叶各二钱;如微渴微汗,加石膏五钱,知母三钱。据罗氏经验,以上二症,少则二三剂可愈,多则六七剂可愈;惟未愈不妨再服,以愈为度。

(三)重症:照稍重症方,上午八时服双剂,下午四时服双剂,下午十二时服双剂,一日四剂至六剂。

(四)危症与至危症:初起恶寒,照重症方,上午八时服双剂,午十二时服双剂,下午四时双剂,九时双剂,次晨一时双剂;一日八剂至十剂。病若至七日仍不解,治法须兼滋阴,即照原方另加元参六钱;又症见大热大渴,舌黑起刺,腹胀腹痛,大便结而谵语,热结旁流,体厥脉厥,六症之一,皆宜兼进下剂,必须大泻而后已。若症见小便闭而谵语,则须加车前木通各二钱,羚羊角犀角各钱半,至小便利热退清为度。此危症至危症治法之大纲也。详细应变方法,另详加减原则。

(五)小孩服量:小孩服量,皆宜减半,五六岁者一剂同煎,分二次服;重危之症,作一次服。

(六)妇女服量:妇女同治。惟孕妇加黄芩桑寄生各三钱以安胎,初起即宜急服,热甚尤宜急追,因热久必堕胎也。若疑桃仁红花堕胎,可改用紫草茸、紫背、天葵各三钱。

作者按廿八年永春某先生之刊送本,所载药量与罗氏原方,颇有出入,似较妥善;并录如次:孕妇减轻桃仁红花各用二钱,加用黄芩一两,桑寄生二两为底。产后满月,照常人治法;未满月难治,不可进温补。

(七)老弱服量:老弱急追时只可用单剂,日夜惟二服,若加石膏大黄均须减半。

加减药方原则:各人体质不同,季候不同,所有病象,自不能一致。兹综合罗氏各症治法及参考二十八年永春某先生之刊送本,汇编加减药方原则

如次：（不论轻症危症均准此）

（一）病后三日内，服本方后若热不减而致神昏谵语者，须加清宫汤，即加玄参心麦冬（不去心）各三钱，丹竹叶心（如无用普通竹叶心亦可）羚羊角犀角各二钱，莲子心五分（如无不用），并加西藏红花钱半。若见癫狂，照本方双剂合服，加重白虎并竹叶心羚羊角犀角西藏红花各三钱，皆日夜三服，以退为度。

（二）病后三日内若见舌苔微黄，外微热而内烦恼懊忱者，宜加元参沙栀子黄芩各三钱，或并加淡豆豉二钱；日夜三服，皆以愈为度。

（三）病后三日，若核愈肿大，面目红赤，舌苔老黄，午后热甚，若兼见渴，强健者加重白虎汤，即石膏一两知母五钱也，设脉浮而促，则加减味竹叶石膏汤，即竹叶五钱，石膏八钱，麦冬六钱，本方甘草改三钱是也。此二症若能加羚羊角犀角西藏红花各钱半更妥，或加栀子黄芩各三钱亦可。皆宜日夜连三服，未愈再照服，以热退为度。

（四）病后三日，热退未清，忽恶寒，旋大热，是谓战汗，汗透热解。若人虚汗出未透，致热未清者，宜加增液汤，以助其液，汗出自透；即加玄参一两，麦冬与本方生地各八钱是也。日夜二服。余热未退，小便闭而谵语者，加车前木通各二钱，羚羊角犀角各钱半，日夜二服，以小便利，热退清为度。设热退清，间有谵语者，则无妨；只须加淡竹叶心各钱半，每日一服数服，即可愈矣。

（五）病后一星期，症如未减，宜兼滋阴：即本方加元参三钱。若前失治，仍热渴不退，人属强壮，可重加白虎汤（见上），日夜三服，以热退为度。若见腹胀腹痛，便结旁流等症，人属强壮者，可重加大承气汤，即大黄少七钱多一两，朴硝少三钱多五钱，枳实合本方川朴各二钱，一二服，以下为度。若仍有微热，独见燥结，可加增液汤（方见前）以润之，日夜二服；仍不下可加小承气汤，即加大黄五钱，川朴枳实各一钱；一服不下，不妨再服，以下为度。

（六）病后二三日，如即见腹胀腹痛结旁流等症，且舌色金黄，痰涎壅甚者，人壮脉实，则宜本药用双剂；重加白虎承气（二方见前），及小陷胸汤，即半夏括蒌根各三钱及黄连二钱，惟半夏须减半，日夜连二服，以病退为度。

若仍加犀角羚羊角西藏红花各三钱更佳。

（七）服本方后如诸症俱无，惟核未消，余时不热，独见子午潮热者，本方除柴葛改用大干生地，余药照旧，加元参五钱，日夜二服，约三四服，热可清除。

（八）若服药即吐，是病毒攻入胃藏，宜取丹竹茹三钱（如无即用□竹），湿盐轻搓，洗煎先服，则服药可以不吐矣。

（九）若见舌绛而干，反不渴者，宜加清宫汤；即加犀角元参麦冬银花各三钱，丹参二钱，合本方连翘生地是也。并加西藏红花钱半，日夜连三服，未愈再照服。

（十）若见大热大渴，舌黑起刺，兼见腹胀腹痛，因便结而谵语、旁流、体厥、脉厥六症之一者，危在旦夕，急宜下之。故人属强壮，脉沉数而有力，或沉小而质，宜用双剂，加大承气汤（见前），能并加羚羊角红花各二钱更佳，一服不下，不妨双剂照加再服，以下为度。据罗氏经验云，用此重方，未见有直泻者，不过大便稍利耳。亦并未见有连来二次者，如虑多泻，可备老咸王瓜（福州呼菜瓜泉州呼香瓜）皮煮粥以待，再泻食之可止，下后热仍不退，痛胀结流四症见一，仍宜再下，药用单剂加大黄五钱朴硝□钱川朴钱半接服；若下，热必自解。下后仍有微热。问有谵语，加羚羊犀角红花各一钱，日夜二服，以热清为度。若无热仍有谵语，本方柴葛减半，加元参麦冬各二钱，淡竹叶竹叶心各一钱，日夜二服可矣。

（十一）若见口燥舌干，齿黑唇裂，不甚热渴，脉见虚大者，本方除紫葛，加一甲复□汤，即本方生地改用大干生地六钱，甘草改用炙草六钱，赤芍改用白芍六钱，余药照旧；并加麦冬（不去心）五钱，阿胶芝麻仁各三钱。如液仍不复，可并加调胃承气汤以和之，即加大黄三钱，朴硝五钱，合本方甘草二钱是也，日夜二服，以液生为度。

（十二）见衄血咯血等症，加犀角地黄汤，即加犀角丹皮各三钱，本方生地改一两，赤芍如旧是也；并加西藏红花钱半，日夜连三服，未愈照再服。

（十三）见癍加化癍汤，即白虎汤（见前）加元参三钱犀角二钱是也。见疹加银翘散，即加银花牛蒡子各三钱，竹叶大青叶丹皮各二钱。合本方连翘甘草是也。此二症多见于大热后,当大热时见,宜日夜三服;微热时见,日夜二服(余情接见 2)。

(十四)见疗疮时加紫花地丁三钱。

(十五)小便不利时,加车前草三钱,痰多加贝母三钱,病者体力若甚虚弱,只可加生芪一二钱,但此症最忌温补。

(十六)不得已时用紫草茸三钱,或苏木三钱,以代红花五钱,又可用淡竹叶,竹叶心各二钱以代羚羊角与犀角各一钱。但代用品效能自差。

作者按以上十六条多适用于急症或至危症,其药石虽不免嫌过于峻厉,但在万死一生之中,与其坐而待毙,亦惟姑试之而已。

B 外用方剂——即用以敷核者

罗氏原书戴有五方,永春某先生之刊送本另载有二方,并列如左:

(一)经验涂核涂疗疮方:

口米朱砂五钱,木鳖仁八钱,雄黄五钱,大黄五钱,冰片二钱,蟾酥二钱,紫花地丁五钱,山茨茹八钱,(切忌麝香,涂必暴肿),以上八味,共为细末,调茶油频涂,清茶亦可。清末琼州鲍游府用此方各味等分调如意油,频涂甚效。须先四面用轻针刺核。

(二)专用木鳖仁一味研末调醋频涂。

(三)经验敷药方:

羊不挨嚷(三敛者佳,土人种作园篱,有微刺,多白汁,去皮取酿泉州呼为火巷刺待骨刺)酒糟、生盐,三味同挝,频敷。

(四)天仙子研末调醋,厚敷,频涂药,日易五六次。

(五)木芙蓉花(无花用叶)指甲花(无花用叶泉州呼金凤花)红花(家种的)马齿苋同挝频敷。

(六)大浮萍(俗名蒲荞,生在池沼中,必要大者方合,若细的不可用)白菊花叶(必要白菊之叶者佳)如意花叶(去梗用叶)以上三味要鲜的方合用,各用八钱入黄糖少些,共捣烂,再加正冰片五钱,和匀厚敷于恶核上,每隔一小时许换一次,立见清凉止痛。

(七)用小刀挑破核皮,以一蜞(俗名湖蜞)入于小竹竿内,将湖蜞之口,向正核口处,吸尽毒血,吃饱再换一蜞,要吃尽方止。

再用生鸦片烟五钱,正熊胆二钱,入清水两余,用磁盆载住,隔水炖化后,大入梅片三五分,频搽,亦能止痛解毒。

C 针灸法

罗氏云,此症切忌用艾火,故不主张用灸法,但可用针,兹介绍其验法三则如次:

(一) 当疫盛行时,若人忽手足抽搐,不省人事,面目周身皆赤,此为鼠疫之急症,急用大针刺两手足拗处,约半分深,捻出毒血,其人必醒。或用生姜十余两,捣烂,手巾包裹,蘸热酒周身重擦,自上而下,亦醒。或拈痧,或刮痧亦可醒。醒后即照原方连服二三剂,若见结核发热,照上法治。

(二) 症见疔疮色黑者,可用针围刺,刮出毒血,外药粉频涂,以拔疔毒。

(三) 幼小不能服药,用针刺结核三四刺,以如意油调药末,(方见外用方剂(一))日夜频涂十余次,亦可愈。

作者按:(一)种之症状,当系电击性之鼠疫,(Blitsatige Pest),其危险之状态,恐亦唯有针法可以救之。

乙、复病治法

罗氏云,本症最易反复,因其反复之原因,有下列各治法:

(一) 自复谓有微热未清而复,或有微热方清而复,是因余毒未清也。治法查所复何症,照方按症加药,以清余毒,自可获愈。

(二) 食复谓瘥后有因饱食而复,或厚味而复,以食阻滞之故。治法,轻则捐谷自愈,重则消导方痊,加神糯山查麦芽以去滞,自可获愈。

(三) 劳复谓有因梳洗沐浴,多言妄动而复也。治法:脉和症轻者,静养可愈;脉虚症重者,调补血气方愈。勿用寒剂,若因服参桂而复者,急服绿豆山查汤以解之,用清补滋润药以调之。以上各症,有核无热,照方酌减服。

作者按,近代医学各书,咸谓此症染一次者,有终身免疫性,惟罗氏之所谓复,乃病后失调而现其余波耳,故贵在调养。

丙、善后方剂

在急救中,为欲速解病毒,所投药石,不免峻厉,故愈后,人体必见衰弱,

自应善为调养,俾早复原。但仍不可遽进温补,罗氏并拟有善后原则及方二剂如次:

(一)病初愈不可遽进温补。唯病人体质如素来虚寒,愈后即回复本质者,仍须待见有虚寒症候者,然后用补。但亦宜温滋二补并进,(原文阴阳两补,改作温滋较妥)勿递进温补或峻补,贻害也。

(二)愈后六七日如不大便者,宜用六成汤:

当归钱半,生地五钱,白芍一钱,天冬一钱,麦冬一钱,元参五钱,二服,大便自易。

(三)愈后手足微有浮肿,用补血汤:

生芪八钱,当归四钱,(原方芪一两,当归二钱,罗氏改用似较相配)。

丁、本症禁忌

本症禁忌,据罗氏经验,忌食米饭或粥,宜吃山薯绿豆汤等,药石方面忌温补剂及人参等、作者见解,并不甚赞同,但仍志之。

三、医理的检讨

依近代医学上之论据,已证实鼠疫之传染,系由一种甚短之杆状鼠疫菌,(染色时,两端较深)直接从皮肤之创伤处,或由跳蚤为媒介,啮刺皮肤,而传播血液,(此外有取道于眼之结膜,口鼻之粘膜而侵入者;亦有以空气为介,乘呼吸时侵入肺中者,遂生成肺炎性鼠疫)惟人体之淋巴腺(Lymph gland)本具有扑灭外界毒菌侵入之效能,在心脏外围建立若干防线,如股核、鼠蹊核、腋窝核、颈核等,用以阻止毒菌向心脏推进也。当毒菌经过淋巴腺时,淋巴腺即将其扣留,甚者淋巴腺自身即起发炎反应,发炎之结果,即生涨大之现象,此即腺肿性鼠疫发生之原因也。又因下肢之肌肤,最易被跳蚤所啮吮,故腺肿性鼠疫之征象,尤以两腿间之鼠蹊核肿大为最常见。虽然毒菌之生殖力大者,恒能越过各道淋巴腺而向心脏进攻,所以,染鼠疫者,心脏恒感衰弱,终有因麻痹而致于死亡。又因淋巴液白血球等与疫菌互扑的结果,遂使一部之血液化脓,或成败血,此种多量脓液或败血,若一时无法消除,仍停留于体内,不免引起自身中毒之现象,即所谓瘀血或恶血也。据病理家将鼠疫死者尸体之解剖,发现尸体之外面,多现青黑斑点,其皮肤下积瘀血甚多,以致浑身青紫,故有黑死病之称。剖验时,觉其筋肉拘挛强硬,如霍乱病之尸,间有热度尚高者,其尸体甚易腐烂,脑腔、脏腑、脑房、脑膜各处,咸有瘀血积满;淋巴腺受毒最深,肿涨之淋巴核,其周围组织,咸有血水渗出,核中藏有无数之鼠疫菌;检其血液,则见血球增多,白血球尤多,脾脏肿大,肾脏皮肤亦有呈脂肪变性者,肝脏亦多肿大而充血等现象。由此益可证明瘀血之滞积,亦为致死之主要因素。盖罗氏医治之原则,即以活血去瘀清热强心为主旨。罗氏在其著作——《鼠疫汇编》中,一再发扬其去瘀之理论,与近代医学界所发明者,颇可吻合。可惜罗氏谓"瘀从大便而下",恐系罗氏想象之辞,非其目击,故不免令人费解也。

四、药理的检讨

按罗氏方剂中最主要之活血解毒汤共十味(原方见前),其分配要旨:以红花与桃仁去瘀,当归活血,柴胡葛根与连翘解热,生地强心补血,厚朴消食健胃,赤芍兼去瘀平肝和胃及利尿各作用,再附以甘草为矫味剂,可称完备矣。兹因限于篇幅,仅将此十味之药理及成分,作扼要之叙述,以供临床医师之参考。

1. 红花(又称红兰花黄兰花或红蓝花等)

(一)效能:

李时珍——本草纲目:活血润燥,止痛散肿通经。

朱震亨——本草衍义:多用破留血,少用养血。

内藤尚贤——古方药名考:红蓝润渴,止痛行血。

小泉荣次郎——和汉药考:入肝经而破瘀血,活血、润燥、消肿、止痛、治经闭、便难、血晕、口噤、胎死腹中、痘疮、血热有毒,又能入心经,生新血。又红花流散血滞,是第一功效,故瘀血必用之。

高濑丰吉——植物成分之研究:红花阴干煎服,去恶血为补血剂用妇科通经药。

(二)成分:

高濑丰吉:花含黄色色素 Saflorgelb $C_{24}H_{30}O_{15}$

(注 1)及红花色色素 Carthamin $C_{21}H_{22}O_{10}$(注 2,3,4)

小泉荣次郎：红花含有之成分随产地种类及栽植法等之不同而稍有出入，但平均数：水分 7.3％，Carthami cacid $C_{14}H_{15}O_7$ 0.41％，黄色素及硫酸盐 30.63％，蛋白质 8.76％，浸出物 4.89％，木纤维 48.12％，氧化铁及矾土 0.87％，氧化锰 0.2％。

注 1. Malin，Annd. chem，136，155(1863)。

注 2. 龟高德平，化学什志 29，1202(明治三年)

注 3. 龟高德平及 A. G. Perkin 化学什志 31，1777(明治四十二年)

注 4. 黑田化学什志 51，237，256(昭和五年)

(3) 气味辛温无毒。

(4) 禁忌：孕妇忌，无瘀血者亦忌。

2. 桃仁

(一) 效能：

神农——本草经：主治瘀血、血闭、症瘕、邪气、杀小虫。

小泉荣次郎：治热入血室、血燥、血痞、损伤、积血、血痢、经闭、咳逆、上气、皮肤血热、燥痒、畜血发热如狂。

高濑丰吉：煎服用作镇咳药及月经不调。

(二) 成分：

高濑丰吉：白桃花含 Kampferol，(注 1，2)叶含 Nitrilglycosid(注 3)种子(即桃仁)含 Amygdalin(注 A)(注 4)叶含 Naringenin $C_{15}H_{12}O_5$(注 B)(注 5)

注 A：$C_{20}H_{27}O_{11}N$

熔点 214—16. C 溶于水，乙醇，但不溶于乙醚

注 B：HOCO

由乙醇水溶液中得到针状结晶

注 1. 刈米达夫、高田仁一、吉田芳信：药学什志 49，93(昭和四年)

注 2. 阿部滕马及高比良英雄：日本之医界 11，No. 4(大正十年)

注 3. 城龙吉：药学什志 28，228(明治四十二年)

注 4. 井贯耕平：日本药物学什志 4，406(昭和二年)

注 5.筱田淳三及上枝试一:药学什志 49,575(昭和二年)

(三)气味苦甘,平无毒。

3. 当归(又作干归)

(一)效能

李时珍:治头痛心腹诸病,润肠胃筋骨皮肤,治痈疽,排脓止痛,和血补血。

小泉荣次郎:治虚劳、寒热、咳逆上气,及妇人诸不足,一切血症,阴虚而阳无所附者,润肠胃,泽皮肤,养血生肌。

高濑丰吉:根煎服有镇静作用,及行血通经作用,治妇科各病。

(二)成分

高濑丰吉:根存香气的含精油 0.2%详细成分未明(注 1),当归油对大脑之镇静及延髓中枢,初时兴奋,继续麻痹。(注 2)

小泉荣次郎:但知其中含有多量蔗糖,其余尚未详悉。

赵橘黄——现代本草生药学:根之有效成分为精油约 0.2%,具当归固有之气味,并含有比重 0.955(15℃)之游离酸 40%,非酸性物质 60%,惟尚未精查。

注 1.及 2.酒井和太郎,东京医学会什志 49,584(昭和三年)50,3,22,716(昭和四年)

(三)气味苦温无毒

(四)禁忌:忌兰茹,湿面,畏葛蒲海藻生姜,制雄黄。

4. 柴胡(古作茈胡,别名茹草、芸蒿、山菜、地熏)

(一)效能

汪昂——本草备要:柴胡治伤寒、邪热、痰热、结实、虚劳肌热,散十二经疮疽血凝气聚,功同连翘。

赵橘黄:柴胡退热作用显著。近藤氏曾将柴胡与其他七种汉方解热剂,制成煎剂(20∶100),使发热之家兔内服,凡体重一公斤者,给以 25cc,以柴胡为最有效,经 1—1.5 小时,体温下降,保持常温以下,嗣后再徐徐上升。

高濑丰吉:柴胡之根,用为解热热剂。又能阻止疟原虫之发育并扑灭之。其他用为祛痰剂及利尿剂。

（二）成分

高濑丰吉：柴胡很含有石碱素（Saponin）（注 1.）及脂肪油，脂肪油之主要成分以 Linolsaure-glycerid（注 A）（注 2.）与 Phytostol $C_{30}H_{48}O_2$ 为主，其茎叶中，含有 Rutin $C_{27}H_{30}O_{16}$（注 B）（注 3）

注 A：$(CH_3(CH_2)4℃H—CH—CH_2—CH—(CH_2)7COO)C_3H_5$，此物亦常存在于亚麻仁棉花子及其他植物油中。

注 B.

此物质为黄色针状结品，含 $2H_2O$ 或 H_2O，溶解于热乙醇，不溶于乙醚、迷蒙精、苯或二硫化碳等溶剂，与三氯化铁生成深绿色反应，烟叶中亦含有此物质。

注 1.惠泽贞次郎：台湾总督府中央研究所报告 5,179（大正五年）

注 2.荒木忠郎及宫下好雄：台湾医学什志 296（昭和四年）

注 3.J. Rabale，Bull，SOC，Chimbiol 12,974(1930)

（三）气味：苦平无毒

（四）禁忌：表散之力甚强，老年人及体弱者不可多用。

5. 葛根（别名葛藤根、鹿藿、黄芹）

（一）效能

陶弘景——名医别录：疗伤寒、中风、头痛；解肌、发表、出汗、开腠理、疗金疮、止胁风痛。

赵橘黄：葛根古方为发汗解热之要药，又用于热性病之患者，治口渴呕气及去头痛。

高濑丰吉：葛根用发汗解热药，在热性病可用以解除头痛呕吐及口渴等。

（二）成分

高濑丰吉：根含多量淀粉，叶含 Adenine（注 A）Asparagin（注 B）（龙须菜素）Glutaminsäure（注 C）（注 1。）及 Kampfierolglucosid（注 D）（注 2.）

注 A：其构造式为：

$C_5N_5H_5$ 360—368℃（分解）为（HCN）之集合体，茶叶中亦含有之。

注 B：在萝卜根及荳类之种子中均有之，其构造式如后：

$$NH_2—CHCOOH$$
$$|　　　　　+H_2O$$
$$CH_2CONH_2$$

注 C　$CH_2 \Big\langle \begin{matrix} CH(NH_2)COOH \\ CH_2COOH \end{matrix}$

注 D：Kampferol：$(HO)_{2(1,3)}C_6H_2(C_3O_2(OH)C_6H_4OH)$

注 1. 佐佐木林治郎：农艺化学会志 3,1283,（昭和二年）

注 2. 太平敏彦：农艺化学会志 9,337 昭和八年

（三）气味：甘辛平无毒

6. 连翘（别名大翘、三廉、连异翘、旱莲子、兰华）

（一）效能

神农本经：治寒热、鼠瘘、瘰疬、痈肿、恶疮、瘿瘤、结热、蛊毒。

朱震亨：泻心火、除脾胃湿热、治中部血证以为使。

高濑丰吉：连翘之果实，煎服治淋病、疥癣、瘰疬、疡疮。

（二）成分

高濑丰吉：叶含 Phylirin $C_{39}H_{48}O_{16}$ 及苷质（Glgcosid）（注 1）种子含石碱素（Saponin）（注 2.）

注 1. Eijkman Rec. Trav. Chim. Pays-Bas,5127(1866)

注 2. Greaholf Kew,Bullt 397(1909)

（三）气味苦平无毒

7. 生地（即生地黄）

（一）效能

大明——日华诸家本草：助心胆气、强筋骨、长志、安魂、定魄、治惊……劳劣、心肺损、吐血、鼻衄、妇人崩中血运。

小泉荣次郎：地黄用作通经及强壮药。

高濑丰吉：地黄之根茎为补血剂，用治结核性衰弱，阴萎及咯血，子宫出血等之止血药。

（二）成分

高瀬丰吉：根含有木蜜醇 Mannit $CH_2OH(CHOH)_4CH_2OH$ 及糖类（注1.）

注1.大谷文昭：日本药医学会四十八回总会讲演（昭和三年）

（三）气味甘寒无毒。

（四）禁忌：忌铜铁，得清酒，麦门冬佳，恶贝母，畏芜荑仁。

8.厚朴（别名烈朴、赤朴、厚皮）

（一）效能

陶弘景：温中益气，消痰下气；疗霍乱及腹痛胀满，胃中冷厥，胸中呕不止；泄痢，淋，露；除惊；去留热，心烦；满厚肠胃。

小泉荣次郎：平胃调中，消痰化食，厚肠胃，行结水，破宿血，杀脏虫，治反胃，呕逆，咳喘，泻利，冷痛，霍乱。

高瀬丰吉：厚朴之皮用治食毒，又食毒兼水毒之胸腹部膨满腹痛等，可作为祛痰及利尿剂。

（二）成分

高瀬丰吉：树皮约含有 5%Magnol $C_{18}H_{18}O_2$（注 A）（注1.）

注 A 按 Magnol 系1929年杉井氏由厚朴中分离而得之新物质，为熔点103℃之棱柱状结晶，含二个酸性羟基之化合物。其诱导体，有 Tetrahydro-magnolol $C_{18}H_{22}O_2$（M. P. 144.5℃柱结晶）及 Isomagnolol $C_{18}H_{18}O_2$（mp，143.5℃针状晶）等。

注1.杉井善雄：药学什志 50,183,（昭和五年）

（三）气味苦温无毒。

（四）禁忌：忌泽泻，硝石，寒水石及黑豆。

9.赤芍（又名木芍药）

（一）效能

陶弘景：通顺血脉，缓中，散恶血，去水气利膀胱大小肠。

小泉荣次郎：赤芍酸寒入肝经血分，通血脉，泻肝火，散恶血，治腹痛，坚积，血痹，瘕疝。

赵橘黄:古方本品为腹痛及胃痉挛等之镇痉药,又有利尿之效,并用于各种妇人病。

高濑丰吉:根煎服治腹痛,肠发炎,下痢,腰痛及一般妇女病。

（二）成分

高濑丰吉:根含安息香酸(Benzosawre $C_6H_5COOH.$)及龙须菜素(Asparagin)（注 A)树脂(少许)及葡萄糖等(注 1.)

注 A 见葛根条注 B

注 1. 朝比奈秦彦及奥野政藏:药学什志 27,1293(明治四十年)

（三）气味:平苦无毒。

（四）禁忌:忌铁。

10. 甘草(别名蜜甘、密草、美草、蕗草、国老)

（一）效能

神农本经:主治五脏六腑寒热邪气,坚筋骨,长肌肉,倍气力,金疮肿解毒,久服轻身延年。

小泉荣次郎:气管枝炎症者,用作缓和及祛痰药。中医以甘草为诸药之君,解金石及草木药毒,且用以调和诸药。

高濑丰吉:甘草为缓下矫味剂及丸剂之赋形药,有镇咳之效。

（二）成分

赵橘黄:甘草之成分含有甘草糖(Glycyrrhizin)（注 A)（注 1.),碳水化合物(Carbonhydrate)即粗糖(Cane Sugar)龙须菜素(Aparagin)木蜜醇(Mannit)（注 B),脂肪,树脂,色素,苦味质(Bitterstoff;Bittersubstance),柔质,蛋白质,铵盐,植物纤维素,浸膏质等。甘草根中所含之甜味,系从甘草糖葡萄糖及木蜜醇三者而来。

注 A 甘草糖在原植物中,昔人以为铵盐,近人证明为钾盐及钙盐,而甘草糖之化学式有 $C_{44}H_{64}O_{19}=C_{11}H_{55}O_7(OH)_6(COOH)_3$ 之组成,遇酸生干酪状沉淀,与稀酸共同煮沸,则分解为一分子之 Acid Glycyrrhetin $C_{32}H_{48}O_7$ 共二分子之 acid Glucuron $C_6H_{10}O_7$

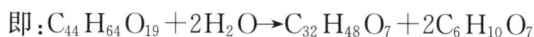

即: $C_{44}H_{64}O_{19}+2H_2O \rightarrow C_{32}H_{48}O_7+2C_6H_{10}O_7$

注 1. Robiquet，Ann，d，Chem，72，143（1809）

（三）气味：甘平无毒。

五、结论

作者按罗氏医治腺肿性鼠疫之方法，分内服方剂及敷核外用药两种，以收内外夹攻之效，殊表赞同。其对内服物之主方——活血解毒汤——采去瘀活血强心解热方法，遇体温高剧时则增加清凉泻下药剂，有必要时，益以利尿祛痰之药（详见罗氏加减方原则），且其所选用之药品，均属和平无毒，即不对症，亦无大害，此点尤可贵也。惟因时代之进步，如鼠疫菌性能之明了，及若干更有效可靠之药剂发明，其可以改善罗氏医方之点实有足多。兹就鄙见所及，择其要者胪陈如次：

1. 对外用药改善之意见据近代学者对鼠疫菌之研究，发现鼠疫菌对日光及化学药之抵抗力均甚微弱，如鼠疫菌之附着厚者射以日光，约二小时至七小时，即可扑灭；薄者仅需一小时。又鼠疫菌对升汞（Corrosivesublimate，$HgCl_2$）0.1％溶液，或石炭酸（Carbolicacid C_6H_5OH）5％溶液之抵抗力仅一二分钟；或石灰乳（Milk of lime $Ca(OH)_2$）10％溶液为数分钟，5％溶液者为十分钟；于氯化钙（Calcium Chloride $CaCl_2$）1％溶液，则为五分至三十分钟。基于上面之实验，若改用汞剂，碘剂之软膏为敷核药；或用氯化钙或有机含砒化合物为注射液，似均较罗氏所列之外用方为有效。若就已化脓之淋巴核速施手术切开，用升汞等防腐药液洗涤之，当亦有效。或用紫外线之治疗，似亦可赏用也。

2. 对内服药改善之意见按罗氏之内服汤药，主要者，计分有去瘀活血强心解热通便利尿祛痰等类，已如上述。此各类中为去瘀活血之药剂在西药界中殊不多见，国药中如蜜虫、水蛭、虻虫诸味，有去瘀之性能，似不若红花桃仁之和平；罗方佐以当归，取其兼有补血之功，最合理想；惟牡丹皮（注A），丹参（注B）及牛膝（注C）诸药，尚可赏用，因牛膝兼具利尿及强壮剂之长；但为防止败血与贫血，则如西药界挽近所发明之丙种维生素（Vitamin C）制剂，牛肝制剂，以及含铁含砒之补血品亦均可赏用之。（此数药用于病愈之善后，尤为合宜）次论强心剂；据一九二七年村岛氏研究国药万年青之报告(注 1)谓其泥茎中含有(Rhodein $C_{39}H_{44}O_{10}$)之苷(glycosid)类似毛地黄素(Digitoxin $C_{41}H_{64}O_{13}$)(注 D)具强心兼利尿作用,此药可以试用。此外如加啡精(Caffeine $C_8H_{10}O_2N_4$)制剂(兼有利尿作用),樟脑(Camphor $C_{10}H_{16}O$)制剂,以及毛地黄叶浸(Infusdigitals)(兼有利尿作用)等,性质和平,效能可靠,不论内服药及注射液,坊间皆有成品,尤可赏用也。再次论解热剂:如照罗方之柴胡与葛根用并,嫌其表散之力太剧,则减去一味,亦无不可。若以土葛根代粉葛根,则效力尤宏;或赏用葛花、艾根、菁蒿、洋菊叶诸味药品,虽比较和平,惜退热力量亦较弱耳。惟化学品之"Antipyrium"(注 E)与 Pyramidonm(注 F)等功效准确,不论内服或注射均感利便,遇必要时殆不能避用也。此外论泻剂;罗氏多采用大黄(注 G),因其效能宏大,但无须峻下时,改用洋泻叶或芦荟(注 H),亦有奇效,因后者为缓下剂,而前者则介乎峻缓之间(通常亦列作峻下剂)。最后论祛痰剂:罗方多用贝母,此物川产为佳,现则价格高贵,实际上桔梗(注 I)与远志(注 J)均具有可靠祛痰之效能,即浙江产之浙贝,或碙砂(即 NH_4Cl 之粗制品)亦可代用。总之际兹抗战严重期中,运输困难,外药来源不易,为医者须审察当地药商情况,变通活用,不宜固执原方也。

注 A 高濑丰吉:牡丹皮成分含有 Pacnol $C_9H_{10}O_3$,在新鲜植物体中乃成苷(配糖体)而存在之。此苷受牡丹皮中酵素之作用,始分解为 Paenol 与葡萄糖。其他含有安息香酸(C_6H_5COOH)及 Phytosterin。

注 B. 高濑丰吉:丹参之根含有 Scutellarin $C_{21}H_{18}O_{12}H_{20}$之配糖体。

注 C. 高濑丰吉:牛膝具有利尿强壮之效能,治外产后腹痛腰痛及月经不顺,淋疾,痈肿等有效。惟其成分尚未精查。

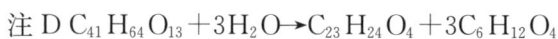

注 D $C_{41}H_{64}O_{13}+3H_2O \rightarrow C_{23}H_{24}O_4+3C_6H_{12}O_4$

(Digitoxin)(Digitoxigenin)(Digitoxose)

Digitoxigenin 之构造式为:(此处构造式省略)

Digitoxose 之构造式为:(此处构造式省略)

注 E:(此处构造式省略)

注 F:(此处构造式省略)

注 G 赵橘黄:国产药用大黄之有效成分为 Rheoanthraglycosid,乃一种苷类,受加水分解,而生葡萄糖及左列各种 Anthrachinon Diphenglenketon $C_6H_4\underset{CO}{\overset{CO}{\diamondsuit}}C_6H_4$ 之诱导体。

(1) 大黄酸 Acid Chrysophanic(Chrysophansaure 即 Dihydroxymethyl-anthrachinon)$C_{14}H_5O_2(OH)_2CH_3$

(2) 大黄甘 Rheocmodin(Trihydroxymethylanthrachinon)$C_{14}H_4O_2(OH)_3CH_3$ 及 Isoemodin

(3) Rhein(Dioxycarboxyanthrachinon)$C_{14}H_5O_2(OH)_2COOH$

(4) Rheochrysodin(Emodinmoncomethylether)$C_{14}H_4O_2(OH)_2CH_3OCH_3$

(5) Rheochrysin(Trioxymethylanthrachinonmethoxyd)

以上五种约含 10% 皆有泻下之作用(其余无泻下作用之成分删略去)

注 H 高濑丰吉:芦荟用小量为强壮药,治消化不良,慢性胃发炎,又为缓下剂,治常习便秘;但用大量则为峻下剂。又佐以铁剂可治贫血。此药凡痔疾,生殖器炎症出血,月经或妊娠期中均忌之。叶之主要成分含有 Anthrachinonglycosid。

注 I 高濑丰吉:桔梗之根用为祛痰剂,含 Kikyosaponin 加水分解后生成 Galactose 及 Sapogenin

注 J 高濑丰吉:远志之根用为祛痰剂,含 Saponin, Polygalit(15-Anhydromannit)树脂及结晶性之 Onsicin $C_{24}H_{47}O_5$ 等

注 L 村岛泰一:TohokuJourn. exp. Med 8,405(1927)

卅一年四月草于永安

(《新福建》第 2 卷第 1 期,1942 年 8 月 10 日,第 45—56 页)

预防鼠疫常识

(1942 年 11 月 15 日)

军政部战时卫生人员训练所编

一、鼠疫怎么来的?

二、鼠疫的病状是怎样?

　　三、鼠疫应当怎样预防？

　　四、鼠疫发现了应当怎么办？

一、鼠疫怎么来的？

　　鼠疫本来是老鼠的毛病，老鼠得了这种病也很快的死亡，并且从一个老鼠能把病传到其他老鼠，所以在鼠疫流行的地方往往常看见死的老鼠很多，人怎么会得这个毛病呢？因为老鼠身上带的跳蚤能够把鼠疫传染到人身上来，平常的老鼠身上带有跳蚤，当老鼠患鼠疫毛病的时候，跳蚤就吃了他能传染鼠疫的血，后来这个老鼠死了之后，这跳蚤就离开了死鼠，跳到人身上吃人血，于是把鼠疫就传染到这个人了。

二、鼠疫的病状是怎样？

　　患鼠疫毛病的人有怎么病状呢？鼠疫有两种，一种叫"腺鼠疫"，一种叫"肺鼠疫"，他们的病状是不同的，得腺鼠疫的人他的大腿窝或者是腋窝或者是脖子里有肿大的一块好像鸽蛋或果子核那么大并且碰上去很疼痛，同时他发烧很高，还觉得头痛头晕浑身疲乏，跟着就昏睡，这种病人倘不赶快给他治疗，重的一二天就死去，轻也很少能自己复原。

　　肺鼠疫比腺鼠疫更加厉害，十患九死非常危险，害这种病的人开始就发高烧或打寒战，胸脯发痛，咳嗽的时候痛得更厉害，呼吸很快而短促，咳嗽出来的痰很凝，里面常带血，脉膊非常之快，全身疲弱不堪，神志昏迷不清，过了一周时就有生命的危险，这种病人非但全身万分危险，并且很容易在咳嗽的时候把病传染给别人。

三、鼠疫应当怎样预防？

军队里要预防鼠疫：

　　第一要避免军队在鼠疫流动的区域里驻扎，如果没有军事上的必要，那么最好不要驻在闹鼠疫的城市里面，可能的时候要在离城二三十里地以外的市、乡、镇里驻扎，并且要严令官佐士兵一概不准走进这个有鼠疫流行的城市里面，假若在驻防的城市里面发现了鼠疫，那么最好马上把军队迁移到别的地方去。

　　第二要每官兵打鼠疫预防针，鼠疫预防针最好在军队没有开到鼠疫区域一二个月以前打完。

第三要防灭老鼠,老鼠是人类鼠疫的来源,所以鼠疫愈少,人得鼠疫的机会也愈少,老鼠与人离开得愈远,人得鼠疫的机会也愈少,这是很明显的事实,所以在营舍里,我们要设法不给老鼠机会接近我们筑巢穴,不给他们机会藏匿在营房和居屋的里面,同时要用种种方法捕杀老鼠。

防灭老鼠的办法有几种:

第一要把米谷和其他食物好好的保藏,因为他们是引诱老鼠的好东西,找不到东西吃的房子里面,老鼠不常进来,普通粮食的仓库老鼠特别的多,所以要格外注意,米粮要好好的储在瓦缸或坚固有盖的木质箱柜里面。

第二一切可以供给老鼠做食品的废弃的食物,垃圾都要澈底毁灭,在没有毁灭以前要倒在有盖的垃圾箱里,免得老鼠偷吃,毁灭的方法最好用火烧去,普通厨房里老鼠最多,是因为牠在厨房里觅得东西吃的机会很多,所以对于厨房和厨房的附近要特别注意到这一点,有些人用食物喂养老鼠,以为老鼠能带好运来,这种迷信千万不可相信他,捕杀老鼠也要同时举行,捕鼠的方法可以用捕鼠笼或老鼠夹或养猫。用捕鼠笼或老鼠夹成功的秘诀有二:一是用的诱饵,要对老鼠的口味并且常常换样;二是捕杀过的老鼠笼夹要洗干净并且用火熏过,然后再用,否则后来的老鼠嗅到了血腥就不再来上当了,还有鼠穴可用石灰和碎石混合起来堵塞他。

第四要防灭跳蚤,跳蚤能把鼠疫从老鼠身上传染到人身上来,所以防灭跳蚤也很重要,跳蚤除在老鼠身上和老鼠穴里生长繁殖以外,也常能在屋子里面的地上繁殖,最简单的防灭跳蚤方法是第一要把屋子里地面上的灰尘垃圾常常打扫干净并且用火烧灭,第二常用热肥皂水或热石灰水喷洒地面,总之倘使一切居屋的里面和他的附近能够保持清洁整齐,那么老鼠和跳蚤都可以减少很多,因之鼠疫传染的机会也可以减少很多。

四、鼠疫发现了应当怎样办?

鼠疫的厉害上面已经说过,所以发现了和上面所说的那样病状的人,应当依照下面的程序切实去办:

甲、及早治疗:快找医官或送医院去诊治,要救他的命非及早治疗不可。

乙、严密隔离:腺鼠疫病人对他人的危险是因为他的身上带有能传染鼠疫的跳蚤,如果这种跳蚤跳上他人的身上他也有得鼠疫的危险,所以应当把病人马上送到医院里去隔离,如果一时不能把他送到医院里去,最低限度也要把他搬到别的一间屋子里,使旁人完全不能和他接近,只许服侍他的人进去,服侍他的人也不要常留在这屋子里,并且在屋子里的时候,最好要穿隔离衣,否则可以洋樟脑粉散在外衣上面,可以驱蚤,如果病人患的是肺鼠疫,服侍他的人还必须戴上口罩,千万不可马虎的。

丙、报告:发现了鼠疫以后应当即刻报告主管长官和当地卫生机关,并且电报军医署。

丁、消毒和埋葬:在病期里病人所用的一切东西,不许别人使用,如果必须要拿出来使用时,一定要先把他煮沸十分钟或者用开水烫过,倘使病人病故了,必须马上入殓,切勿延误,他用的东西最好烧掉,否则也要澈底消毒。

戊、上面所说的怎样预防鼠疫各项工作,应当更加努力去办,那么鼠疫病的传染当可减少。

己、还要努力宣传防治鼠疫的办法,使得每个官兵都晓得鼠疫的厉害,并且要切实做到各种防鼠疫的办法,那才可以达到扑灭鼠疫的目的。

(《重庆防毒通讯》第 5 期,1942 年 11 月 15 日,第 2、5、8 页)

《细菌战》与《鼠疫概要》

(1942 年 11 月 15 日)

细菌战陈飞莫著商务印书馆出版　三十一年六月初版定价三角五分

鼠疫概要俞松筠祝绍煌合著商务印书馆出版 三十一年五月初版定价五角

这是两本好书:简单明了。

(一)在细菌战一书内,计分十节,为(1)绪言,(2)什么叫细菌战,(3)细菌战的可能性,(4)细菌概说,(5)细菌战的应用,(6)毒菌应备的条件,(7)几种可用毒菌性能及防御,(十二种)(8)前线遭遇细菌战时的一般防御法,(9) 后方遭遇细菌时的一般防御法,(10) 今后细菌战的趋势。

　　看目次就知是一本很完善的书,但是薄薄的三十页却又讲不了许多,所以内容只是一些浅近的常识,可是材料虽然不多,但是准确而没有错误,这是牠的可贵处。

　　本书的前六节,著者写得很有条理,可惜关于敌用毒菌的资料搜集得还不够多,如能在卫生署与军署方面再得到一些材料,可以格外充实了。

　　第七节是本书的主体,著者顾虑到读者的程度,所以并未将细菌学内专门的材料写上去,但笔者以为如能再就各种细菌的优劣与其可能使用的时机与方法详加论列,可使读者更注意更容易领悟,或者再附一个简明表格,使人一目了然。

　　照目次上看,第八第九第十三节将为一般人士所渴望知道的材料,然而很令人失望,如成立细菌兵部队等殊非现时环境所能办到的事,又如敌用细菌之监视,用细菌后之警报隔离消毒等等,都缺乏具体的意见与办法,未免显得内容贫乏了。

　　(二) 在鼠疫概要一书内,分为十二章,为(1) 定义,(2) 病原,(3) 传染,(4) 流行,(5) 病死率及免疫力,(6) 病理解剖,(7) 症状,(8) 病之持续,(9) 合并症及遗传病,(10) 预后,(11) 诊断,(12) 治疗,(13) 预防及管理,另附灭鼠与灭蚤一章,关于鼠疫的常识可说应有尽有了。

　　因为鼠疫的死亡率很大,几达百分之百,重庆可染鼠疫之鼠及鼠蚤的指数也很高,随时有发生鼠疫的可能,同时敌机在浙江湖南所用细菌,也就是鼠疫菌,所以大家对鼠疫的防范,应当特别注意,因此站在防菌工作立场上讲,这是一本很合理想的参考书。

　　大概因为著者在卫生学工作的缘故,所以各项材料都非常切实,在治疗方面不乏有在浙江湖南一带实地的心得,在灭鼠灭蚤方面也都是后方民众财力物力所允可的方法,这是笔者愿向读者推荐这本书的理由。

　　报载重庆市卫生局拟于冬尽发起一个灭鼠运动,这是当前防范未然的急务,而应由全体民众协助,愿大家先读此书,然后转告一般民众合力完成此灭鼠要考。

（《重庆防毒通讯》第 5 期,1942 年 11 月 15 日,第 3 页）

用虱子来传染伤寒症

（1942 年 12 月）

用虱子来传染伤寒症,除非能把虱子捉在衣服里。这工作叫谁去做呢?即使最优秀的间谍恐怕也不能做到吧! 况且消灭虱子也是很简单的一件事。所以用虱子来传染疾病,又不能当做战争的利器了?

还有一些能动员的最危险的细菌像破伤风、坏疽、炭疽热等。据说凡是创口一染到这些病菌,就会使人患起很利害疾病。不过,这也是我们的幸运,因为到现在为止,我们还不能把它们来应用。第一,因为这种病是不会传染的;第二,用作输送这些病菌的炮弹,本身是能消毒的,因为世界上没有一种细菌能够抵抗炸弹爆发时所发出的那么高的温度。

最后,生物学家们曾提出,也许由细菌所产生的毒物可以应用到战争中去。这种毒物确实是强有力的,譬如像一种腊肠杆菌(bacillus botullinus),所产生的毒物,只要 0.005 毫克就可以使一只豚鼠致死了。一个人大概也只要 1/2 毫克可以置于死地。不论放在食物中吃下去,或者注射入体内,碰在黏液膜或结膜上,都发生同样的效果。只要一匙,便可以毒死一个大都市中全体人民。一只飞机所载的腊肠杆菌毒物,就足以使全世界人民都毒死的。上面的数字看来好像简单,而事实上是很复杂的。制造和运输毒物全不困难,最成问题的倒是如何控制才好。

在第一次世界大战的时候,一共有 100,000,000,000 颗枪弹制成,计算起来,他们可以杀死五十倍于全世界人口的人数,不过我们且看,到现在我们不还是好好的活着吗? 所以病菌的传染,不也是一样吗? 我们不必惧怕将来战争中的人造霍乱,不必过分的恐惧敌人会暗暗地撒下一些毒物来。细菌的毒物也和细菌本身一般的不能耐热,所以它们也不能作为战争的武器的。

从这里我们可以深切的明了细菌战不过是未来的一个幻想吧了! 这种方式不一定能比现在的武器有更大的摧毁力量。终之,我们人类没有一天不在和细菌周旋中，因此我们并无相信它们在战争中一定会给我们什么伤害的理由。果然细菌战会引起许多困难，不过它终比化学战容易对付得多了。

武器的发展和应用既然要看它是否有效而定，那么细菌战的是否应用还是要看它是否有应用的价值，而并不是几个和平论者的情感反应所能决定的。

照目前的情形看来，细菌战还有着许多不能克服的困难在着，所以细菌战大概是不会马上就实现的。

（《科学画报》第9卷第5期，1942年12月，第286页）

鼠疫之防治问题

（1943年2月）

军医学校血清研究所　徐宝瑞

敌人散布鼠疫之消息，传闻已久，惟迄未得确切之证实，最近湘北常德一带发生鼠疫，适在敌机散布布条米谷之后，据陈文贵之报告，显然与敌人之散布有关，政府对此业已有相当之准备，本文则对鼠疫防治问题，摘要叙述以促各方之注意。

传染物之收集

敌人投散之传染物，恒杂以其他之物品，投散之方式以及所杂物品种类极为繁多，故恒难确定一种比较各方面均适宜之搜集方法，兹述一般方法如下：

1. 所有搜集投散物之人员，应事先派定，且应加以训练。

2. 收取敌人之投散物，不宜直接以手取拿，应以铁夹、木夹、竹筷等（大小依投散物而定）取拿之，所用之铁夹、木夹、竹筷等，于用后应立即焚毁，或用他法消毒。

3. 敌人散布物如为蚤类，可应用捕蚤器搜集之，于一碟内盛满植物油类，碟边与地面相平，油面浮一灯芯，于夜间燃之，则蚤类自动跳入油内。

4. 取得之投散物或生物，应放于玻璃管内，用棉花塞口，或其他可以封口之器内。书明搜集日期、地点,迅速送往附近之卫生检查机关检查并保存之。

5. 进行搜集敌人投散物,如能着防疫衣服(如着防鼠蚤服装等)带口罩、面罩,着橡皮或油布手套,自属更佳。

搜集传染物之处理

于敌人散布传染物后,可不待检查报告,应于可能范围内,立即加以处置,其处置之法,依投散地区之不同而异,兹分述之:

1. 城市屋顶——A 瓦屋顶——应以竹帚等扫集,连帚一同焚烧之。其不能扫净之处,则洒以新配制之石灰乳(一份石灰四份水)。B 草屋顶——洒以石灰乳。

2. 城市街道及空坪——应尽可能扫集焚烧之,如不能扫净,则洒以石灰乳。

3. 郊外田野——区域较小者,可洒以石灰乳,区域过大者,则应于散布区之四周,设置监视哨,监视数日,禁止一般人入此区域。

4. 对敌人投散物如疑为蚤类,则以散布杀蚤药类为宜,如洋樟脑与肥皂,洋樟脑与汽油,汽油与肥皂混合乳剂。

如经检查认为有鼠疫嫌疑时,则应宣布该区为危险区,立即电告军医署或卫生署及附近医事机关,派员施行检疫,于所派专员领导之下,进行防制鼠疫之一切处置。

鼠疫之诊断

鼠疫之诊断:可分简易及详确二法述之:

1. 简易法:此法主要为作抹片染色检查。应具有显微镜及洛夫氏美蓝(Loefflers Methylene Blue)及革氏染色(Granis stain)染液等。对腺鼠疫患者,可刺取其肿胀之淋巴腺液,(应穿刺腺肿之身体,不宜刺其周围水肿部份)肺鼠疫患者应取其血痰,蚤类则取其胃肠含物,鼠类则取其肝脾淋肥腺液。将此取得之材料,以白金耳放抹片上作二抹片,然后如酒精数滴,一,二分钟后弃去,使其自干,然后以其中一抹片用洛夫氏美蓝或稀石灰酸复红液染色,其他一抹片则以革氏染色法染之,然后以显微镜油镜检查之。普通组织中之鼠疫杆菌,为短而宽之革氏阴长杆菌,两端有极体,如检查出有此形态之杆菌,则应疑为鼠疫杆菌,而应报告以鼠疫处理之,检验后之抹片,应放于消毒水内,(2%Lysolc或75%之酒精)不可用手触抹。

2. 详确检查法:除作抹片染色检查工作,尚应作培养,凝集反应,动物感染实验等。故应具有上述简易法应有之器材外,尚须备有培养基制造器具,解剖动物检查蚤类所用之器械等,尤须建有防鼠实验室方可。

前述之简易法一,战地及卫生设备简□之下级卫生机关适用之。详确检查,则为设备比较完善之上级卫生机关适用之。上级机关应供给下级机关所需器材,下级机关则负责寄送检查材料于上级机关,防疫队至田野工作所需之培养基,应先制好携带之。

寄递之法,如所取之材料为痰、脓、淋巴腺穿刺液体等,应接种于斜面琼脂培养基,血标本注入于无菌封密之试管内,患处之组织物、蚤、鼠等,应置于无菌瓶内,严封其口。此等盛标本之试管或瓶,应置于木箱内,四周围以棉花或他种能吸水之物质,箱盖应密加封,并书明探取标本之地点及日期,然后交邮快递,事先并应与当地邮局接洽,以取得其联络。

鼠疫之防制

鼠疫可分为腺鼠疫及肺鼠疫两种,二者之传染方式,各不相同,故防制之法亦异,兹分述之:

腺鼠疫

传染方式——腺鼠疫为蚤传染,流行之前,恒先发生鼠之鼠疫,疫鼠身上之鼠蚤咬人,将其体内之菌呕出,或由其排泄物直接或间接侵入伤口,而使人发生腺鼠疫,殊少由患者直接传于他人,以蚤咬处多在下肢,故多使鼠蹊淋巴腺发生肿胀。

防制法则——主要为灭鼠、灭蚤,以及患者之隔离,接触者之检疫、迁移、疏散、预防接种等。兹分述于下:

1. 灭鼠——灭鼠之法:有修建防鼠之建筑,食物之防鼠保藏,捕鼠笼捕杀,炭酸钡、红海葱、砒、磷等之毒杀,氰酸气之熏蒸,以及养猫等方法。于鼠疫流行时,推行防鼠建筑,食物保藏等法,以一般限于经济关系,恒难作普遍之实施,故其收效较缓。至于毒杀捕杀之法,殊不适用于疫势流行时,以其只能杀灭老鼠,而不能杀灭鼠蚤,当鼠死后,蚤离鼠体,势必咬人,更助疫势之蔓延也。猫身易为鼠蚤寄藏之所,亦不宜用。故于疫势流行时,灭鼠之唯一良法,即为熏喷。熏喷所用之药品,以氰酸钙最为相宜。熏喷应由染疫中心点周围开始,由数方向中心施行灭鼠,福建曾采用此法,极为有效。熏喷之法,可组织三人为一熏喷队,先令房主移去室内杂物,搜出鼠穴,后将熏喷器内装满氰酸钙,喷器之头插入鼠穴内,四周以泥土严封之,一人施行抽喷,一人立于墙之他面,如发现有通连之鼠穴,则以混有碎玻璃之水泥封之,普通鼠穴长二尺者,用氰酸钙四公分,有通连之洞口,此屋应封闭一、二日,禁人居住,以免发生危险,此可杀灭鼠类,亦能杀灭鼠蚤,分路向中心捕鼠,则鼠自难逃逸,利用此法,可捕杀大批老鼠。

2. 灭蚤——蚤卵并非堆积于人体及鼠身上,而分布于地上裂隙及尘埃中,故欲行灭蚤,应注意室内地板之清洁,与尘埃之扫除等,此外可用杀蚤药及捕杀器以捕杀成蚤。(参考传染物之搜集)

3. 隔离——虽腺鼠疫较少由患者直接传染于他人,但以有续发肺鼠疫之危险,故亦应加以隔离,至病痊愈后为止。

4. 检疫——腺鼠疫流行时,检疫,应于公路,旧道,水路设立检疫站,以达防止鼠类蚤类之运输及潜伏期病人活动之目的。普通旅客及接触者之检疫为六日,于该期内应注意留验者之脉搏,体温及鼠疫之前驱症状,如有可疑,即行隔离之。出口货物如米谷杂粮棉制品、柴草、木箱木屑等,均易藏匿鼠类,最好禁止通行。

5. 迁移疏散——于腺鼠疫发生时,如属可能,该处人民应行迁移他处,迁住附近之山上,于印度曾施行之,疫势可由此停止,因区内人民既可避去鼠蚤之咬,且亦便于该地实施灭鼠消毒也。

6. 预防接种——通用之疫苗,计有以下数种:

A. 哈夫金氏疫苗(Haffkines vaccine)系将鼠疫杆菌接种于浅瓶牛肉汤内,于25—32℃下生长,每日震荡一次,培养六星期,加热至65℃一小时杀死之。再加以0.5%之石炭酸制成。普通第一次皮下注射2cc,十天后再注射

2cc,印度曾以此法注射 80 万人,似有预防能力。

B. 琼脂生长之疫苗——此为由生长于普通琼脂上,一二日之鼠疫杆菌,加热杀死而制成者。其剂量初次为 0.5—1.0cc,一周后第二次注射 2cc,或于第一次注射后一星期再注 1cc,第二周后再注 1cc。

上述二种疫苗其预防功效,以前者为佳,惜反应过大,施用时不无困难。

C. 活菌疫苗——此为毒力减弱之活菌,系将鼠疫杆菌作长时之培养,或培养于 41℃之温度,至失去对荷兰猪及猴之毒力为止,荷印等处曾以此注射于人,据谓效果良好,但仍惧有发生鼠疫之危险,故尚未能普遍施用。此种疫苗必须于制就后短时期内使用,久之则失去效力。

肺鼠疫

传染方式——肺鼠疫之传播属飞沫传染,由患者直接传于他人,病菌在患者之痰液内,直接散布空气中,被吸入无病者之肺内,而发生猛烈之传染,此与腺鼠疫之由鼠蚤传染,显然不同。

防制法则——主要为病者及接触者之隔离,于肺鼠疫流行时,施行灭鼠灭蚤,预防注射等,均无何功效可言。

1. 隔离——对患者应采取强迫隔离,最好于接触后 24 小时内隔离之,以此时口腔分泌液痰内尚无鼠疫杆菌也。可行逐户搜查,命保甲长负责报告,如检出疑似患者,即加以隔离。隔离以采取小病室为佳,否则房间应用幛分开。

2. 检疫——接触者应检疫五至七日,在检疫期内,应时时检查,其脉搏体温,如有可疑,即行移去。检疫处所可能时,应避免拥挤,使室内之空气流通,应设置监视者,以防接触者之逃脱。

3. 疏散——此病潜伏期较短,且恒由拥挤而致流行更厉,故非接触者均应疏散,断绝交通,禁止来往。

4. 消毒——病者之痰及其沾污物,以行焚烧消毒为最佳,否则应用消毒剂喷洒之,患者住室应行消毒,清除及粉刷。患者死后之尸体应行火葬,否则应盛于坚实棺木中,加以掩埋。

鼠疫之治疗

一，化学疗法——从略（请阅本刊第一期与第三期）。

二，注抗鼠疫血清——注射以愈早愈佳。行静脉注射 30—40cc。同时皮下注射 20—□0cc。经 12—24 小时后再行注射（剂量同前）注射总量达 200—300cc 为止。鼠疫病者恢复期之血清，亦有同等功效。

三，噬菌体 Bacteriophague 之治疗——于 1926 年 Felix D'Herelle 于埃及曾以噬菌体医治四腺鼠疫患者，以此注射于肿胀之淋巴腺内，均告痊愈。此外 Dr. Convy 于 Sengol 曾以此医治施用血清无效将行死去之 21 呈败血症之患者，结果其中 15 人得告痊愈，二患者于血液曾查出有多少鼠疫杆菌，终噬菌体之治疗亦行痊愈。另外肺鼠疫者其中 9 例施用抗鼠疫血清治疗，均行死亡，但以噬菌体医治之一例得告痊愈。以噬菌体医治鼠疫，似有试用之价值。

四，碘酒静脉注射或口服，并无特效。

静脉注射碘酒处方，

1. 碘酒（法定标准 7％碘酒）7—10 量滴

蒸馏水 1 两

用法：第一天静脉注射一次或二次，以后每日注射一次，

2. 碘 18 公厘

碘化钾 36 公厘

生理盐水 4 两

用法：每日静脉注射一次，注射 5—10cc 注射四日。

口服法——每三小时给五量滴酒，或每日四次，每次一滴半用哥罗芳（Chlorofom）水冲服之。

尾言

欲求防疫工作能有确实成效，诚非少数人所能济事，必须多数人共同努力，方克有成，故组设整个有系统之防疫机关，树立良好之情报网，实为必要，盖必如此，而后对敌人散播之传染物，方能立即扑灭，弭患于无形，否则毫无系统，此方防制，而他方任其蔓延，则整个防疫工作，必不能圆满达成任务。

参考文献　从略

(《医学文摘》第 1 卷第 5 期,1943 年 2 月,第 19—24 页)

鼠疫之流行病学

(1944 年 1 月 15 日)

祝绍煌

　　鼠疫原为一定的啮齿动物之疾病。尤以鼠及鼹鼠。(Mur. meltiere)由蚤之媒介,相互传染,引起流行性动物传染。(Epg zootic infection)并易成为地方病性动物传染。(Enzootic infection)人类亦即藉蚤类之媒介而感染病毒。大抵鼠类之鼠疫发生于人类鼠疫之先,约为二至四星期。且必须鼠之疫势达及高度蔓延,而后始移至于人。鼠类之鼠疫,有潜伏甚久,突然发生流行者。其每次流行间之连系,则为患慢性鼠疫之病鼠。至为媒介之蚤,则虽能在鼠身上附着四十日,而其保持鼠疫杆菌毒力之时间,则不能超过三星期以上。

　　凡向无鼠疫之地,一旦突然发生腺鼠疫,而其传入无法证明时,则可推想显然由货物运输而传入已感染鼠疫之鼠类,甚值考虑。至家鼠虽对人类甚为危险,但彼作巢穴于住宅,而不游行,鼠疫之发现,未有如霍乱流行之为爆发性者,其发展至为徐缓。又鼠疫既据有基点,则多于数月后消失,于次年同时,再流行。夫鼠疫流行性之发生,常当于蚤繁殖甚剧之时期。至进入强烈之夏季的炎热,温度达摄氏四十度时,则即消灭。盖因此际,蚤即不再产卵,既产之卵,亦不能孵出。为传布因子之蚤数乃减。即所存之蚤,亦不再叮咬矣。据 Flu 氏云"于鼠之生育时,鼠之鼠疫增盛,大量鼠蚤由死鼠移游至于人类。如人类鼠疫流行之最高点,则鼠已渐得免疫或死绝,鼠蚤消失,而人类鼠疫流行亦减低。在动物生活之变化,由季节而定,故人类流行与季节之关系,只为续发性也。"

　　鼠疫当无疫时期,可传入于任何地方。苟不与肺鼠疫合并,则从自身,不至使疾病继续蔓延。此均可依上述之事实,解释之也。此外鼠疫败血症在鼠类,较人类为多且剧。进而言之,患鼠疫败血症之鼠,在百分比数上,较之患鼠疫败血症之人类，其血中藏匿之鼠疫杆菌为多。由此事态，亦得说明何以由蚤之媒介，鼠传于人类，较之人传于人之为多也。因由鼠疫之鼠类或人类大小便之传染，其可能性殆无。盖即使鼠血中每立方公分含有十万乃至百万个，而由小便排泄之鼠疫杆菌之数，竟可少于十个。又其约半个立方公丝之蚤胃容量，则可含五万个菌焉。

鼠之种类，对于鼠疫之蔓延甚为重要，吾人可分鼠为三类：

一、大黑鼠（Rattus Rattus）耳薄面大，为半透明。尾较头身之总长为长。其头骨作倒置之瓶形。体重殊鲜逾八两者。常作巢穴于家中。尤以其中之家鼠，（Rattus Rattus-Rattus）此外其同族之亚力山大鼠。（Rattus Ralexaud-Rrnus）

二、挪威鼠（Rattus norvegicus）或称大鼠（Rattus decumanus）又名游走鼠或沟鼠。体较大。其耳小。尾较身短。身及头之总长可达十英寸。成鼠体重可达十四至十七两。其头骨呈三角形。生殖力甚强。贪食，且不采择。

三、小鼠 Mus mucmlatus（mus musculus）

上述三类，对于鼠疫均有感受性。而所谓最易感染疫菌而善为媒介之印度鼠蚤，（Xeuopsgllachcokis）则在热带地区，于上述三种鼠身上，均为经常之顾客。但家鼠接近人类，故由蚤之传布，而传鼠疫于人，较之生活远离人类住宅之游走鼠，其机会自属较多。凡家鼠较少，或家鼠为游走鼠逼走之区，少有发现鼠疫者，或亦基因于此也。

此外松鼠、旱獭、猴类、猫等、亦可感患本病，而为传染之源。

肺鼠疫则于其咳嗽之际，散布百万疫菌，直接由人而传之于人。不必藉蚤之媒介。第一例之肺鼠疫，常发生于腺鼠疫病人之周围，而由腺鼠疫合并肺鼠疫者也。肺鼠疫之流行，通常发生于冬季，盖此时人类生活较喜繁密集合。在夏季及潮湿与高热之地，则仅散发性的存在。肺鼠疫又可为鼠类发生鼠疫之源，此常在肺鼠疫病人之家中，约一两星期后发生。

腺鼠疫病者，当其尚未合并鼠疫性肺炎或鼠疫败血症时，则绝对不至传染。盖此际鼠疫杆菌，均包藏于腺肿之内，绝不与外界交通。但于尸体剖验时，须加注意，多数罹者，当于剖验时，不加注意，竟至感染而牺牲。反之已发生肺炎或败血症者，则不仅其痰中，即其死后由口鼻溢出之液体内，亦含有疫菌。至大小便则较鲜。

患鼠疫性肺炎之后，曾证明有成持续性排泄者 Iaueraus-sebeider 之例子。但对于鼠疫之蔓延，实际上不成问题。带菌者则显然未有。

如衣服藏匿染疫之蚤，或污染有毒之鼠疫材料，则亦可传布鼠疫。盖在适当温度与优良情形之下，可保持传布力量至五十日之久。又于商货尤甚。由疫区解运之时，如在货中或船舱内，带有疫鼠，常可传布本症。此于最后一次全世界流行之际，殆均由海港传入一事，足资证明也。

本病之传染除肺鼠疫外，均以蚤为媒介，前已言之。据德国鼠疫委员会之论断，则认印度鼠蚤为传布本症之主角，兹记之于次：

（一）鼠类之鼠疫，实际上只由已感染病菌之蚤叮咬而蔓延。

（二）在热带上各种鼠蚤对鼠疫蔓延认为有意义者，为印度鼠蚤。

（三）印度鼠蚤摄取含有病菌之血液后，易于感染，而能将病菌传布于感受性摄吸者。

（四）饥饿之印度鼠蚤，除鼠外亦叮咬他种动物。故人类亦为此种饥饿之印度鼠蚤所喜叮。

（五）当每个鼠死时，或其由鼠疫致死时，鼠蚤初尚集合于残生之鼠身，而在每个鼠身上发育。

（六）鼠死后最迟三日，蚤即离鼠身，因饥饿故，而向邻近觅食。

（七）人类由鼠，因含病菌鼠蚤之叮咬而直接传染之事实，难以证明。但由豚鼠之试验，实可间接证明人类可由奔跳四周之鼠蚤叮咬而被传染也。

实验上，人蚤 Polex Irrrtaus 及欧洲鼠蚤，Ceratophyllusfasciatus 亦可证明其有传染能力，但在事实上，殊少观察耳。又臭虫于一定之机会中作为传染之媒介，亦非绝不可能。

鼠蚤之增殖，于热带地区，多在雨季。若温度达及摄氏四十度或十五度半时，则产卵中止，而增殖亦停。使蚤易于增殖之最佳温度，为摄氏廿一度及廿四度。

蚤类除人蚤及印度鼠蚤外，大抵多不叮咬人类。故该两蚤对本病之意义较为重要。

又本病之流行与地方及气候之关系,有谓平均温度在华氏五十与八十度之间,最易流行。同样在野啮动物之流行性动物传染兼散发性人类例子,亦多发现于平均温度在华氏五十度以下之时。又对于病之型类,有相当之影响。如肺鼠疫多见于寒季故北方较多。腺鼠疫则当温热季节易于流行,以南方较多。亦颇有研究之价值也。

蚤类为本病传染之因子,而印度鼠蚤尤占重要,殆为确定之事实。该蚤在中国各地,分布范围,相当广大。前海港检疫管理处,曾自廿一年起作有系统之鼠蚤调查。兹列其廿二年各地印度鼠蚤数于次:

上海 197 厦门 1196 广州 2467 塘沽 1886 汉口 3296

卫生署汉宜渝检疫所自廿二年起开始鼠蚤检验工作中以战事停止,三十年二月又开始施行,其统计结果见附表。(印度鼠蚤指数)

二月份 3.70 三月份 5.84 四月份 4.10 五月份 3.89 六月份 6.53 七月份 8.03

八月份 9.57 九月份 6.20 十月份 6.70 十一月份 3.85 十二月份 2.28

(附注)本文大部系据 Rugl 氏鼠疫篇译述。

（《战时医政》第 4 卷第 3 期,1944 年 1 月 15 日,第 11—14 页）

细菌战

（1944 年 5 月 1 日）

资料室

细菌的种类极多,发生出来的病也不是一样的,最重要的有:

一、侵害消化器的细菌,最重要的有赤痢、霍乱、伤寒等等,这些细菌,大都是由饮水,或牛乳中来的,虽然有净水法同牛乳杀菌法,究竟这个效果如何,是不能无疑问的。而且做军人的遇到战事,无论甚么不健康的地方,或是最野蛮未开化的地方,说去就是一定要去的,所以军队的卫生,无论研究多么精妙,危险性依旧是很大的。

二、侵害呼吸器的细菌,最重要的有痘疮、猩红热、流行性感冒、肺炎、白喉、脑脊髓膜炎等等，这些细菌，大都是由空气带来的，尤其是防不胜防。

　　遇有鼠虫为媒介的细菌，那些病就是疟疾，黄热病，发疹，伤寒，腺鼠疫等等，这其中最轻的是发疹伤寒，是由虱子传染的，譬如输送这种细菌的方法，就是把虱子装在一种器具内，或是装在飞机上，投入到敌人的地方，这种病原菌发作起来，侵入人的身体内，虽不致于送命，但是教人十分难受，昼夜不安，这样精神上的损失，就相当大了。

　　此外，还有军用动物——即军用犬、军用马军用鸽等——的传染病，是与兵士两样的，若是军用动物，有了传染病，立刻即将它屠杀，就能预防病的蔓延，这是最好的法子，还有把病鼠投入水中，就会发生一种病疫，传染起来，极为厉害，诸如此类的事，还很多呢。总之，在今后的战争上，这种细菌兵器，一定是很重要的，现在各国都在竭尽心力，不断的研究，以谋出奇制胜。

　　　　　　　　　　（《新亚》第 10 卷第 4、5 期，1944 年 5 月 1 日，第 40 页）

我们如何应付空中细菌战

（1944 年 12 月）

　　近代空袭除去投施炸弹，烧夷弹之外，尚有散布细菌籍以促使传染病流行而收扰乱之目的，本篇译自日本土木学会志第三十卷一号，以供读者之研究。

空袭与防疫

　　在种种不利条件下的战区，与空袭频数的都市，传染病本来易于流行的，尤其在战区，战士的过劳，不安，以及气候风土的不适合。而致使抵抗力薄弱，饮料食品之混乱，都是传染病流行的原因，所以空袭下的防疫，首先应于战区着眼。

　　空袭下的防疫，不管敌方是否施行细菌战，其原则是一样的。即是：

　　（一）力求卫生设施完备。

　　（二）尽量用一般防疫方法对付空中细菌战。

　　（三）防止流言蜚语所引起的恐怖心理。

防疫实施事项

一般的防疫原则有下列几项：

（一）根除传染病的病原体。

（二）传染的经路遮断。

（三）澈底实行个人预防。

关于根绝病原体，是隔离患者，及将含有病原菌的排泄物等迅速消毒。

关于经路的遮断，有全体的如海港检疫与车站检，疫局部的如患者发见处的隔绝，关于检疫这里从略，下面是个人间的传染方法：

（一）接触感染，直接能传之于患者。

（二）空气感染，由吸入空气中浮游的细菌。

（三）水的感染，由于水的使用及游泳而为水中细菌所感染。

（四）食物感染由于食物上附着细菌。

（五）食物感染由于鼠蝇蚤虱等的传布而感染。

此外关于个人预防的澈底是要锻炼身体以增加抵抗力及病原体接触的避免。

战区的防疫

除去对前面所列应实行外，并有下列诸事。

（一）尽量详细研究战区传染状态。

（二）普遍传染病的预防知识于兵士。

（三）预防药的服用与注射应完全施行。

（四）作战期间应澈底注意菌类的流入。

（五）不幸而有患者应早日灭绝云。

后方的防疫

关于后方的疫的预防，除加急卫生建设外应实行鼠及虫类的防止，食物的消毒，设立防疫指导机关及收容机关等。

细菌战的空中攻击

细菌战方法，普通都是空中藉飞机来攻击，投下的方法，苏联、法国等谓之菌雾，这是由飞机投下含有多量细菌的培养液，这种雾滴慢慢降于都市而实行其传布的效能,除去投下细菌雾以外,尚有含有鼠疫菌的鼠,狂犬病的犬等,所以凡是飞机投下的东西,便有充分考虑的必要。

或云由"飞机投下的细菌,由于生存条件的未必适合,也不十分足畏",不过虽然由于空气、日光、风、电气等原因而减少细菌活动的能力,但那还是另一个问题。

普通用的菌类

细菌战用的菌类,普通叫做细菌兵器,各国用的细菌兵器,若有下列各种不同的菌类:

(一)主要的为鼠疫、斑疹伤寒、虎列拉;赤痢肠热,次要的为白喉、脑膜炎、黄热,及疟疾等(法国)

(二)第一群为伤寒、赤痢霍乱、斑疹伤寒、鼠疫等,第二群为破伤风、炭风瓦斯壤疽,第三群为细菌毒素(美国)

(三)鼠疫、霍乱、斑疹伤寒、狂犬病(义国①)

(四)肠热、赤痢、霍乱(俄国)

(五)鼻疽、炭疽、狂犬病、霍乱、赤痢、肠热、鼠疫癫等(德)

以上所列除疟疾、黄热、狂犬病、斑疹伤寒癫外,大多能大量生产,一般的菌类研究所便是这种目的设立的。

除去以人为目标的以外,尚有以军用动物为目标,以农作物目标的细菌,故飞机投下细菌实为极广泛的。

传染病的发生与流行

细菌战的目的,就是患者与死亡者的发生,但人与动物差不多都有天赋的抵抗力,所谓自然免疫性,这种能力的消长,与社会风俗、细菌的数量、气象(温度湿度、日光、雨量、风向)的变化,往往使细菌战的效果发生疑问,以所防御良好时,便很不易发生与流行的。

防御方法

(一)注意营养。增加抵抗力,衣食住各以科学方法整理之。

---

① 即意大利。

（二）不幸而受攻击必须早日捕灭之。

（三）感染区域与患者，必须早日消毒与处理。

（四）关于个人的有：

1. 遇有细菌雾时，应戴防毒面具，或以过酸加里液等，含嗽，毒性较多，应服用胶皮制的防菌衣。

2. 接用预防接种及血清疗法，细菌与毒瓦斯的预防，其不同者，在对细菌能有免疫方法，是故预防接种与血清疗法，实有极大价值，但这种方法也有一部困难，就是不知究使用何种细菌，因此早期摘发为一种紧要措施。

关于预防接种，多施行于伤寒、霍乱、鼠疫等，血清疗法多施行于白喉及瓦斯壤疽、破伤风等，故血清疗法尤对战争进行上有特殊功效。（完）

（《月报》第 12 期，1944 年 12 月，第 40—42 页）

第三章　日军具体投放毒物与细菌之报道

一区武林乡发现奸人放毒井中

（1937年9月10日）

本县各乡村，近发现外地流浪人甚多，中有真正之难民，但亦有甚多不轨之徒。日前一区武林乡，竟发现奸人抛毒井中之事，因井中古代（均鱼旁）鱼中毒毙命，浮出水面，致被乡人发觉，似此阴谋，显系受敌利用之奸人，欲以卑劣之手段，灭我种族，甚望当局及各地民众，加以密切之注意，查缉奸人。

（《南声》第88、89期，1937年9月10日，第12页）

日军任意放毒瓦斯捉人民打毒药针

（1937年9月14日）

南京电：日本帝国主义对中国的进攻，是更加残酷了。据日来各个战线上均发现了日军施放杀人最利害的毒瓦斯。上海覆没后，张家港一带敌军曾放轻性毒瓦斯若干。平汉线日军进攻天津时亦放射毒瓦斯弹，致我军遭受重大损失。更加可愤的，□□日本最近在广东海面之敌舰，捕去我国渔船十余艘，将渔民衣服完全剥除干净，每人注射一针毒药针，凡注射的以后就□□□□，根本不能作事，日寇屠杀中国人民的毒辣手段，可谓残酷已达极点了。

（《新中华报》第391期，1937年9月14日，第1版）

抗敌会管制公共食井，防止奸人放毒

（1937 年 9 月 24 日）

本县抗敌会，以本县武林，径里等乡均发现奸人放毒井中，为求本城市民之安全计，特将宫口街公共食井，加以管制，每日上午六时起至下午六时止开放，任市民取用，入晚即加封锁。

（《南声》第 90 期，1937 年 9 月 24 日，第 7 页）

一区尚寨乡又发现奸人放毒

（1937 年 9 月 24 日）

一区尚寨乡，十八日又发现食井被奸人放毒、乡人以青菜沉入井中，取出后，竟若经煮过者，现该乡社民，已严加戒备。

又讯：葛仔墟壮丁队，于十九日捕获放毒嫌疑犯二人，送交第一区署讯办。经一区署调查后，知该二外人无放毒情事，加以释放，惟据该二外人云，彼等辛苦工作积聚之卅余元，于被捕时失落，言毕放声大哭，确否未知。

（《南声》第 90 期，1937 年 9 月 24 日，第 7 页）

敌似已准备实施细菌战化学战

（1937 年 10 月 17 日）

我控制沪北四川路后敌难活动
蕴藻滨北敌曾偷渡增援受重创

中央社首都十五日电，军息，"一"我军搜得敌军命令有"各部队须顾虑在施行细菌战化学战时对于水料注意防范"之记载敌似已有实施细菌战化学战之准备。

中央社上海十七日电，闸北随军记者十七日晨一时五十分报告，十六日下午起，江湾市中心区敌坦克车出没于黄兴路其美路翔殷路上，似将有大规模之行动，至下午五时，敌二中队，由翔殷路向我体育会路阵地进迫，另一中队由万国体育场东攻我八字桥宅北季宅一带阵地，我军自贺家巷杯宅方面迎击，至晚九时左右，我军前冲，枪炮更密集据北四川路方面作战，主要军官

谈自我军控制北四川路后,敌军已两日不在北四川路上活动,敌进犯已感困难。

中央社上海十六日电,江湾随军记者十六日晚十时报告,蕴藻滨南岸沪太公路以东北杨宅方面之敌,拂晓时曾一度来犯,经我迎击,即行退出。又沈家湾陆宅方面之敌,于午后二时,再度来犯,亦被我击退,当截获步枪二十余支。至黑大黄宅方面之敌,则蛰伏不出,前线尚平静云。

中央社上海十七日电,闸北随军记者十七日晨一时五十分报告,十六日敌机在八字桥一带,投弹甚多。晚七时左右,爱国女学之敌,约三四百人,由屈家桥攻我特志大学阵地。我固守水电路,以粤东中学部队,出广中路袭敌侧面激战三小时,迄晚十时,敌死伤百余,见势不佳,乃以坦克车掩护向原阵退却。

中央社上海十六日电,闸北随军记者十六日午报告,(一)北四川路以西,由我军完全控制后,今晨二时,我军又向该路冲出,与敌巷战四小时,敌受重创而退。(二)今晨一时半敌三百余人,沿横滨河北进,向我八字桥进犯,我军予以迎头痛击,同时粤东中学附近之我军亦出广利路袭击六三花园敌军侧面,血战至晨六时许,敌不支持后退,此役毙敌七十余人夺得轻机枪八枝。

中央社上海十六日电,蕴藻滨两岸,十五日夜至十六日晨有三处接触,(一)盘距于沪太公路以西黑大黄宅之残敌向南进占小宅两处,布置警戒线,似防我军进击。(二)公路以东朱家宅之敌,犯我沈家湾阵地,经我击退。(三)滨北在公路东约五公里半之庙基,为敌军重要根据地,有二营。约一千之众,在夜色茫茫中,渡河增援,我军见敌立阵未定之,突然出击,敌纷纷中弹坠水,河水全赤。明后,我搜索河岸,获步枪百枝,机枪十挺并俘获敌十人刻我扼守南岸,敌之企图绝难得逞。

中央社苏州十六日电,军息,敌近日攻我唐站南之小顾宅甚烈,经反复肉搏敌势方挫,至今日被我击溃。

（《汉口中西报》,1937 年 10 月 17 日,第 3 版）

敌竟诬我施用毒弹

（1937 年 10 月 17 日）

外报记者咸不置信一笑置之
我发言人郑重驳斥敌方诳言

中央社上海十七日电，敌军发言人，十六日招待外报记者时出示炮弹两枚，诬称系在我阵地被获之毒气弹，据称我军于九月二十三日及十月十二日十三日曾施用毒气弹，旋于十四日在刘行截获数枚，上有红色记号，经我验查毒气弹云。当时某外报记者，曾询问化验时，有无中立国在旁证明，敌发言人真认无之。各外报记者，均一笑置之，无人置信。我发言人，旋于招待外报记者，对敌方凭空诬蔑，郑重驳斥云。

（《汉口中西报》，1937 年 10 月 17 日，第 3 版）

强盗入室鸡犬不宁

（1937 年 10 月）

日军在南北战场，因水土不服，及作战艰苦，患疫疠者极多。日军发言人反诬我军使用细菌战，曾使国际人士为之失笑。后来彼方卫生队，只得将生水蒸馏，供给前方。以此战地日军视饮水如琼浆，常终日涓滴不得入口。

（上海《中华》第 58 期，1937 年 10 月，第 34 页）

敌准备实施细菌战化学战

（1937 年 11 月 1 日）

军息，我军搜得敌军命令，有"各部队须顾虑在施行细菌战化学战时，对于水料，注意防范"之记载，敌似已有实施细菌战化学战之准备。（南京十五日电）

（《国际言论》第 4 期，1937 年 11 月 1 日，第 128—129 页）

粉碎日寇施放毒菌阴谋（一）

（1938 年 4 月 8 日）

日寇对我侵略的全面军事，在比较失利的今天，尤其在华北方面使它恐惧到它底侵略计划，根本被我粉碎，便准备在晋陕施放毒菌。

这不但是它最后的最险狠的侵略，而且有莫大的政治阴谋。

关于战略部份，他不仅要争取侵略战争底胜利，并还要灭绝我种族，这是谁也看得出来的，且不必说。

关于政治部份，第一是先向华北施放，好在反共底烟幕下面，进行灭绝我种族底毒计，还要获得国际底谅解。

第二是先向华北施放，暗示不及其他区域，使一些短视的民众，好受汉奸底反共言论煽动麻醉，拆散我日臻强固扩大的抗日民族统一战线，削弱我抗战力量。

这种莫大的政治阴谋，是日寇图穷而见匕首的伎俩。我们必须指出，"北方各省，若不能保全，不特东北四省问题，永无合理解决之望，中国领土之全部，亦将沦胥以亡。"（临代见表大会宣言）我们必须发动全体民众，除掉自身在药物上准备预防外，更一齐起来扑灭这目绝于人类的禽兽，把它这阴谋粉碎！我们更须提起全世界爱好和平的国家和人民底注意，大家起来共同扑灭这自绝于人类的禽兽把它这阴谋粉碎！

（《生力军》第 4、5 期，1938 年 4 月 8 日，第 46 页）

日寇将投毒菌弹屠杀我晋陕冀鲁军民！
请全国全世界人民抗议制止，并给以物质援助！

（1938 年 4 月 20 日）

朱彭总副司令通电呼吁

朱德、彭德怀

国民政府，军事委员会钧鉴，全国各军将士、各报馆、各团体、国内外同胞及国际联盟、各国政府、各国民主政党、无产阶级政党、工会、各国红十字会、各国宗教团体及世界一切维护人道爱好和平人士公鉴：

据中央社徐州二十二日电，津讯，据获息，敌在晋省频加失利，颇受重创，并因冀晋鲁各处游击队甚为活跃，故决定加以报复，拟以飞机十架，飞晋省及陕北肤施（即延安）等地投掷微菌弹轰炸，期整个消灭我各该地军队及参加作战之人民。复据三月二十七日天津确讯,日寇决以百架飞机向陕北数十县军民施放剧性伤寒病菌,以期杀尽此区域的数百万男女老幼生命。德等特代表八路军全体将士及晋省陕北和晋冀鲁区域的数千万民众,向我政府及全国同胞,海外侨胞,以及全世界无产阶级和民主组织,国际联盟和各国政府及一切民众团体呼吁,请求你们立即一方面,发动全中国和全世界舆论抗议和制止日本法西斯军阀拟定的施放毒气毒菌杀害千百万生命的残酷兽行;另一方面,速即给敝军及晋省陕北和晋冀鲁区域民众以防毒防疫的物质帮助。须知日寇如竟以此种非人手段屠杀敝军及陕北和晋冀鲁区域千百万民众,则此种灾祸任何时候均可在全国任何地方出现。日寇如竟能在中国施行此等违反国际公法和起码人道精神的举动,则日寇及其他法西斯蒂又何尝不可以同样残杀手段加之于其他任何国家的军民。因此,立刻用一切有效方法抗议和制止日寇此种施放毒气毒菌的罪行,不仅是敝军和晋省陕北及晋冀鲁数千万男女老幼的迫切呼号和希望,而且是全中国同胞应该立即奋起进行的公共事情,不仅是有关四万五千万全中国同胞生死的问题,而且是有关全世界人类命运的问题。时机迫切,临电不胜企待之至!

国民革命军第八路军副总指挥朱德、彭德怀叩

(《解放》第 35 期,1938 年 4 月 20 日,第 368 页)

汉奸放毒水井幸早发觉未蒙其害

(1938 年 6 月 1 日)

(埔城特讯)城内公学前街之古井,因地位适中,多数居民于该处取饮,即县一中及联小等学校,亦多饮斯水焉,井水之重要由此可知,殊昨日下午二时许,井中有浓烟冲出,不能见人,挑水妇见状,情知有异,遂不敢取饮,奔告众人,一时惊动全城,围观者如堵,后经埔教务主任杨某以火置于井中,俄见白烟渐收,水清如镜,又见水泡滚起,将火抽起,烟又渐生,现该井禁止取食云。

(按我国自实行自卫揭开全民抗战以来,敌人莫不专用毒辣之手段,收买一些丧心病狂之汉奸,散布各地或放毒于井中,常有所闻,吾埔虽未亲获其人,但曾经发现数处,今古井忽起白烟,或汉奸所为,深愿当局严防之也。)

（《茶阳月刊》第 2 卷第 12 期，1938 年 6 月 1 日，第 26 页）

八路军在晋绥冀察的一年

（1938 年 7 月 7 日）

叶剑英

　　这是中华民族浴血抗战，焦土抗战，洪水抗战，艰苦奋斗，光荣伟大的一年！我黄帝子孙，为着自己的生存，为祖宗庐墓，为美好家园，为锦绣河山，为世界和平，为人类幸福，毅然以刀笔血墨，写出了世界震惊，弱小民族闻风兴起的一段抗击日寇的战史。我们对于为国牺牲的先烈，致以最高的敬意！

　　我们对于前线流血负伤的战士，海外输财助战的侨胞，用尽脑力以唤起民众的救亡作家，流尽热汗以帮助战争的爱国青年，为负伤被难而奔走呼号的热心妇孺，均应致以诚挚的敬意！

　　根据第一次世界大战的经验，许多帝国主义的国家，虽然有了多少年载的战争准备，可是到参战以后，战争范围之大，战线之深且广，牺牲之巨，消耗之速，都大大的超过他们自己所预期。我们可以一般的说，这些帝国主义的国家，若单纯凭他自身的积蓄，不藉外力的帮助，都很难得支持三年以上的战争。日本帝国主义者，世界都称为先天不足的国家，经过一年的血战，敌方人力物力财力动员之巨，消耗之大，亦大大的超过日寇所预期，而为日寇所不能长此的忍受。我们要以三年血战，粉碎日寇的侵略，我们坚信一年一年又一年的坚持，一定可以积累成为中华民族解放的胜利。

　　（中略）

　　应当用数目的统计，来总结十个月的战争（从去年九月廿五日起到本年六月底止），在这大小六百卅八次的战斗中，估计敌军的伤亡，约在三万四千以上。我们曾经俘获日军及伪军官兵共二千○九十四人，缴获步马枪六千四百八十七支，轻机枪一百七十一挺，重机枪四十八挺，野山炮十二门，迫击炮廿五门，缴获军马一千七百八十六匹，炸毁火车廿列车，炸毁机关车十九辆，袭毁敌机廿二架，获掷弹筒二十个，毒瓦斯五箱，炸毁汽车一千三百二十四辆。反观军我自己的消耗，在这十个月作战中，伤亡总数在二万零二百名,其中伤者占一万二千名,牺牲者占八千二百名。

虽然这些战绩,都已成为历史,这些壮烈牺牲的战士,也和友军中烈士一样,与中华民族,永垂不朽,可是历史都是事实,这些事实,都是有血迹可寻的事实,决非小说家的传奇,读那些民族败类,无耻汉奸,丧心托匪,在我们胜利面前发抖、叫嚣、辱骂,只管说八路军"游而不击"、"领钱不打仗"吧!日本倭寇,也在那里叫喊,要用毒瓦斯来对付八路军,要放毒菌来毒杀八路军与陕北的人民和军队,只看日寇用毒瓦斯对付八路军,就可以看到汉奸亲日派托匪所散布的谣言说八路军"游而不击"是何用意!可是我们中华民族的旗帜,国民革命军的军旗,曾经在,而且继续在昌平,在古北口附近,在兴隆(热冀边)在雾灵山上,飘扬着,热河、察哈尔、河北一带的抗日人民,在抗日旗帜之下,英勇的斗争着,发展着。现在我们可以看到,燕山山上,招来长白之魂,滹沱河边,洒遍英雄之血,世之论者,安能无动于衷?!

根据十个月来作战经验,可以证明:

第一、在人员消耗数目比较起来,敌以三万对我二万,这一比例,是日寇不能忍受的失败,但这决不是企图回避一切战斗的结果,这是每一个战士都明白了解对日作战,第一要尽量减少自己消耗,同时大量消耗敌人,第二要有英勇忠实的自我牺牲精神,在整个作战计划内,愿意以局部的消耗,换取全部的胜利。

第二、敌愈深入,战线愈长,兵力愈散,困难愈多,在敌人后方,暴露出广大的领土,敌军无法控制。我们坚持了发展敌人后方游击战争的方针,要把敌人后方变为前线,现在证明我们的游击支队,只要他能执行正确的政策,有优良纪律,有坚强干部领导,是可以存在和发展并完成其任务的。

第三、经过战线上抗日反战的宣传,简明的反战标语到处散布,群众团体有计划的去争取敌军伪军,耐心而诚恳的进行优待俘虏工作等等,证明敌军工作,不仅对伪军□□,如果耐心的做去,对于敌军还是一样有效的,特别□□□反战情绪日益高涨的今天。

总结一句:灵活的运用新的战略战术,坚持敌人□□的游击战争,把敌人后方变为前线,耐心而有计划的□□敌军工作,积极争取并瓦解敌军,这是战胜敌人的重要条件,同时也是八路军全体对于国家民族对于战争一部份的贡献。

(《新华日报》,1938 年 7 月 7 日,第 6 版)

女汉奸防空壕放毒

(1939 年 11 月 20 日)

本月一日万县空袭时,近郊朱顶山防空洞内,避难民众二十余人,突然感觉头昏眼花,并作呕吐,当经查获施放毒气之女汉奸三名,并搜毒粉数包,经审讯始承认放毒不讳。

(江西《伤兵之友》第 50 期,1939 年 11 月 20 日,第 4 页)

细菌战争

(1939 年 11 月 20 日)

细菌的种类大概都是猛烈性的,如伤寒、霍乱、黑死病等,预先装在炮弹里发射出去,或用飞机散布在敌军后方,这样敌国境内没有受到炮火的害处,先受疫病的袭击,死亡枕藉,那还有力来战斗呢。无疑的,鬼子见前线军事不利,必做出这无耻的手段,而我后方人民不可不留心谨慎。

(《进修》第 2 卷第 2 期,1939 年 11 月 20 日,第 44 页)

毒情珍闻

(1940 年 10 月)

瑶

(一)敌特异之装备

据我某部于本年五月十七日于泌水仙翁山附近,与敌四十一师团战斗时,俘获不少文件,译出后发现敌特异装备一种。

此特异装备为齌(译音)筒投射机;此机分烧火式与点光投入式两种。前者一分钟可连续投射三十发,后者可连续投射十五发。该形筒式似迫击炮,后者径为一二・五公分,筒长一公尺一。该两筒之射角皆为四十五度,射程约为二五〇公尺,射角每增十度,射程约减三十公尺,最高弹道约一五〇公尺。此次该敌每大队携带此投射机三个以上云。

我们判断，第一种似为轻化学迫击炮，第二种似为中化学迫击炮。以其配备之数量及射程之远近观之，恐仍系用以施放刺激性毒剂者。

（二）橡皮人中装毒剂

据西北方面某君四月十六日函称：长治高平一带敌警戒在线，常以橡皮人或木人直立，内中填以毒剂。我某部士兵于占领阵地后以刺刀刺破之，则有气体逸出，作灰白色，在喷出口上有黄色物存留。中毒之士兵，眼部及皮肤肿胀（以面部及眼部为最），眼或有暂时失明现象者。

查敌穷途末路，诡计百出。在各地区曾发现不少之木炮木人，以壮声势，今敌于警戒线上直立木人或橡皮人，既一可欺我耳目，藉资困守；复填以毒剂，作用毒之媒介，其心极为险恶。惜该项木人或橡皮人，尚无所获，无法研究，但据毒症之情形观之，疑为催泪性毒剂。且盼我们同志留意及之，于发现此种木人或橡皮人时，可遥以步枪击之，如设法取得完件更佳。

（三）玻璃管与玻璃球

倭奴小丑，诡计多端。我方最近又得一种玻璃管与玻璃球。

玻璃管系西北方面送来，据云四月二日敌机轰炸洛川时，掷下玻璃管约百余枚，于着地后即行破碎，管内流出淡黄色液体，味刺激稍呕，以当时人畜均未接近，故未悉有何种反应等语。该管已寄来渝方一枝，像长圆柱形，管之直径约有六七毫米（mm），长约四五生的两端较尖，管不破时系无色透明之液体。

玻璃球系广东方面得来，球内无液体固体，视察之下类如空球，具玻璃之本色——淡青蓝色。大如人头，重为八百余克，直径约十七八糎，宛如一皮球。底面略平，玻璃较厚，旁有一抽制之痕迹。

上二物现已送化验机关研究。内系毒剂，抑系毒菌，尚难判知。惟敌人狼子野心，无所不用其亟，感于其侵华战争之着着失败，或有手忙脚乱，狂行用毒之可能，尚望严密注意之。

（四）糜烂性毒气弹

敌人用毒，与日俱增。初仅用无毒之烟幕，及催泪性喷嚏性等毒剂。自去年起，西北方面即发现敌人有用糜烂性毒气之痕迹。旋分别将本年元月三日下午五时,敌对朝邑大庆关所射未爆裂之七五公厘炮弹,及在夏县所获之敌五十公斤飞机炸弹运渝,经化验结果,均为芥气与路易氏气之混合物。故敌使用糜烂性炸弹炮弹已确而无疑。一方可有助于我之国际宣传,暴露敌人之凶残,一方尚望同志们努力工作,以减低官兵之危险。至该二弹之构造将于兵器图说中说明之。

(五)流质毒器——新武器

本年八月一日大公报载中央社伦敦三十日合众电,英内相安德逊,今对全国作广播讲演,略谓希特勒之新武器,或谓流质之毒气,当空袭时敌机可由高空将流质之毒气洒下,故一般人民于敌机来袭时,必须避入防空室内,吾人实有防毒准备之必要;国民每人均有防毒面具,每人每日至少须试戴十分钟云。

按上次欧战,产生三种战争利器,为飞机坦克与毒气。尤以毒气使用之多广,为人咋舌。今次欧战后,已十余月,飞机坦克已与人极深刻之印象,独毒气一物尚未多见。今英相之语,不为无因。至所谓流质毒气即糜烂性毒气,意在指飞机洒下以行用毒也。

(《防毒月刊》第 1 卷第 4 期,1940 年 10 月,第 46—48 页)

二十世纪新武器细菌攻守战

(1941 年 2 月 1 日)

何　淑

去年冬季里有好几条关于敌机的消息:

1. 敌机一架在金华上空散发雾状之白烟二条。

2. 敌机二架在绍兴上空散发黑色烟雾。

3. 敌机三架在上饶散发浓厚之紫雾。

对于这些烟雾,非正式的判断,共有三种推测,第一是敌国缺乏汽油,只好使用汽油代替品,放出的烟雾,是代用汽油的渣滓。第二是一种信号,指示敌国第五纵队的活动,第三是散发毒菌。根据去年十二月份的记载,敌机所散播的雾状物,至将着地,便成细雨状下降,另一报告,则为粉末状之细屑，着物不溶。

去年十一月二十八日敌机在金华所发散之白烟，散播地段，为金华五里牌楼，当时有广合顺皮革厂厂友陈小初，发现有鱼子状细粒落下，请民众医流前往检验，经过军医舒琦与医师鲁易介之共同试验，其所得的报告如下：

"原物大小如虾子状，呈微黄色，有粘性，放于生理食盐水中，经十秒钟，膨胀三四倍，二三分钟后，逐渐分解如细微之薄膜片，施以显微镜检验，计得：（一）弱扩大检查——取一小颗粒，以五十六倍扩大检查如虾子之颗粒，大如一分之铜币，呈深淡不匀之黄色，不正圆形，内有含强折光体之油滴状物。（二）涂抹检查——取上述膨胀之膜片作涂抹标本，以百念倍扩大镜检有细小之折光体，放大六百倍时，始可见杆状之菌体（三）悬滴检查——同样作悬滴检查，以六百倍镜检查可见显著之分子运动，（四）染色检查——吕弗琉氏美蓝染色一千三百五十倍油侵检查，为两端钝圆形青蓝色之杆菌，散处或二三个连续大小不一，两端浓染，中间淡染，如呈空泡状。（五）龙胆紫染色检查亦为两端浓染，中间淡染，呈淡紫色之杆菌，间有均匀着色者。（六）革兰氏染色呈阴性，间有数个呈阳性之杆菌，视野颇美再经培养试验，计得洋菜（寒天）斜面培养，于上月二十九日下午七点摄氏三十一度孵卵器培养，于三十日下午七点取出检视二试管中，仅一管发育，内一个集落呈灰白色大小约二至三粍直径，又以此集落菌作涂抹标本，以革兰氏染色而为纯阳性之杆菌，与未培养，细菌染色鉴别，完全不同，可知此发育之细菌与第一次染色革兰氏呈阴性之细菌，并未发育，参考近世微生物及免疫学等各种文选所记载甲乙两次检查之结果，颇似鼠疫杆菌，惟经培养试验，仅呈革兰氏阳性杆菌发育。"

由于上述的报告，再加宁波、慈溪、衢县、龙游等处相继发现鼠疫，于是有人判断敌机的烟雾，决为毒菌无疑。然而经过半个月的诊疗扑灭，各处的鼠疫便告肃清，据专家的意见，以为鼠疫的传染，大部由于跳蚤，及冬季中，跳蚤的繁殖力大减，所以在今年的春季，必须特别注意预防。

鼠疫的症状分三种，一为腺鼠疫，自皮肤伤口侵入，侵犯淋巴入而起肿胀和刺痛，因而引起全部血液被鼠疫菌所败害，二为皮肤鼠疫，在鼠疫菌侵入之处，火痈，化混而溃疡，三为肺鼠疫，有激性之胸痛，呼吸困难，咳嗽剧烈，甚有喀血者，通常的治疗，为注射鼠疫免疫血清 AntiPlagno Sorum，但仍不能抵抗肺鼠疫菌，因为鼠疫是急性传染病中最厉害的一种，所以阴险残酷的敌人，便把这种毒菌散播到我们后方来，藉以杀戮大群非武装战斗的平民。

细菌战争是真不人道的攻击，在上次欧洲大战时，既办有人作此项试验，但没有在战场上正式发现，就是这次欧战，各交战国，从来使用这种最毒辣的细菌战，据未家的研究，这种战略是否有效，尚成为一个问题。

首先提出来的是细菌的选择，譬如白喉细菌、伤寒菌、霍乱菌等等，因为传染力量很大，才能得到效果，所以细菌战中的攻击方面，必定择此传染力强大的细菌。然而在技术上，这是困难问题，用普通小规模中所得到的经验，不能大量生产细菌，伤黄热病病、天花、疹病等疫病，先决的条件是经常的畜殖蚊虫和跳蚤，再把疫菌传染到他们身上，然而这些细菌受到温度，气候环境等许多的限制，即使能群生效，而种痘注射立刻可以防止天花的传染。

还有一个现象，培养细菌是困难的，譬如虎列拉菌，可以在各种水里生长，但是培养出来细菌，即使吃在肚里，亦不发生什么毒害，因为只有本身被虎列拉的传染的人，才能传染给别人，虎列拉在排泄时的毒性最烈，然后便会逐渐消失了去的，赤痢细菌也是如此，过了天两天，毒性便没有了。

细菌的攻击方，必须选择敌人的后方，因为在前方战场，就是施行有效，但很快的，便可以传染到自方的部队里。细菌只能用下毒人或飞机去播送，但下毒人所携带的细菌必不多，而效果也极微小，至于飞机传染，方法上有用炸弹的，玻璃管的大瓶的喷雾的散播的，其中以喷雾的方法的最合理想的一种，因为潮湿寒冷的天气最适宜于细菌的生存，而且要用呼吸传染的细菌才好，可是空中喷雾的方法，在室子里曾做过许多次试验，效果并不高明。

细菌在空中的不良环境特别多，像虎列拉，在冬天便是白花气力的传染，气管病在夏季也是无效的。空气中的也分有很重要的关系，风土、习惯，以及人种气质的不同，都有关系，有些人已经把细菌战列入战争武器之一项,而划定牠的地位,但这还言之过早,一个很有把握的细菌专家,在试验时已经很成功了,但在实行却是一败涂地。

所以细菌战争的效果问题,是在于精神方面,决不是在体质方面,利用细菌的威战到土中,攻击方仍将遭到严重的失败的。

一位比利时的化学家宣言,下次,战争时,细菌要和士兵一样同时的征集,而应用之于战场,可是一般化学家对此点却具有怀疑的感觉,德国的化学试验室里,谣传曾日夜不停地培养几亿亿的各种不同的毒菌,以备战争之用,英国的化学家虽然没有十二分的相信这是真有的事,但却具相当的戒备。

从前最笨性的方法,是由之传染病菌的人混入敌方,这是顶失败的,因为万一混不进敌方防线,而自己却先已牺牲了许多人。

J·M·麻落曾经说过:"我以蚤和传染细菌的老鼠,以之向敌方输送,作为攻击之用,质问瑞士化学家,他说这方法是最坏的,因为老鼠和跳蚤不是一个民族,他们没有民族国家的观念,所以牠侵害的范围,只是敌的区域,随时随地可以侵入自己的阵地,而迅速地蔓延开来。"英国细菌专家T·福克说过:"任何疾病只要晓得名称,便可从这种病菌传染的动物身上抽出血来,制成血清,注射人身,以抵抗此种病菌,我们感觉棘手的是一种不知名的病菌,那真是可怕的举动,倘若某国的细菌实验能够秘密的隔离培养某一种不知名的病菌,又能为自己人民免疫而制注这种病的血清,那么,这个国家才能实行细菌战,然以现在情形而论,此种无名细菌,尚没有发现过。"细菌战争是战争武器中一个新的节目,但其效果与可能性,尚没有达到完备的条件与后果。

这一次敌人散发白烟与雾状物,据名医的鉴定,似为鼠疫菌,但依常理判断,金华距前方甚近,敌人决不致施发毒菌,以致很快的蔓延到敌区去,而自取其犹,此外,纵使是鼠疫菌,一切细菌生长的条件是否备具,尚成问题,据报告中说菌在摄氏三十度的状况下二试管仅一试管发育,可见在适宜的温度下,也只能发育二分之一。

然而在二十世纪的战争中,我们不能忽略了现世纪战争中各项武器之攻击与防卫,扑灭鼠疫与预防鼠疫,尚须加紧进行,因为浙东各地已经发现过这种鼠疫病了。

(《战地》第 7 卷第 4 期,1941 年 2 月 1 日,第 14—15 页)

杀人不见血的鼠疫

(1941 年 6 月 10 日)

受　中

前次敌机在浙江宁波金华等地投下鼠疫细菌,害死我们不少同胞,后来衢县也跟着发生鼠疫,近一两月来,我们福建邵武南平等地,也相继发现,传染极快,到本月初,新省会的永安也有了鼠疫了,虽然经过政府的努力防治,不致蔓延得十分利害,但是大家都极其担心,深怕染上这个死症。

鼠疫又叫做黑死病,是一种急性的热症,由于叫做"百斯笃"的细菌在作祟,开始是老鼠染了病致死,死鼠身上的跳蚤因为无血可食,便跳到人身上来,把病菌也给带来,人们感染到这种病菌,便就病倒了。

鼠疫可以分做三种,普通的都是腺鼠疫,此外尚有败血性鼠疫和肺鼠疫等。我国所发生的都是腺鼠疫和败血性鼠疫,前次宁波发生的鼠疫,是这两种鼠疫合并在一起,所以传染极烈,死亡极快,至于这一次永安发生的,是腺鼠疫。

当人们感染到鼠疫时,开始觉得头痛、眩晕、饮食不进、四肢酸痛,这样约有六七日,叫做前驱时期;以后突然恶寒战栗、呕吐、腹泻、发高热,脸上现出恐怖的样子,舌头动作迟钝,眼睛角膜脚充血等症状。腺鼠疫则淋巴腺肿胀,因为下腿容易被跳蚤所咬,所以常常是在腹股弯的淋腺肿的最多,此外也有在腋下和头颈淋巴腺肿的;肺鼠疫是因为直接吸入病人的泡沫而起的,那症状是:胸痛、咳嗽、呼吸短促、吐血,五日以内便会因为心力衰弱而死亡;败血性鼠疫是因为病菌直接侵入血液中,以致发生血中毒症状,突然发生寒战,高热、昏迷、谵语、皮下黏膜出血,死时全身皮肤变成紫黑色,系因虚脱而死亡,有数小时至十数小时即死的。

鼠疫是没有真正的特效药可医的,所以最要紧的是预防,我们都知道鼠疫是由老鼠和跳蚤传染而来的,那么,预防鼠疫的第一要点,便是捕鼠和灭蚤;对付老鼠,可以用捕鼠笼或者捕鼠机,养猫也是很好的办法,还有家里的食物要紧密藏起,断绝老鼠的食粮,墙壁地洞要封塞,使老鼠无从来往,最好还能够用打气筒贮满青化钙射入鼠洞,把牠杀死(这个普通人家恐怕办不到,可以请求卫生机关派人办理),家里如果有发生死老鼠的,便得马上报告卫生机关前来消毒;至于对付跳蚤,最要紧是防备不给牠咬,下腿最容易被咬,不可赤腿,应该穿高筒厚袜,严密扎紧,跳蚤便无从侵入了,还有跳蚤常常在低湿地方下蛋养子,因此要天天把屋子细细打扫,厚铺石灰,多开窗户,使空气流通,阳光充足,那么地上干燥了,跳蚤也可以消灭的。

患过鼠疫的人,假如幸而不死,那他的身体里便有一种抵抗鼠疫的力量,终生不会再患鼠疫,所以便有鼠疫预防注射的办法,用一种鼠疫菌苗注射在普通人身上,这个人便会有抵抗鼠疫的力量,可以连续半年以上。这种鼠疫防疫菌苗,是拿鼠疫细菌,经过培养以后,再把牠杀死,加入药品制成的,注射了绝对没有危险,但因为各人体质的关系,有的人会发生反应,像头痛、发热、疲倦,注射的地方肿胀,但是过一两天就会好的,不必惊恐。打了防疫针以后,虽然不敢说就绝对不会发生鼠疫,但是总可以减少危险,据各国的试验调查,打过防疫针的,感染鼠疫的人可以减少五分之四,并且打过针以后,就是再染到鼠疫,也还有希望医好,所以我劝大家赶快打防疫针去吧!

(永安《战时民众》第 3 卷第 11 期,1941 年 6 月 10 日,第 167—168 页)

敌军施用细菌战的可能性和我们应有的准备

(1941 年 10 月 31 日)

郭可大

诸位! 今天成都广播电台叫本人来讲几句话,个人觉得非常的光荣! 今天所要谈的是:"敌军施用细菌战的可能性和我们应有的准备",现在分四点来说明:

一、什么叫做细菌战? 所谓细菌战就是将很剧烈的病菌,用各种的方法,输送到敌人的后方去,希望那些地方因此而发生很大的流行性传染病,很多的民众因此而死亡,社会秩序因此而纷乱;而更要紧的是抗战的心理可因此而发生动摇。所以这不但是一种残酷的战术,而且是枪炮,炸弹,潜水艇,坦克车以及毒气以外的一种新式的战争武器。

在第一次欧洲大战时代,就已经应用过细菌战,结果有多数的生命因此而丧失,所以在大战结束以后大家相约再不利用细菌战,认为这一种手段是太不人道了。

二、敌人在我国应用细菌战的证据:我们在伟大的领袖指挥下的抗战建国工作已经是第四年了,我们的敌人是世界上最不讲信义和人道的,他们的军阀们只知道应用武力,根本就不顾国际公法,所以在过去的几年中,敌人不但是在各战场上和后方的城市上应用过夷烧弹,还用过国际间所不准用的毒气,不但如此,在过去敌人还曾在我们的前后方用过了细菌战,例如:(一)我们时常听到说:敌人派汉奸拿毒菌放在我们后方的井水和河水里,希望我们的同胞喝了这些水后就传染上急剧的传染病;(二)我们也时常从报纸上看到,敌人曾将细菌放在香烟纸包里或是其他的食品里,然后设法由汉奸偷运到后方来,希望我们的后方因此而发生疫病的流行;(三)据确实的情报,敌机在去年十一月里空袭浙江省某县时曾从飞机上散布下白色烟雾状的东西,事后发现了很多的小颗粒落在地上,经过细菌学家验查的结果,证明这颗粒状的东西就是细菌培养基,而里面含有鼠疫杆菌。还有,在去年十月里在浙江省的另一县城上敌机曾散下小麦很多。七天后在该区就发现了鼠疫病人。此外差不多在同时期,敌机在浙江南部某县散下很多的小麦和乌麦;而同时更散布下很多的跳蚤。因为有许多跳蚤落在水缸里,所以才被发现了。经专家检查的结果证明这种跳蚤是最容易传播鼠疫的。这些病人所患的都是腺鼠疫,这是因为跳蚤身体里含有鼠疫杆菌,人们的皮肤被蚤咬后局部淋巴腺先发生病变,肿大而疼痛。

根据以上确切的事实,我们可以毫没有疑问的证明,敌人在我们的浙江省确实地曾使用过细菌战,照我们用细菌学的原理来推测敌人的阴谋,大概是先将实验室培养成的鼠疫杆菌人工的注射到老鼠的身体里去,老鼠得病后,在全身的血液里就有很多的细菌,我们知道在老鼠的身上有很多的跳蚤。当跳蚤吃病老鼠的血液时这些细菌就跟着跑到跳蚤的胃子里面去。于是敌人就大量的收集起这一种身体里藏有病菌的跳蚤,用飞机运到我们的后方而散布下来。地面的人们,倘若被这一种跳蚤咬了以后,就会发生鼠疫病。敌人同时从飞机上散下小麦的目的大概不外是想引诱当地的老鼠来吃麦子。因此使得这些老鼠可以有机会被散布下来的跳蚤咬。倘若当地的老鼠先发生了鼠疫的流行,那不久以后当然就很容易的发生人们的鼠疫病的流行。

诸位! 敌人在过去既已经应用了细菌战来杀害我们的同胞,而在不久的将来恐怕还要变本加厉的大规模地应用细菌战。因为抗战四年来我们是越战越强,而敌人已经到了末路。预想敌人将不择手段地来满足侵略的欲望。

三、作战用细菌的种类:要预防细菌战我们首先该知道。究竟有那几种毒菌可以用来做细菌战。我们知道病菌虽有好多种,但是能用来作战的却是很少,因为大部分病菌的毒性很弱,不容易使敌人发生剧烈的症候,这不合于作战的要求,还有大部分的细菌在身体以外很容易死亡,天气过冷或过干都不适于细菌的生活,例如脑膜炎病是因为一种脑膜炎细菌而发生的,得病的人很多死亡,但是脑膜炎细菌都不能用来作战,因为这一种细菌对于外界的抵抗太弱,离开了人们的身体就很容易死亡,又如结核杆菌可以使人发生肺结核,而这一种细菌对于外界的抵抗力也相当的强,似乎可以用来作战,其实也不然,因为倘若人们的身体抵抗力强大时,虽传染后却可以不发生疾病,而且肺结核是一种很慢性的病,也不适合于作战争武器的要求。能够做战争武器用的细菌,第一,要能抵抗外界的力量相当强;二,要能够传播迅速,很快的能够传播到很远的地方去,而能使多数的兵士或民众被传染上;第三,要所发生的疾病非常剧烈,可以使敌人后方的社会因大量的死亡而变□。能合乎上述的要求大约只有鼠疫杆菌,霍乱弧菌,痢疾和伤寒杆菌。而尤其以第一和第二两种为最危险。因为鼠疫杆菌可以引起鼠疫病,就是俗所谓黑死病。霍乱弧菌可以引起霍乱,就是俗所谓虎烈拉病。这两病是非常危险的。用鼠疫菌来做战争的武器这敌人已经在我们的浙江省试过了,将来恐怕还要在其他的内地来实施。霍乱弧菌敌人有没有用过我们不晓得,但是非常可能的。在去年我们后方的某省就有过霍乱的流行,我们不能不小心。

四、我们应有的准备:我们既然照学理推测,知道敌人所可能应用的细菌不外鼠疫杆菌,霍乱弧菌,痢疾杆菌和伤寒杆菌,那我们就可以进一步的来谈预防的办法。先谈鼠疫,我们该知道鼠疫原来是鼠的流行病,时常从病鼠传到健康的鼠,而传染的媒介是鼠身上的跳蚤。跳蚤吸病鼠的血,同时将血里的鼠疫杆菌吸到胃子里面去;再咬其他健康的老鼠时,就将病菌传到这被咬的老鼠身体里去了。同时这一种跳蚤又能咬人,因此人们也被传染了。诸位! 我们不要认为跳蚤太小,在牠的胃里不能装多少细菌,其实不然,跳蚤固然小,可是细菌更小,一个跳蚤的胃子里可以装几万个细菌呢! 既然如此,那我们最要紧的预防法就是灭鼠,这在我们老鼠特别多的地方非常的重要,我们多杀死一只鼠就少一分传染鼠疫旳媒介。这希望卫生当局和一般的同胞多多的注意,希望我们所有的同胞都能了解灭鼠工作不是一件无关重要的事,而是和整个社会人口的生命有关的。

除鼠疫外就是要防治霍乱,痢疾和伤寒等病菌的感染。我们知道这一些病菌是因为从口吃进去而使人发病的,敌人倘若施用这一些细菌那不外将细菌由汉汗偷放在井水或是河水里,也许是从飞机上散布到我们的河水或是湖水里,还有就是散布到食品里面去。倘若我们要防止这些细菌的传染。第一,不要喝没有煮熟的冷水以及不要吃生冷的食品。尤其在前方的将士们应该注意,当敌人从某一城镇退后的时候,恐怕有意的在所遗留下的食品以及罐头里面放下毒菌。在没有煮沸消毒以前绝对不能吃。因为煮沸可以将病菌杀死。还有在前方的将士请注意,行军时绝对要带热水壶,不可喝没有经过煮沸的河水和井水。因为在这些水里时常含有病菌。第二,是前方的将士们和后方的同胞们应该普遍的每一个人都接受霍乱,痢疾和伤寒疫苗的预防注射,就是打预防针,因为打预防针以后身体里就有了免疫力,就是偶然被传染了也不会再有生命的危险的。

　　总结起来，敌人已经在我们的前后方施用过细菌战，将来恐怕还有更大规模的应用。细菌战固然可怕，但是我们不必惊慌。我们应该妥为防备，比方说，要防止鼠疫的流行，我们最要紧的是灭鼠工作。倘若发现敌人用飞机散下跳蚤或米麦之类，最好该居的居民暂时迁出，报告官厅，妥为消毒和灭鼠后再回家。倘若发现井水里有汉奸投下细菌，那就该急刻的将该井封闭，等到由官厅消毒后再汲水应用。而最要紧的是打预防针，不喝生冷的井水或河水，不吃生冷的食品，非煮熟的不吃，那就可以防止肠胃病的发生了。所以倘若我们预防得法，那敌人的细菌战是毫无用处的。而且一种疫病的流行需要很多适合的条件，条件不适合的时候，就是有生活的细菌也没有用，绝不是如敌人理想的那么容易。（完了）

　　（《战时医政》第 3 卷第 8、9 期，1941 年 10 月 31 日，第 9—12 页）

第四章　战时各地疫情报道与防疫信息

福建省鼠疫发生之原因及其预防之方法

（1937 年 8 月 31 日）

杨永年

——福建省卫生行政人员训练班演讲词——

本人过去为着卫生事业，在几年中来过福州几次，最近两年来，兄弟来到贵省，有的是办理"预防鼠疫"，有的是帮同当局计划卫生的设施；在这两年当中，贵省卫生事业，确有进步，不特卫生机关统一，而且办理卫生人员，亦经过相当训练，将来定有一番贡献，这是多么痛快的一回事：刚才承主席嘱讲关于传染病预防等问题，但是传染病包括范围太广，怕诸位晒太阳太久，只好把题目的范围缩小，现在单就鼠疫传染及预防方法等问题，提来讨论如下：

鼠疫的传播

大家要晓得，鼠疫是杆菌之一种剧烈病，其传染病灶有两种：一在腺，称为腺鼠疫，一在肺，称肺鼠疫，其特别原因，因气候关系，使人发生疾病而死亡，在福建所患的鼠疫情形与北方不同，从前北方肺鼠疫盛行，死亡率甚高，而福建多患腺鼠疫，在民十八年以前，患这病死的，其数大可惊人。若论腺鼠疫，本来不是人的病，中国用鼠疫二字，来作本名辞，顾名思义，较为贴切，在西文中译为 Plague & pest，都没有鼠的意思存在，反失其意义了。在五六十年前，印度鼠疫流行，死亡甚多，曾组织鼠疫研究机关，专门研究病原传染及预防方法,现在经研究所得结果,已为一般人所认识,该会耗了巨大的款,发现腺鼠疫系由鼠先得此病,死后,在鼠体吸血的跳蚤,四散咬人,把鼠体所吸的鼠疫杆菌,种入人体,因之人也得了鼠疫的传染。中国鼠疫传染,以香港为策源地,一八九七年香港发生鼠疫后,由船载往沿海各地,如江苏浙江厦门福州……等,因鼠疫而死的鼠及其跳蚤,藏于由香港到各地的船中,很快的将此病传染到沿海各地,所以有海港检疫所之设立,其检查方法,不是单单检查船客中之有无带菌者,最要紧的还是注意船中的老鼠,及扑灭船中的跳蚤,与船的消毒。

照前面说过,鼠疫是外来的传染病,因老鼠跑不出十二里之外,其祸延不广,其能随处传染而蔓延者,多系由人带走,所以天津牛庄上海等地,从前曾盛行此病,其传染程序,跳蚤以鼠为宿主,鼠死后,另找他鼠为宿主,如此寄生,一传十,十传百,百传千,能在最短的时间,将全部的老鼠都普遍的传染了。

蚤与气候关系

在前几年旧历十、十一月间,福州曾发现死鼠,但不发生鼠疫,这是因为鼠体所生的跳蚤与温度湿度有关,在旧历十至十一月间的温度及湿度,都不适合跳蚤的生殖,故虽有死鼠,因跳蚤少的缘故,也就不会将此病传染于人,前面说过,本来此病不是人类的病,因四五月天气,很适合于蚤的繁殖,此病在这蚤太多的时候,才会传染,鼠体生的跳蚤,本来只喜欢吮鼠血的,若在其饥饿时,就会咬人了,蚤的饥饿,系鼠疫杆菌,侵入其体,在胃内作祟来的。跳蚤吮人,必具有二种条件(一)找东西(二)周围有充分东西,(人及鼠)但在温度高,湿度大,及下雨的时候,人们的精神,很觉得疲倦,跳蚤也是一样的疲倦,故无力传染于人,跳蚤在华氏 76°,及在湿度 0.35°左右压力下生活,最为适宜,据说鼠的身上约有二十头跳蚤,会咬人的不过数头,因此人很不容易得到鼠疫,查福州厦门两地,曾发现鼠疫,不久就没有了,这因为老鼠,本来是有病的,后来自然而然的好了,同时也因为这两地的建筑,比各地较为进步,一切环境,都不适于鼠的生活,无形中,鼠被淘汰,而不能加害于人了,我们每天洒扫房屋断绝老鼠粮食,鼠受此抵制,常会跑到他处谋生活,那乡村中多食物碎屑，老鼠的粮食充足，所以一天比一天的繁殖，在洁净的地方，不但无鼠，同时且无蚤，在沿海各地，本无鼠疫流行，但事实上，沿海各地，每每发生鼠疫，譬如厦门的鼠疫假使不是从外边传来的，那终不会偶然而有的，假使有人患过腺鼠疫，其侵入淋巴腺中之细菌，蔓延到全身，危险非常，而肺鼠疫，是由谈话中直接传染于他人，前福州协和医院，有两位医生，因为检查时，忘戴口罩，竟被传染而死亡，不过人和病人接近，不一定都会传染腺鼠疫，其原因有二：

（一）要细菌活泼，但在淋巴腺中，经血球打得将死，

（二）菌数要多方能传染。

此次厦门所发现的鼠疫，系由一人在惠安，得了鼠病，到了厦门，死在医院里，该院医生因初不觉其为鼠疫病，与他直接说话，也被传染致病而死，此惠安人，是得着鼠腺疫，因毒力过重，连腺带肺都被破坏了。

由香港传到沿海各地的鼠疫，为什么其他各地的鼠疫，渐渐消灭，而福建独不断的流行呢？这是因为福建有特多的咬人蚤，其他各地，如上海南京天津等地，现在没有此种蚤寄生，故虽有福建人得鼠疫，在潜伏期中，到了上海或南京或天津，发病死去，若无特殊关系，也不会传染的，福建四月至八月的气候，很适合蚤的繁殖，其他各地则否，此时如有鼠疫发生，因跳蚤不多，只好送死几头老鼠，就会平安无事，照这样看来，福建的气候，与传染蚤之特多，为流行鼠疫的最大条件，此外还有特别的原因，如福建多山，人民多住居高地，据一般观察，低地多传染伤寒赤痢与霍乱等病，高地多传染鼠疫，还有在高地住的乡村的房屋，因周围环境及经济状况关系，对于卫生设备，太不讲究，有的厨房卧室共在一个房间，有时尚能蓄猪饲狗，剩余的食粮，当然给老鼠以繁殖的机会，人与鼠同居，这是很平常的事情，人与鼠共同生活，也成为司空见惯，不足为奇，所以鼠疫，在福建特别利害，很难扑灭，文明的美国，也曾发现鼠疫，但没有流行过，因鼠疫本不是人的病，人不知道预防，所以才受传染，美国要建房子时，就计划不给鼠生活的机会，并且材料要用硬固的，不易为鼠所动，按美国的鼠疫，虽有发生过，也不过昙花一现，不久就没有了，如果福建各地房屋的建筑，都能像福州厦门那样的讲究，那老鼠不难绝

迹了。

鼠疫的预防法

(一)注射鼠疫预防针

1. 注射疫苗:这是临时特殊的办法,疫苗的好坏,与预防的效力有关,盖坏的疫苗,不特无效,而且有害,从前人多主张购用英国德国印度等处的疫苗,这是大错而特错,因为外国疫苗,对于中国人体质不适合,且本地疫苗杀菌力较他地疫苗为大,所以大家都主张中国人要用中国疫苗,经试用之后,死亡率渐觉减低,由本地培养出来的细菌,做成了疫苗,效力最大,我国从前的疫苗,购自外国,现在所用的疫苗多半自南京北平等地,外国的疫苗,多数来自印度,在中国并不适用,惟南京北平的疫苗,较为适用,惟要用于福州,须经相当的改良,始能增加效力,最好能多含福州所培养的鼠疫杆菌,因为细菌是随环境而变迁的,从前得此病死的,有百分之八十,现在只有百分之五十至七十,这固然一方面因为人的抵抗力增加,另一方面因为细菌随环境变迁的结果,总之疫苗须本地的好,也不能说绝对有效,其原因:(一)疫苗不好,(二)人体的抵抗力不足,伤寒乃人的病,故打伤寒针,所生的人体抵抗力,比打不是人病的鼠疫针所生的抵抗力强。

2. 相当量与充分的时间:相当的量,经充分的时间,间隔的注射,量要多,但亦不要太多,太多反应大,不会发生效力,因细菌多,则起沉淀,并通注射 2.5cc,分三次打,每次隔一星期,打小量易为吸收,第一次打 0.5cc,与打 1cc 的效力相等,疫苗如绝对有效,则因人的特异性,也就不生效力,常有人因打针死的,所以凡患有心脏病的,不要给他打针,鼠疫苗的免疫力,只有一年,所以每年都要注射一回,受注射过的,纵有得病,可免于死。

(二)断绝交通:如欲预防肺鼠疫的发生,就要绝断交通隔离病人,现在福建所流行的腺鼠疫,有人主张打死老鼠可扑灭鼠疫,但鼠已生病,若令人民打之,人民不知消毒的方法,打的人很容易得病,那不是弄巧反拙吗? 且这一打,鼠就四散奔走,很易助其流行的。

(三)水陆检查:水上与陆地的检疫。最要紧的工作,是检查肺鼠疫及扑灭鼠及跳蚤,至于粮食的搬运,也可以传染鼠疫的,如福州的鼠疫传染到古田,是由病鼠吃要运往古田的米,把蚤留存在米内,该蚤随米到古田,古田鼠来吃米时,这福州蚤,就在古田鼠身上寄生而繁殖了,或由鼠随船只,到处移殖,而得染鼠疫,福建内地,虽离水很远,其所以能传染鼠疫者,乃由陆地传染的,陆地传染很慢,所以尚未传染到江苏浙江等地,就是有的话,也不会流行的。

(四)老鼠的隔绝:鼠疫与地的干净及东西臭味,无大相关,因鼠不喜欢接近臭烂的地方及东西,其最有关的,还是老鼠,所以要填塞鼠洞。不给鼠自由流动,以绝鼠粮,而免鼠祸。

(《闽政月刊》第 2 卷第 2 期,1937 年 8 月 31 日,第 29—32 页)

严防鼠疫的流行

(1939 年 1 月 1 日)

蔡松岩

鼠疫又称黑死病,是我国法定九大传染病的一种急剧的疾病,在二十年前吧!关外曾经一度大流行鼠疫,因传染而死亡者,枕藉难计,因而灭门者甚多。甚至医生诊察疫病归来,不久亦遭不幸。疫势的凶猛,比霍乱更属可怕。过去在长江以南,很少发现这种疫病,但是最近在庆元县竟发现了他,民政厅卫生处,已经迅速地着手防治,并且通告民众一致加意预防。可是我们如果以为庆元离此很远,因而对他漠视,这就大不应该。

我们还记得三年前的江北一带吗,那边流行着黑热病,这病比黑死病要迁缓得多,往往拖延得半年左右才死;但是蔓延着许多县份,病倒了十几万人,那种疫病开始的时候,何尝不是限于一隅一处呢。

在庆元的鼠疫未告扑灭以前,对于舟车行旅,政府是有权加以限止的,必要时断绝疫疬发生地交通,焚毁病家器物,励行病室消毒,皆属紧急处置的手段,而无可徘徊的。无疑地,我们应该谨慎地接受政府的警告,而且记住预防的方法。

(《抗战建设》创刊号,1939 年 1 月 1 日,第 9 页)

留心鼠疫

（1939 年 2 月 4 日）

庆元近来有鼠疫发生，民政厅派卫生队去扑灭，希望不会蔓延开来。

鼠疫是瘟疫中最厉害的一种，从古以来，被他害死的人不知其数，所以他是人类的大敌。

印度从公历一八八九年到一九一八年的二十年中间，死于鼠疫的在一千零二十五万以上。十四世纪的时候，鼠疫到欧洲，死人二千五百万。英国人死了一半，弄得工厂停工，田地荒芜，有路无人走，有屋没人住。据说中国人在那一场大鼠疫里也死了一千三百万人。一九一〇年至一九一一年，东三省华北一带，发生鼠疫，两年工夫，死了六万人。一九一七年至一九一八年，内蒙和中国本部又死了一万六千人，真是可怕极了。

好端端的怎么会生起鼠疫来？这答案直到一八九四年才由一个叫尤新的人寻出。原来这毛病是老鼠害的。人类发鼠疫的时候，老鼠也正害着这病，他们也是成千成万的死去。所以鼠疫十分猖狂的时候，到处有死了的老鼠。

这鼠疫细菌存在病鼠的体内或他撒出的粪里，普通都由老鼠身上的跳蚤传染到人的身上。那跳蚤在老鼠身上吸血，把老鼠血里的鼠疫细菌一起吸进肚里去。老鼠死了，跳蚤无血可吸，树倒猢狲散，这些跳蚤一散就散到我们人身上来了。他把尖嘴插进人的血管里，一边吸，一边就把细菌吐在血管里面，过了几天，（两天到七天）毛病就发作了。起初头痛发热，恶心呕吐；后来突然发抖，脉搏变小，面孔起怪样，浑身火热，舌有白苔。有的腿缝或腋下生起鸡蛋大的肿毒；有的咳嗽吐血，昏迷不醒；有的皮肤破烂，疮面有手掌那样大，周围肿起，底青赤色，非常可怕；有的皮肤黏膜发出血斑，不出数天，就一命呜呼。生这病的，十个之中要死九个。

防止这病，要先除跳蚤；要除跳蚤，必须先除老鼠。所以外国人有捕鼠专家，专捉老鼠，使鼠疫细菌，无从立脚。

如果已经有了鼠疫病，就该立即把他隔离，最好把全村的人，都断绝往来。一边努力捕鼠，一边严密消毒，因病而死的立即埋葬，病人用过的东西，一律烧毁，或消毒。等十天半月，不再发现病象为止。

鼠疫是冬天的传染病，在这一点，和脑膜炎一样。

（浙江金华《老百姓》第 24 期，1939 年 2 月 4 日，第 11—12 页）

鼠疫

（1939 年 4 月 15 日）

河南省博爱县　李焕卿

古书无鼠疫名词，据清光绪十七年，广东吴宣崇所著之《鼠疫汇编》云："光绪十六年鼠疫盛行，疫将作，则鼠先死，人感疫气，辄起瘰病，轻者三五日死，急者顷刻，医师束手，间有打斑割血，用苦寒剂得生者，十仅一二而已，先是同治间，此症始于安南，延及广西遂至雷廉，沿海城市，至是吴川附城作焉，明年正月，梅菉黄坡及信义东镇，皆有之，三月后，高川郡城亦大作，毙者每以二一千计，离城市稍远者，染得病归，村乡亦有之，四月后，则瘰病者鲜死，死者又变为焦热衄血，疔疮黑斑等症，初有知广西雷廉之事者，劝诸人亟逃，人皆迁之，久之祸亦剧，乃稍信前说，是鼠死，则尽室以行。"

查鼠疫为病，头疼恶寒，耳后遽肿，结核，燥烦懊恼，昏愦谵语，眉乱，目瞑耳聋，或足胫发肿，咳嗽吐痰，兼或带血，胸中疼痛，体温上升，脉搏加数，呼吸喘促，在二日至八日，即能因心脏麻痹而死，西医分为腺肿性，败血性，肺鼠疫，三种，据其说：一是由一种杆状病原菌，寄生在鼠身上的跳蚤，传染给人，与淋巴腺有密切关系，初发病时，淋巴腺就要发肿，其传染能力，一说是鼠患鼠疫，鼠身上的跳蚤，咬人时，传入人体，一说是鼠身上的跳蚤，粪内含有此种病菌，遇到人体破伤皮肤处，便发生鼠疫病矣，总之，鼠疫是由鼠蚤传染给人，无可疑义，或由颈项部分侵袭，或由上股部分侵袭，该部皮肤便起一种疙瘩，是为腺肿性，医治得早，或有一二可能幸免，败血性与腺肿性，病状无大差异，不过因血液变坏，皮肤粘膜出血耳。肺鼠疫，是病人的淋巴腺缺乏抵抗能力，以致侵入肺脏病人胸中感觉疼痛，最多不过三四日，就要虚脱而死，且百人中竟难一人幸免，然而无论何种鼠疫，致人死后，全体发黑，故一名为黑死病，因其病发核，核疼当剧，故一名为核瘟，就现在的西医治疗方法，只有二种，一是早打血清针，二是试用强心剂，冰罨头部和心脏，但是人们患了鼠疫，治愈的希望很少，还是事前防的为妙，预防的方法，第一是注射防疫苗针，每人要打三次，第二是隔离病人，遮断交通，以免传染蔓延，第三是加紧消灭老鼠，要是老鼠绝种，鼠疫就可肃清了，（见《儿童世界》新十期）自今年五月"闽南各县如福清，惠安，同安，晋江，厦门，莆田等处，鼠疫发生，势甚剧烈，其后皖赣广东，亦有发现者，卫生署派员调查，加紧预防，注射疫苗针，以期扑灭，刘瑞恒与政府当局，商议防救办法，结果，决定五年捕灭计划，指定每年拨专款若干万，办理此事，务使绝根云云"。（见各新闻纸）早被中医界驳其防救非法，缓不济急，无容鄙人再赘也，查役字，说文注民皆疾也，释名"作役字解，如同鬼神以病役人"。尤戍役征役，彼此应当共戍，一人不得脱免也，凡一时患同样病症，发沿门阖巷，或及数县或及数省者，为之疫病，明吴又可所著温疫论备言疫病之祸患，及疫之原因，"由于天地间一种厉气，自人之口鼻而入，非昔人所谓之风寒暑湿燥火，过与不及之作也"，据其经验所及则云，天地间发生厉气，不定对于某种动物，发生患害，然其为害，只能对于一种动物发生疾病，不能同时殃及二种三种动物也，故或牛病也，或羊病也，或人病也，如牛病，则人与羊不病，羊病则人与牛不病，人病则牛与羊不病也，云云。鄙意厉气发生，不定何时，不定何处，亦不定殃及某种动物，又不定仅伤一种而已，盖生物之能生活，由天地间各物之适合气，以培养之，遇不适合气，则其物或病或死，理固然也，凡旱涝不匀饥荒馑臻之时，疫乃发生，疫气所及植物动物，均受危害，谷菜果实不能成熟，是即植物之疫病也，岚雾瘴疠，皆疫之属，同感之，同受之，故同发病，要说人患鼠疫病，必是鼠患疫病，其身上的跳蚤，跳到人身，把病菌传给与人，则眼光狭小，知识浅薄的我，尚未深信，据我一知半解的揣测，则以疾病传人，人当早有是病伏线，要是人人从无是病根蒂，虽是人经是病传染，亦不发是病也，要是鼠疫病，必由鼠蚤传来，则开始之鼠，疾由何处传染，开始之鼠疫菌，因何产生，盖天地间发生此种疫气，对于人群与老鼠，生活上大有危险，鼠触之，鼠生此疫菌而死，人触之，人也生此疫菌而死，其不死不病者，非未经疫蚤之传染，乃因潜伏有浅深微甚之别耳，疫菌因气而产生，感此疫气之深者微者，或未发病，而疫气消灭，则其感到之疫气，日久，随体气淘汰，在不知不觉中，恢复其健康也，要是感此疫气浅者甚者，亦遇传染，其病即发，或不传染，也要发生，中医学理，以为"物必先腐，然后虫生"，人必先病，然后菌生，有许多的病，中医并不扑灭病菌，而病竟能解除，以菌生于病，无病躯体，病菌不能生存，病菌有传染能力，为医者不可不知也，亦不必认为非传染而人必不病，尤为仁人君子，不宜倡言，不过吾人生活，接触清洁空气，自是比较接触污秽之气为好，接触病菌当然不如不接触病菌也，要以疾病必由病菌传来，所以有将癫疯病人，弃于海洋之惨剧，将来无论何病，察其有传染之可能，有死亡之危险，都要弃于海洋矣。（未完）

（《国医砥柱》第 2 卷 3、4 期，1939 年 4 月 15 日，第 45—47 页）

敌机投掷毒物各校奉令预防

（1939 年 6 月 20 日）

本省第二十九流动学校校长郑来兴，呈报教育厅称：本月四日上午九时五十分，有敌机七架过境，当时属校学生疏散在田野间，忽有一机掷下绿色有光纸包之酥糖一包，学生杨志向拾得，职当将酥糖喂一老狗，狗食之，顷刻毙命，是此酥糖内含有重大毒素，而倭寇欲灭绝我中华民族之野心，益暴露无余矣。此等情事，难保不再发生，除申戒学生嗣后切实注意，并通知学生家属外，理合备文呈请通令全省各校注意以免中毒等语，教育厅接报后，业已分令各省立中学，各师范学校，各流动学校并各县县政府转饬所属小学诰诚学生，切实注意预防矣。

（《进修》第 9 期，1939 年 6 月 20 日，第 38 页）

卫生常识预防鼠疫须知（本处卫生防疫区署第三区署制发）

（1940 年 2 月 15 日）

鼠疫是十分可怕的传染病，安铺一地，每年都有流行，附近各处，亦每有发生，民众遭疫死亡的，已经不少，我们岂能让他——鼠疫——继续的残杀下去吗？不，我们应当设法去预防它、扑灭它，请大家照下面所列的方法做去吧！鼠疫是可以扑灭的。

（一）每人赶快注射预防鼠疫针，以增加抵抗鼠疫能力。

（二）每家养猫，并用鼠笼、鼠夹，或用毒药等，以扑灭鼠类。

（三）填塞墙洞，清除屋内破烂家具，使鼠类无处匿居。

（四）食物严密关闭，残肴饭屑，清扫贮藏，以绝鼠粮。

（五）多开门窗，避免潮湿，清除垃圾，洒撒石灰，以灭鼠蚤繁殖机会。

（六）发现鼠疫病者，应即报告乡镇公所转报，以便及早防止蔓延。

（《广东卫生》第 7、8 期，1940 年 2 月 15 日，第 4 页）

鼠疫甚于敌机

（1940 年 12 月 7 日）

华　中

一、本省鼠疫之蔓延及防治情形

本省各县之有鼠疫始于庆元，由来已久，然未有如今年的足以恐怖。庆元在今年三月起，迄今患鼠疫而死亡者已有一百五十人以上，我们都以地方性疾病视之，未作切肤的观感。到了十一月初旬突闻宁波市中心区发生鼠疫，蔓延甚速，在半月中染疫而死者已达八十人之多，宁波之疫势未减，而衢县城区又告发见鼠疫，死亡人数已达三十人。鼠疫系急性传染病，在医药昌明的今日，尚无确实可靠的治疗法，加以交通之便利，随时随地可以传播于各地。何地无鼠，何家无鼠，任何人均不易逃避鼠疫的威胁，其猖獗有甚于敌机！

此次鄞县于十一月初发现鼠疫，省卫生当局据报后，即于五日派卫生处技正兼代第三科科长王毓榛，随同鄞县县长俞济民驰往该县调查，并指导初步之防治工作。六日又派卫生试验所技正吴昌丰前往鉴定，旋以据报告，经检验后，确属鼠疫。省卫生处陈处长当即偕同中央第十七医防队队长叶树棠，并率领防疫工作人员九人，随带鼠疫疫苗，消毒药品，及捕鼠器具等，前赴该县督促，一面协助工作。据悉此次鄞县发现鼠疫，当地行政卫生人员，颇能了解责任，互相合作，诸如组织防疫机关，封锁疫区，隔离病人，以及消毒监视埋葬等工作，均甚切实。惟疫区内居民，事前有少数人逃避至他处，除由该县派搜索队,分往各处搜索,并由人民自动的电告防疫处,与以隔离。省卫生处陈处长亲莅该县时,亦曾特别提出此点,期望县当局对于此项工作,能澈底严密,以免疫区有扩大之虞。观上情形,鄞县之鼠疫,以地方当局迅速处理之后,大约半个月内如无新患者发生,即有扑灭之可能。并闻军政部第四防疫分队,亦携带足供一万七千人用量之鼠疫苗,前往该县协助防治。

衢县西门柴家巷罗汉井县西街水亭街一带,于十九日突发现腺性鼠疫后,死亡者三十余人,上述地区人烟稠密,发生鼠疫后,当局甚为注意,专署召集各机关开会,决设鼠疫防治委员会,进行防治工作,疫区内民众即迁移船中,以防蔓延。省卫生处派第二科科长郑介安、卫生试验所技正吴昌丰赴衢,主持防毒及检查疫病工作,卫生处新近组织之临时第二防疫队,携带大批防治鼠疫苗赴衢,处长陈万里亦前往视察,并将衢县疫区实行封锁,筹备隔离医院。惟疫区一部分民众,潜行远离,卫生处深恐蔓延,设法追回。而中央卫生署亦派福建卫生处防疫专员柯基光来浙协助办理防治鼠疫工作。

鄞衢相继发见鼠疫,引起政府当局与地方人士之深切注意,深恐一日蔓延,扑灭为难,相率研讨预防办法。金华为鄞衢交通要道,县当局为防患未然计,乃举行城区清洁大运动,同时奖励市民捕捉鼠类,由政府备价收购。金华国医公会,在秋季会员大会中,讨论鼠疫预防及治疗方法。东南日报馆为拔本塞源起见,当自捕鼠类着手,乃登报公开征求捕捉鼠类工具药水及用法,以便广为采用。现宁波鼠疫经积极防治后,疫势可望消灭,并定期火焚疫区之房屋器具,以澈底清除疫菌,防疫处现筹款五十万元办理善后,衢县则由防治委员会在疫区进行消毒工作。龙泉前曾发现死鼠,省卫生处当即派员调查指导防治,并由县卫生院推行清洁运动,加紧捕鼠工作。庆元现组有防疫队,省卫生处派员在曹岭等地,普遍施行鼠疫预防注射,以杜疫症的爆发。

二、鼠疫的发生及其症状

鼠的种类甚多,有屋顶鼠、黑鼠、棕鼠、小鼠、鼷鼠等。鼠疫的传布,先由鼠的本身发生了疫,鼠类染疫后即死亡,由鼠疫而变为人疫,这其中的媒介作用,是一种杆菌寄托在鼠身,即为鼠疫,由疫鼠身上的跳蚤和虱,由死鼠而转到于人体,一经叮螫后,其疫菌即在人类身体上发作,此时由鼠疫扩大为人疫了。此种疫菌最易感染的鼠类,一为屋顶鼠,一为黑鼠。

屋顶鼠大多居于天花板或瓦缝中。牠的身体比较尾短,体重平均约二百克,背部作棕色,腹部为灰白色,耳大可以遮盖眼部,后腿长约 3—3.5cm,前腿稍短,约四与三.五之比。雌性者有乳五对;生殖率每月一胎,每月最多可产九只。此种鼠,性极机警,传染疾病的范围亦甚广大。黑鼠一名家鼠,好住在离地一尺高的墙洞里。牠的体重和形状完全与屋顶鼠相同,惟牠的毛色背部为灰黑,腹部灰黄,雌鼠有乳五对:胸部二对,腹部三对,生殖率及每胎所产率数,与屋顶鼠相同,此种鼠类最容易传染疾病,所以每逢疫病发生,必以黑鼠为先。

鼠疫又名黑死病,盖指患者致死后其肤色青紫而言,其症候有腺鼠疫、肺鼠疫、败血性鼠疫三种,为急性传染病,我国列为法定传染病之一,疫势凶猛,一如霍乱,然较霍乱尤难扑灭。其患腺鼠疫者,一般症状较轻,其症状较显著者为淋巴腺肿胀,尤以鼠蹊部之淋巴腺为然,而淋巴腺化脓者亦有之,皮肤有时有斑点。而肺鼠疫患者,往往起病时即突发寒,继以高热、咳嗽、血痰、胸部闷痛,呼吸困难,致皮肤青紫,脾脏肿大,二三日后即因血中毒及心力衰竭而死亡。更有败血型鼠疫,更为剧烈,死亡极速,鲜有治愈之望,治疗上除严密隔离患者及一般对症治疗外,早期注射抗鼠疫血清,或属有效。至预防上最要,除患者即时施行严密隔离外,其住宅衣物等均须施行熏气消毒,及遍洒漂粉或石灰,最好一律加以烧毁,疫区严密封锁,断绝与外界之交通,并扩大捕鼠运动,凡其他住宅墙壁地板空隙之处,更须严密填塞,断绝鼠粮,防止病鼠流窜,其疫区附近住民皆应强施鼠疫苗预防注射,及随时注意扑杀病鼠。

现浙江省卫生处诚恐各地续有发见,特提出各地应行注意事项二点如下:一、如有头痛发寒,恶心呕吐,继发高热,步行蹒跚,昏睡谵妄,(二十四小时内死亡)及鼠蹊部淋巴腺或腋窝淋巴腺肿胀(或发病第一日起,咳嗽有粘液性并带黄红色暗红色之喀痰,)之病人或死者,无论其家属或同居人,以及旅舍店肆舟车学校工厂之主人或管理人，应即迅速报告当地县政府警察局及县卫生机关（医师更有报告之义务）。二、防疫工作首重隔离，一经确定疫区以后，所有居住于疫区之人民，无论染疫患者嫌疑病人，以及寻常居民，均应分别隔离，此为当然之处置，希望各界人士予以充分协助。

三、鼠疫之预防在杀灭鼠和蚤

目前医药所不能治疗的疾病尚多，如鼠疫即其一，腺鼠疫可注射大量鼠疫乏克辛，及预防血清，惟目前不易购到，亦非一般民众所能置备。至于肺鼠疫、败血性鼠疫，迄今尚无特效的方剂，只有将所患者予以隔离待毙，不使传染。既无可治疗之方法，只有从事于预防。鼠既为疫菌所寄生，当先灭鼠，疫菌又由疫鼠跳蚤而传染人身，其次当灭跳蚤。

杀灭鼠类的方法，一为防御，以杜鼠类的孳生使其减少，而至于绝灭；一为扑灭，使其无法生长，不容与人类而共存。

（一）防御法，

甲、在建筑上：防鼠建筑之惟一条件，为尽量减除房屋空隙孔缝，墙垣门窗，尽量采用坚固材料，以使鼠类无处居住，且无法破坏。最完善者莫如用混凝土之地基墙壁，（我国历来应用桐油与石灰之混合物，待其干燥，坚固硬度亦不下混凝土）。墙基高度须超出地面三十公分，深入地下六十公分。下水道、阴沟、自来水管入口处，均须分别用金属条拦阻，或混凝土封闭使鼠类无孔洞可入。普通居住房屋，地层可用木板，墙基另用水泥，或砖砌。墙壁亦可用木板，及砖，但以无空隙孔缝为原则。

若建筑在林中或空旷野外之仓库，四周无其他屋宇毗连者，则可先用混凝土或石块砌成无缝之地基，高约四十至六十公分，建房子于其上；四周更围以卅公分左右之砖墙基，外加密闭无缝之门窗。房屋有如上设备，鼠类无从侵入矣。又少数食物，亦须贮于密闭器内。以免鼠类偷食。

普通住屋之天花板上、夹墙、重壁，如不另作贮藏什物之用，应设法密闭，并填补其空隙；墙孔地穴，亦应绝对补塞使鼠类无地躲避，而迁徙他处。

乙、在设备上：鼠粮最多的地方，是厨房仓柜及猪栏等处，同时亦是鼠类孳生的策源地。故设备上最重要的一种实施办法，就是要断绝鼠粮，使鼠类找觅不到食料。我们要将贮藏粮食和食品的各种器具,加上密盖,不过有时我们盖得虽则很紧很密,而鼠的牙齿很锋利,能将器具咬破,跑进去吃里面的东西,因此应将器具的盖边等地方,用铁皮镶钉,这样老鼠无法咬破了。再其次处理垃圾和废物,也是我们基本灭鼠方法之一,因为垃圾和废物堆,不仅为鼠类的窠,而且垃圾中有许多我们人吃过的残余食物和其他东西,可供牠们作食料。所以对于垃圾和废物的处置,是不能放任的。

以外家庭内必须保持清洁,还应当注意到处理家具什物问题,因为我们时常可以在家具什物的空隙中,找到鼠窠,为此我们应当时常加以整理。对于碎石、砖、瓦等物,又应把它迭实,不可稍有空隙,以防鼠类作窠安身。

(二)扑灭法,

甲、药品:毒鼠药最理想的莫如炭酸钡,系一种无色无味之粉末。普通用炭酸钡,番木鳖素及砒类等毒药和在面粉内,做成一种如钱币大小的圆饼,外面涂蜡,可以保持相当时间不易干损。放饼的地方要黑暗,并宜选择鼠类容易找的地方,同时又要注意到毒饼切勿用手去拿。毒饼放过后,须注意寻觅死鼠。此外用一种特制的打气筒! 将锖化钙装入打气筒的瓶中,打到鼠穴里面去,老鼠嗅到这种药气味,马上就会跑出洞外面死亡。但此法须有特制的器械,并且应用时又非一般民众所能做到的。所当注意的,普通应用的毒鼠药,其毒性并不能使鼠立刻毙命,总须经过若干时候方能发作。致老鼠往往死在洞中而不知。死鼠在洞中日久腐烂。每是鼠疫发生的开端,若一年中不幸有一只死鼠作了鼠疫的导火线,其损失就无从计算,实是很大的危险!

乙、器械:用各种器械消灭鼠类,仍为比较实际的方法。捕鼠器有捕鼠笼、捕鼠夹子、捕鼠弹簧等,市面都有出售。我国过去应用捕鼠之器械虽名目繁多,但效率佳良之捕鼠器尚未出现。普通应用者不论活捉或捕杀每次所得,能超过一鼠以上的很少,是故欲赖捕鼠器以期得相当效果,殆不可能。我们常用的捕鼠器,有中国式弹簧木板机,德国式弹簧铁板机,中国式捕鼠笼三种。

中式木板和德式铁板的两种弹簧鼠机,它的构造,一是用钢丝弹簧钉在铁板,一是钉在木板上面,所以是大略相同的。捕杀的方法,都是老鼠来吃这鼠机上的食物时,触动了铁丝弹簧,就被夹死。捕鼠笼系用铁丝编织所成,一边开着活动弹簧门,当老鼠进入笼内同样地触动了弹簧,铁丝门打了下来,老鼠就关在笼内了。至于安放捕鼠笼的时间,最好在晚上。其次我们又要注意到放鼠机的地点,最适宜的如厨房,食品箱橱旁或鼠穴交通道口等,都是老鼠出来觅食的必经之地,捕杀足有把握。老鼠嗅觉最灵敏,一经嗅到人的气味或鼠气味时,牠就不敢再来吃了,所以装放鼠机的时候,先要把我们的手和装用过的鼠机,一定要用肥皂水洗刷干净,没有其他痕迹为宜。

其次要谈陷鼠缸,这也是一种很简便的捕鼠方法。即用普通小缸一只,埋在地下,将缸口露出地面约五寸高,缸内放二分之一的水,水面撒布多量砻糠,砻糠上面再放些糕或炒过的米糠;老鼠嗅到了香气,牠因为看不见水,所以很胆大的纵身跳进去,砻糠受到鼠的压力,很快分散,老鼠沉陷到水里,再也跳不起来了。此法很灵验,却又很简单,容易装置。

丙、动物捕鼠:养猫捕鼠为我国固有的习惯,故猫之佳种亟须加以改良。其他可由人类养育的捕鼠动物,在今日尚未有所闻。

其次,当灭的为繁殖在老鼠身体上的跳蚤。

蚤的种类很多,对鼠疫有关的,普通分为传染蚤、人蚤、长蚤、鼠蚤四种。在这四种蚤的当中,最容易传布鼠疫的,就是传染蚤和长蚤,鼠蚤次之。人蚤虽然没有传染力,可是遇到我们人患疫症时,假使有此种蚤在身上吮吸过血,那么就有传染人的可能性了。我们知道尘垢垃圾和污秽不堪的地方,都是蚤的生殖最好的地方,所以对于环境的卫生,就是灭蚤最基本的办法。

(一)对于房屋的打扫清洁:例如旧式房屋的屋椽、梁柱、板壁缝、地板和楼板缝等,都是容易堆积尘垢的地方,同时亦是跳蚤幼虫的发源地,我们须勤加打扫,使蚤卵不能发育。

(二)对于房屋的改良:如使空气流通,光线充足等,同时并使地面干燥,亦是使蚤类不易成长发育的条件。

(三)焚毁垃圾和废物:这对于扑灭蚤类是最有效的办法,吾们必须要把垃圾废物焚毁净尽,才能达到目的。

(四)注意家畜的清洁:普通家里所养的家畜如犬、猫……等畜类身上,跳蚤寄生量最多,我们的须将它处理清洁,此亦灭蚤的重要条件。

此外,还可利用药物来杀灭跳蚤,是用软肥皂三分先行溶解于水,(十五分)搅拌加热成黄色透明液后,每二十分钟加入煤油十分并搅拌之,至加入煤油总量达八十二分时,仍继续加热,至完全混合后即成。此种灭蚤剂可用喷壶洒之。其次可用百分之五的石灰乳(即生石灰五成加水九十五成),价钱很便宜而使用很简便。

（《浙江民众》第 1 卷第 5 期,1940 年 12 月 7 日,第 11—13 页）

敌机投散毒菌,我们小心提防!

（1940 年 12 月 8 日）

小朋友,敌机近来在我们沿海各县,很是活动,据说,他除了投弹以外,有时还投下毒菌呢! 像在金华地方所投的毒物,经医生化验,已证明含有鼠疫杆菌。那种毒菌,在三十七度左右,就会生长繁殖,外层所包的胶质,遇水是会溶解的。所以大家都疑心近来宁波等地的鼠疫病,一定是敌人散下毒菌来的。

小朋友,你想敌人的心狠毒不狠毒? 现在我们政府已叫卫生人员,设法预防,以除我们对敌人投下的东西,切切当心焚毁牠。

（《浙瓯儿童》第 1 卷第 15 期,1940 年 12 月 8 日,第 7 页）

简讯

（1940 年 12 月 15 日）

十一月六日,举行大扫除,并行街头宣传,张贴防止鼠疫标语。

（《浙东》第 5 卷第 6 期,1940 年 12 月 15 日,第 12—13 页）

鼠疫问答

（1940 年 12 月 15 日）

松

甲 最近敌机飞过金华衢县,据说常常散放毒雾,有这事吗?

乙 不错,前几天牠们飞过的时候,到了市空,飞机后面就放出一道白烟,拖在空中,约摸有一里长。有人看见那散落的东西是鱼子样的颗粒,放在水里,就发油花。

甲　哦,不要是他们又放毒药呢?

乙　照现在试验出来的说,那东西比毒药更凶。敌机放烟以后,有人看见一辆黄包车上落着这样的颗粒,肚里疑心,就拿去叫医生化验,医生用显微镜一看,知道那些粉粒并非毒药,却是一种鼠疫杆菌。

甲　什么?这不是叫人生鼠疫的吗?听说宁波发了一度鼠疫,死人百余,这几天刚刚好些,衢州又有鼠疫了。原来都是敌机害的吗?

乙　说不定。卫生处派人检验,看来虽是鼠疫杆菌,却还没有用动物来实验过,譬如拿这杆菌注射到老鼠身上试试,看牠会不会害病,因为鼠疫原是老鼠害的瘟病。

甲　老鼠害的瘟病,怎会瘟到人身上来呢?

乙　这是容易想出的,老鼠身上不是有跳蚤吗?老鼠害了鼠疫,老鼠血里就有鼠疫杆菌。鼠蚤吸老鼠的血,便把杆菌也吸进在肚里。老鼠一死,鼠蚤在老鼠身上无血可吸,就树倒猢狲散,散到人身上来了。这种带满鼠疫杆菌的跳蚤来吸我们的血,怎不把杆菌传进我们的血里?

甲　这样看来,要防止鼠疫,最重要是清除跳蚤。

乙　不错。但跳蚤很细小,要除尽牠,非常困难,现在是用的釜底抽薪的方法,先灭老鼠,老鼠除完,鼠疫杆菌没有来路,虽有跳蚤,也不会害人生鼠疫了。

甲　哦,怪不得各地出钱买老鼠,有五分钱一只的,有一角钱一只的,目的原来为此!不过我有个问题:现在敌机散发的鼠疫杆菌,难道也要老鼠先害了病,然后由跳蚤做媒介,传到人身上来吗?

乙　那是不必的,鼠疫杆菌出在老鼠身上,要鼠蚤做媒介:现在出在飞机身上,鼠蚤就用不着了。因为鼠疫发病,不全从血里起,他有好几条路线:

第一是进血管的,生一种"败血性鼠疫",皮肤发血斑,很是厉害。

第二是进淋巴腺的,生一种"腺性鼠疫",腿缝,胁下生起鸡蛋大的肿块。

第三是进肺部的,生"肺性鼠疫",咳嗽吐血,死人极多。

第四是进眼睛的,生"眼性鼠疫",眼睑周围都起浮肿,又多眼脂。

第五是进皮肤的,生"痈性鼠疫",侵入处生青色水□,后来烂坏。

所以要防鼠疫,还要留心病人的血液、痰唾、粪便,这些里面都有鼠疫杆菌,都会叫我们传染鼠疫。

甲　如此说来,我明白"隔离医院"的用意了。听说宁波鼠疫厉害的时候,疫区的人都不准自由来往,已经跑出外面的,也要追回,病人更要住在隔离医院里,原来是怕他们的痰唾、粪便、血液会把鼠疫传给别人。

乙　一点不错。他们还怕病人的跳蚤会带到外面去,看见猫狗,都不客气的打死,而且把不易消毒的房子烧掉哩!

甲　这叫做"猫犬遭殃"!但烧房子一层,我觉得太过火了,倘使因为屋里也许有鼠疫杆菌就把房屋烧去,那末敌人如在城里散发杆菌,难道就把全城烧毁吗?

乙　你这话也对。大概主张烧屋的人,以为这次鼠疫是由于死鼠的缘故,老鼠死的地方不易找着,烧得精光总靠得住些。

甲　这叫做"玉石俱焚"!难道屋子里一有过鼠疫杆菌,便永远不能住人了吗?

乙　那倒未必。鼠疫杆菌虽说抵抗力很强,若不是在牛奶米粥水中,顶多三星期也会死灭。敌人放下的毒粉中若预先配有杆菌的养料,又当别论了。

甲　说了半天,还没请教个人避疫的方法。

乙　要避免鼠疫,老鼠自然是杀光的好。此外最要紧的是不近病人,一发觉有鼠疫症状的,立刻叫警把他送到隔离医院去。同时还要注射疫苗,更把屋子里上上下下,扫除得十分清洁。

（浙江金华《老百姓》第 79 期,1940 年 12 月 15 日,第 6—8 页）

时事教学参考数据（一）鼠疫（上）

（1940 年 12 月 16 日）

泉

一、时事提要:

1. 敌机投下鼠疫菌　本省大江报十二月八日载广播讯:省府顷准某战

区最高卫生处电,以宁波衢州等地鼠疫猖獗,死亡甚众,据某专家研究所得,此次鼠疫发生原因,系敌机投下杆状对象,内装谷物及跳蚤甚多,市民无知,拾之以归,遂致传染蔓延。该项跳蚤,经专家分析,确即传染鼠疫菌之媒介,特集合防疫专员,妥善处置预防办法,并分电各省政府督促地方机关,严密注意敌机之行动,加派防疫人员,分赴各地协助,普遍施行预防注射,至于清洁运动之举行,公共卫生之实施,厉行户口之检查,民众捕鼠之倡导,均为防治鼠疫清洁办法,由各级卫生机关,协助当地政府,积极推行,藉资预防,如期早日扑灭云。

2. 本省卫生当局严密预防中央社讯:浙省宁波衢县已先后发生鼠疫,因浙赣两省毗邻,难免不被传染,中央社记者特趋访江西全省卫生处长方颐积,承告各点如下:鼠疫是一种急性法定传染病,万一流行,死亡迅速,异常危险。往年福建境内时有发现,今春浙江庆元县时发时息,上月宁波又发现,疫势险恶,流行极速,幸浙省当局迅速防治,致未蔓延。上月下旬本处据报衢县又发现鼠疫,该县毗连赣省,且有浙赣铁路通连,旅客往来,难免不被侵袭。本处立即拟定本省防疫办法,并接浙省卫生处长陈万里等会衔来电,谓此项鼠疫杆菌,系敌机散播,本处旋即拟定赣东鼠疫防治暂行办法,并实施各项紧急措施,成立鼠疫防治队及灭鼠组,于上饶设防疫所,玉山、广丰等三处设立检疫所,检验入境旅客。并闻省府已通令全省各防空机关,遇有敌机空袭,防空部队应严密监视,倘敌机散布颗粒状物体时,禁止人民切勿沾染,迅即报告当地卫生机关,污染区域由当地卫生机关施行清洁消毒。至于鼠疫预防注射工作,现已向中央防疫处购备菌苗,一俟到赣,即可开始接种。毗连浙省各处及浙赣铁路沿线各城市,现已举行预防鼠疫宣传,捕鼠运动及清洁大扫除,以便防患未然。目前省境内尚无鼠疫发现,但预防工作不可稍缓云。

二、鼠疫的病情

1. 鼠疫的病原　鼠病亦名陪斯忒,或黑死病,或东方疫,我国古时之疙瘩瘟疬子,或痒子病,及现时之鼠疫或肺疫,印度之巴利疫或马哈马里,日本之疫,及俄罗斯之舟马,皆其类也。此病乃急性传染病,其病因为鼠疫杆菌,以啮齿动物蚤为传布之媒介,本系啮齿动物病,但于适宜状况之下,亦可传染人类。

鼠疫有三种,为腺鼠疫、败血鼠疫与肺鼠疫。

腺疫者,乃系因病毒由皮肤或表面粘膜入于人体而输入淋巴腺内,以致淋巴腺发炎,是以腺疫之显著症状,即为淋巴腺炎肿,其轻微者,只限于局部腺肿,其较重者,则病菌侵入血液而成菌血症。患菌血症者,如发生继发性肺炎,则可藉染菌飞沫传染他人,而成为原发性之肺疫,即可于人类中直接传布,故其传布之途径,与腺疫者不同,盖无藉染疫啮齿动物及昆虫媒介以传布。

原发性之肺疫,恒致死亡。至腺疫之严重性,则以个人状况及地方情形,亦互有异同。患轻性鼠疫者,其腺肿之时间甚短,症状甚为轻微,患者仍能行动,甚至其病或未察觉,如病毒侵入血液,则或于局部尚未显病征时,其人或已死亡,此种恶性重病,在肺疫流行时均有之。如发生于腺疫流行时,则为败血疫;如发生于肺疫流行时,则病人每于患咳嗽之前死亡,飞沫传染之机会因之减少,而疫势乃自然终止。

2. 鼠疫症状　a. 腺鼠疫为最普通者,潜伏期为二至十日,被有病之鼠蚤咬后,体发高热,皮肤生疹或脓胞,昏迷谵语,死亡者占百分之三十至七十五。

b. 败血鼠疫,一般病状似腺鼠疫,然淋巴腺未及肿大而即死亡,死亡率几为百分之百,血中充满鼠疫细菌。

c. 肺鼠疫多由患鼠疫病人得之,亦可由腺鼠疫或败血疫演成,病势凶恶,咳嗽喀血,死亡率亦为百分之百,治疗只有鼠疫血清及拜耳二零五药品有相当功效,即用之死亡率亦甚高。(以上节自《益世报医学周刊》第二十二期)

3. 鼠疫验法之一　如有头痛发寒,恶心呕吐,继发高热,步行蹒跚,昏睡谵妄,(二十四小时内死亡)及鼠蹊部淋巴腺或腋窝淋巴腺肿胀(或发病第一日起,咳嗽有粘液性并带黄红色暗红色之喀痰)之病人或死者,即为鼠疫。(见浙江省卫生处防治鼠疫应注意事项)

4. 鼠疫杆菌形状　鼠疫杆菌,长约五 u.（1u. 等于万分之一生的,约当英吋的二万五千分之一。）粗约二 u.,呈短杆状,有时可以变成卵圆形,或者纺锤形、球形,用平常的眼光,谁也不能看见,但在显微镜的视野里,就可以很清楚的看出它的原形了。

三、疫神——"蚤"的研究

1. 蚤的种类　这种极其恐怖的病菌,每先感染鼠类,再由鼠间接地传给人们,所以这地方的鼠类如有鼠疫流行,不久,居民间也就有病人发生。至于从鼠体传染到人类身上的径路,那就是藉了这身体微小的蚤。

一八九八年英人西门（Simond）最先认定鼠疫菌是在蚤的胃中繁殖。一九〇三年俄人韦机必斯基（Verj bitski）及一九一四年英人培可脱（Bacot）和马尔丁（Martin）等先后证明在鼠类间传播病疫的是蚤,而且断定把病菌再传给人们的也同样是蚤!

蚤是昆虫的一种,身体非常微小而扁,善于跳跃,所以称为跳蚤,它的跳跃力实在可惊,据密次美因（Mitz Majn）的观察,人蚤跳高可达七又四分之三英寸,跳远可达十三英寸,若以蚤之体大为半英分计算,则跳高达其体长之一百二十八倍,而跳远则达其体长二百零八倍。蚤多寄生在温血动物的体外,吮吸血液,种类很多,兹简述传染鼠疫的重要蚤类于下:

人蚤分布全世界体区最大,胸背无栉状棘,可与犬、猫、鼠蚤相区别,虽寄生人体,但猪身上也颇多,有些学者竟主张改称猪蚤。猫狗身上也有看到,冬季尤其多。

犬蚤形状和人蚤相似,不过雌的头部尖些,跳跃力没有人蚤这么强。分布全世界。

猫蚤形态和习性都与犬蚤相像,有些学者竟认为是犬蚤的变种,但毕竟也有小小的区别,雌的犬蚤头部是长度不到高度的两倍,而猫蚤却有两倍。雄的生殖器,二者也有不同。分布区域是热带和温带,所以我国南部常能看到寄生的范围很广,除寄生于猫犬和人以外,有时还会移到鼠身上云。

鼠蚤最著名的是印度鼠蚤分布遍于全球,在传播鼠疫上要算一个最重要的角色,凡有鼠疫处均发生甚多,但以热带为重要。我国由南至北,直至沈阳，由东往西，直至陕西均有之。这种蚤和人蚤相像，也是肥大而无栉状棘，不过第二胸节特狭，针状口器少一部份，头部后缘列生刚毛，中胸侧板纵裂，是二者不同点。

此外尚有欧洲鼠蚤和东印度鼠蚤也是鼠疫的重要媒介，前次在我国东三省蔓延的，就是由欧洲鼠蚤从西伯利亚、外蒙古一带传入。

不过，各种蚤的寄主，并不限定某一种动物，时常向别种迁移的，如犬、猫之蚤也会跳上人身来吸血，人体的蚤也能寄生在鼠的身上。

2. 蚤的繁殖　蚤的吸血，是利用它构造微妙的针状口器，刺入寄主，吸收血液，和蚊同样，不过蚤不论雌雄都会吸血，它喜欢湿润和寒冷，若把它们放在干燥的环境里，不给温血动物的血液吃，那么，大多数在六天之内就死了，在适当的环境，寿命则很长，据培可脱的报告：在湿润的冷处，人蚤可活到一百二十五天，犬蚤五十八天，印度鼠蚤三十八天，欧洲鼠蚤九十五天，假使每天给它吃血，那末人蚤有五百十三天，犬蚤二百三十四天，印度鼠蚤一百天，欧洲鼠蚤有一百〇六天。

每一个雌蚤的产卵数很不一定，有的说一个雌的人蚤最多能产四百四十八粒，有的说只能产生三粒至十八粒，这或许是种种营养状况，环境差异以及其他种种原因，蚤的卵近乎圆形，白色或淡白色而有光泽，有半个公厘那么大，卵常产在寄主的身上，再落在地面或寄主睡眠处。孵化所要的时间也随种类和环境而不同，快的两天，迟的要十二天。

幼虫身体细长，约有六公厘，无脚无眼，生着许多毛，举动活泼，多在垃圾堆和有动植物质混着的尘埃中。它的粮食主要来源，多是成虫所排出的干血，而遗落在幼虫发育处所的。此外凡动物的排泄物、血液、已发芽的谷类，也可作牠们的食品。幼虫期间的长短，随着温湿度的转移和食粮的供给情形，而相差很大，普通是一星期到三星期也有延长到二十星期的，这期间经过二回脱皮，便吐丝和灰尘、泥砂等黏合而成茧，蛹化其中，蛹期的长短也很有差异，最短的三至七天，长的竟到一年以上。等到变为成虫，便开始去吮吸人类或其他动物的血液了！

3. 蚤的传病方法　当鼠类发生鼠疫的时候，蚤吸了含了多量百斯笃菌的鼠血,这些病菌在蚤的消化管内繁殖异常迅速,结成凉粉似的块状,几乎将整个胃塞住,于是这蚤感到异常口渴,便拼命地向人和鼠螫刺,可是胃被塞足,吸人的血液,不能进去,反而倒从螫口注入人体,这些逆流的血液曾和前胃的百斯笃菌的凝块相接触过,所以健康的人,因此而得病。

还有在蚤的粪便中也有许多百斯笃菌,因为蚤有一面吸血一面在寄主身上撒粪的习性,粪便黏在寄主身上,不会落下,于是这些病菌就从皮肤的毛孔中侵入,又因为蚤的身体很小,粪便和牠吸血的伤口,接得很近,所以牠粪便中所有的病菌,极容易侵入伤口,据学者的研究,把含有病菌的蚤的粪便涂在它吸血的伤口上,那个人可在二十四小时以内发生鼠疫而死。

感染鼠疫的根源既是跳蚤,为了预防鼠疫的发生,就得将这传布鼠疫的瘟神——跳蚤驱除。

4. 蚤的防治方法　现在已将蚤的防治法简单介绍于下:

a. 房屋及公共场所保持清洁,在蚤的发育场所,常利用日光曝晒,灰尘较多之处,时常喷射盐水或洋油,床下尤须扫集尘土,举火烧之,消灭其中的蚤卵及幼虫,国人素来不注意清洁,藉此可以养成清洁的习惯。

b. 床离地稍高,约二尺光景,使蚤不易跳上。床脚上缠围黏蝇纸,阻止它们攀登。

c. 鞋袜涂薄荷油,蚤类便不敢上身。

d. 搜寻鼠穴,除灭老鼠,以减少蚤类寄生。

e. 犬猫常近人体,易生跳蚤,遇有发现时,可用克里亚林(Creolir)做成百分之三浓度(约克里亚林四茶匙,水一加仑)温水浸洗,只露出头部,以硬毛刷刷之,约五至十分钟,跳蚤悉爬至头颈部然后扫下烧死,犬猫浸洗后,须用温肥皂水将其洗净。

f. 用避瘟脑(Naphthalin)及除虫菊粉末,刷入家畜毛内,使蚤麻醉,落于地下预铺之白纸上,再收集焚杀之。

g. 室内放避瘟脑或氟化钠,将房屋关闭,至少一月,以杀死室内跳蚤及幼虫,再扫集倾倒之。但是这两种药品,不能杀死蚤卵,所以熏气后,应用热肥皂水或百分之五福尔麻林洗刷地板。

h. 用氰酸气或硫黄等毒气熏杀,在鼠疫流行时,藉以杀灭室内之蚤,预防鼠疫传布,甚为重要,为避免危险,应请卫生机关施行之。

i. 用捕蚤器捕捉跳蚤,虽无显著成效,然亦不无补益,少一蚤就是除一害,可以减少一鼠疫传染机会,捕蚤器种类有二:

① 诱蚤杯 于玻璃杯内放水四分之三,水面加四分之一橄榄油,油之中央置一浮灯,(灯心系于硬纸上,或嵌入木塞中央均可)再将杯放入盛少许浓肥皂水之汤碟内,晚间燃点,置于地板上,蚤类被火引诱,均相率跳入碟中而死。

② 捕蚤笼 大小可如人意,其制作法如下:

材料:粗孔铁丝网一片,木棍一根或竹管一节,扁圆木板二块,捕蝇纸一张。

手续:甲、先于圆木块中央凿一洞,大小以能容木棍或竹管而略大为适宜。

乙、依木棍或竹管长短及周围大小,将粗孔铁丝网剪下。

丙、将网做一圆筒,钉于两圆板上,网领略出板外,以使变抓板上。

丁、将木棍或竹管插入二圆板洞内,次于圆板边缘,钻三四小孔,孔须达木棍或竹管内面,再用细长铁钉插入孔内,使木棍不致脱出板外。

戊、用时将钉拔出,退下木棍或竹管以捕蝇纸裹于棍上,使黏面向外,然后再插入圆板内,捕蝇纸宜时常更换。(以上节自《东南日报》鼠疫专辑。)

(《江西地方教育》第 201、202、203 期,1940 年 12 月 16 日,第 32—35 页)

鼠疫的预防和治疗

(1940 年 12 月 20 日)

一 知

鼠疫又叫"黑死病"是一种可怕的疫病,最近本省宁波庆元衢县却先后发现,死了许多人,据省卫生处的调查,证明一部份是敌机投下鼠疫菌的缘故,敌人的没有天良,于此可见一斑,我们为预防起见,所以要把关于鼠疫的一切研究一下。

原因:这病是由鼠疫杆菌侵入人体而起,侵入的门户不外是(1)虫咬或抓破的小小伤口,(2) 病菌侵入口腔鼻粘膜,(3) 病菌侵入呼吸器。

传染途径:鼠疫由跳蚤吮吸病者的血,又把其血中的病菌传染到人身上,以致生病。肺鼠疫由直接或间接和病者的呼吸和排泄物或唾液接触而传染,毒力甚重,传染亦易,稍有接触,即可传染。

症状:患鼠疫者,先觉头痛,发热,背痛,全身疲乏等症,二三日后发现腹股沟间或腋下的淋巴腺肿胀,不久就破裂流脓,过三四日,热度增高,全身发现红点,重的过几天即死,肺鼠疫病人得病后二三日全身发冷,头痛发热等症,热度于病后廿四或三十六小时后,即增至摄氏三十九度左右,并发生气喘,咳嗽,等病状,全身皮肤现白色,后变血色,中含无数"鼠疫杆菌",数日后病就加重,全身发现红班,症状更危险了。

治疗:鼠疫病的死亡率甚高,尤以肺×疫为最多,鼠疫病如早用血清治疗,或可救治,肺鼠疫中十分之九是医治无效的。

预防方法:这种毛病,既然缺乏相当的治法,应当加倍注意预防,预防的方法,分对人和对鼠类二种:

甲、对人预防法有四:

1. 发现类似鼠疫的人,必须送到医院治疗,并行隔离。

2. 急速预防注射"疫菌"。

3. 因恐有传染的危险,应即报告卫生机关,或警察局,请其协助处理。

4. 不可和病人直接或间接接近,在不得已时,须带口罩,着已消毒长衫,用毕须把口罩和长衫用肥皂沸水煮沸十五分钟,两手亦须用肥皂洗净,再用火酒洗擦。

乙、对鼠扑灭的方法有四:

1. 碰到有死鼠或其他已死的啮齿动物,应用火烧去。

2. 不使鼠得到食物,并闭塞窠穴,以防鼠的藏匿。

3. 利用捕鼠器具,或养猫捕鼠。

4. 从发现鼠疫处开来的船只车辆,必须扣留在境外,由医师检查货物或旅客,证明无鼠疫病菌,才许入境,以防止传染。

(永嘉县《老百姓》新 12 期,1940 年 12 月 20 日,第 15—16 页)

消灭敌伪与防治鼠疫——安定社会经济争取最后胜利（节选）

（1940 年 12 月 30 日）[①]

黄绍竑

李主任委员，各位同志：

今天党政联合扩大纪念周，本席有几件重要的事提出来向大家报告。

对敌伪协定的认识

汪逆精卫和日本所订的卖国条约，发表已有九天了。汪逆这种卖国的行为，每一个中华民国的国民都应该十分注意。此刻我想问问大家已经把敌伪协议的全文看过的有多少人？看过的请举手。（全场举手者约半数）丧权辱国的条约，就是想出卖我们和我们子孙的条件，我们虽然不承认，也知道伪约的无效，但对于他的内容却不能没有清楚的认识。刚才举手的人不多，可见大家对于时局和政治动态的注意还不很够。现在为了引起大家的注意，使大家明白认识起见，我拿来读一下。（读敌伪协定三种原文）

大家听了刚才所读的卖国条约的全文，当然都感觉到非常的愤慨，非常痛恨。前天报上，总裁说这个卖国条约和议定书谅解书，就是以前所谓"日汪密约"的表面化，整个内容，并无任何新异不同之处。总裁是早已猜料到敌人要利用伪组织签订伪约，来灭亡中国的阴谋恶计。

对于这个协议，我们应该有如下的认识：

（一）这次的敌伪协议，可说是世界历史上空前绝后的一幕滑稽剧，因为中日两国的战争，还正在进行的中间，我们正在向着胜利的目标迈进，而对方竟因无力支持战争，就叫出一个人来和他签订条约，把战败赔偿等事都列在里面，实在是天下最荒谬滑稽的事。

（二）两个国家订立条约，应该是对等的，世界上也没有一个国家和自己的奴隶订立条约的。汪逆伪组织是日本一手造成的奴隶政府，现在因为没有办法，竟以主人的身份降格来和奴隶签订条约，这种条约非但不能侮辱损害中华民国，反之适足以表示日本国格的降下——与奴隶傀儡为伍。

---

① 本篇为浙江省主席黄绍竑在省党政联合纪念周中的讲话。

所以我们看到这种协议，只觉得荒唐滑稽可笑，这种协议不能损害中华民国，只是近卫和汪逆开玩笑，搬演滑稽戏而已。

全中国的整个民族正在和日本坚毅不屈的抗战，我们非至胜利有了把握，日本军阀真正觉悟，不愿和平，不愿妥协，更不愿将后世子孙的权益出卖而投降敌国为奴为婢。这个卖国条约，我们虽认定不能发生效力，但是对于敌人和汪逆到底在作些什么勾当，却不能不看看清楚，希望党政各机关的同志对这种重大事件要特别留意。如果我们把全文看过，我们也就可以想到亡国的现象是如何的惨痛，因之使我们增多了警觉，加强了勇气，在工作上也必能产生出更大的效率。

深切研读 总裁指示

上星期　总裁在中央党部纪念周所讲"严斥敌阀承认伪组织"的全文，各位同志都看过没有？看过的请举手，（全场举手者约半数）仍旧是不多，这也是大家非常忽略的地方，要知道我们在　总裁领导之下从事抗战建国的工作，对于总裁的言论就应该格外注意，不然我们的工作失了重心和准确的方针，虽然天天说竭诚拥护领袖服从长官也是无用的。所以以后大家对于　总裁的言论，应该视为精神上的命令和指示，比其他的政令更要重视。尤其是这一次　总裁对"敌伪协议"的指示，对世界，对我们整个国家的关系都非常重大，我们更不能不特别的注意。

总裁的报告中有好几点指示，我们应深切注意。

（一）开始就说敌阀承认汪逆伪组织的时候，就是我们的国际关系和军事形势都确实好转的时机。国际方面如美国贷与我国的信用借款和币制借款，英国苏联两国积极援助的态度，都有显著的进步。至于国内的军事方面，自南宁的撤退后，敌寇在鄂中鄂北一带又遭受我军迎头痛击，完全溃败。这些都证明敌人天天在向没落的路上前进，因之不得不丑态毕露了，这意思就是说明汪逆的卖国条约，不能卖掉中国，也不能灭亡中国。只是一种掩耳盗铃，自欺欺人的手段而已。这种手段虽可以欺骗敌国的民众，但绝对欺骗不了中国四万万五千万的人民，也不能欺骗全世界的人类的。

（二）敌伪的签订协议，可说完全表示出敌国已到了使用最后一份力量的时候了。他以为如此就可以结束中日的战事,他不知道我们的整个国家,在总裁的领导之下,是万众一心的支持着长期抗战的,所以想叫出汉奸汪逆精卫来与之签订条约,假装着中日战争似乎已经结束,去欺骗他们国内的民众。可见他是日暮途穷,决要走上失败灭亡的道路了。

(三)我们的胜利的加速到来。抗战三年半中,军事上已由屡败而转至不败,逐渐转到胜利的路上,可以说已立于不败的地位。政治上呢,打了这许久,虽然有了汪逆精卫的叛党背国,但自从汪逆降敌后,我国内政治,绝不因而稍有动摇,反而统一团结,日益坚强,也已立于不败的地位。听说以前阿部和一些日本高级人员到中国来,视察伪组织,见了南京那班奸伪之后,大家都摇头叹气,以为伪组织这许多人中除了陈某一个人还像一个人样之外,(其实又何尝像一个人呢。)其他都是未死的鬼影,因有扶植这种人去主持伪组织,到底不是办法的感想,事实上连他的主人——日本人都不相信汪逆精卫那班人能有一些力量把中华民国送给他们,这就是说敌人政治进攻的失败,我们的政治胜利。

至于经济上,我们只要翻开各国的战争史来看,作战三年半,能够把货币金融维持得这样好的,简直是没有的事。社会上无论农工商各界,都是非常的景气。虽则因物价的变迁,一般经济生活不无苦恼,但较之现在的日本,现在的欧洲交战国,以及前一次欧战中各国的情况,我们还应算是优裕的。所以经济上也可说已立于不败的地位了。

有了以上所说的各种胜利的条件,只要我们能加紧奋斗,努力抗战,那么胜利的曙光就在眼前了。

一致积极防制鼠疫

最近一个多月来,有几处地方发现鼠疫,这种鼠疫经过卫生机关的查勘与检验,证明是敌人在飞机上散发细菌所致,今天特别提出,以引大家的注意。

大家知道现代各国的兵种除步骑炮工辎等兵种外,还有化学兵,武器不能解决战争的胜负时,就由化学兵出来执行毒气与细菌战争,也可以说,战争走上失败的道路,为求最后之一逞,就不得不使用这种最残毒的战术。

　　我们对日本的战争已经持续三年半，在这三年半中，敌人的陆海空军都已使用过，仍旧不能解决战事，以敌人的残忍，最后使用这种细菌战术是很可能的。所以我们对于防疫的问题，此后应该特别的注意，要知道这是战争的最后一幕，我们应该积极的起来防备，下面各问题希望全省各地都能切实做到。

　　（一）严密防疫情报　本省的防空情报，可说已相当严密，一地有敌机发现，最短的时间内附近各县就通可以知道，使人民都有防空的准备。现在的防疫情报是和防空情报同等的重要。飞机的袭来，固然很快，疫病的传染蔓延，同样也很迅速。所以防疫的情报网应该是面的组织，有一个地方发现疫病，就要迅速的传报开去，使各地都同时防备，对于这点，希望每一个人都要切实负起责任，各地的医务人员尤其要担当起更重大的责任。

　　（二）传播防疫知识　疫病的蔓延与为害，既是如此快速而可怕，那么如果我们没有防疫知识，生命就很危险。对于这种常识，民众都不很够，在战争末期的时候，这实在是最必要的知识，就是在平时，卫生的常识也是很需要的。卫生机关及一切宣传机关教育机关，日报期刊均应即日起努力从事于这一工作。

　　（三）认清处置办法　本省最近曾订颁防止鼠疫紧急处置办法，过去许多人无认识，认为太过严厉，要知道鼠疫病的患者是比敌人还要厉害的，如果我们不紧急处置，即刻就要传染蔓延，祸害很大。譬如这一次的经验，宁波因为设备完全，处置得快，发现鼠疫后，即刻就将疫区封锁，所以范围很小，能够迅速扑灭。而衢县则不然，因为没有迅速断然处置，弄得疫区很大，嫌疑患者加多，而损失及麻烦也格外的重。履险蹈危，必须有"壮士断腕"的精神，不可避免的牺牲，无论财产或生命，均应不惜牺牲。

　　（四）筹集准备用金　关于防疫的经费，各县应该赶速的筹集，约以每县一万元为最小限度，专款存储，以备不时之需。如果要等到疫病发生，再来筹集款项，那一定是要措手不及的。

　　（五）健全卫生组织　各地都有卫生机构，在这个时候，应该把当地的医务人员，中西医生组织起来，使其担负治疗责任，组织健全后，并应向民间宣传防疫卫生的常识。

以上所说的几点都是有关防制鼠疫的办法,希望大家切实注意。

(后略)

(金华《浙江潮》第 126 期,1940 年 12 月 30 日,第 184—185 页)

鼠疫(下)

(1941 年 1 月 16 日)

泉

四、鼠疫的历史研究[①]

(一)世界罗法氏于公历第一世纪时,曾述及埃及叙利亚等处之鼠疫,此疫在第六世纪时,见于埃及,遍延全世界,亘五六十年之久,死人约十万万,第二次之大流行见于第十五世纪与第十七世纪之时,猖獗于欧洲亚洲及非洲等地,欧洲染疫而死者约二千五百万人,其后欧洲流行渐减退,而于中亚区域成为地方病。

(二)中国乾隆时见于云南,同治初见于北海,光绪时广州香港相继传染后,乃蔓延至他处,宣统二年及民国九年之东三省流行,民国六年十六年及二十年之山西、陕西流行,与民国二十四年之福州流行,则其较著也。

在同治初年云南流行鼠疫,当时俞樾(曲园)笔记所述甚详:如:“同治之初,滇中大乱,贼所到之处,杀人如麻,白骨飞野,通都大邑,悉成邱墟,乱定之后,孑遗之民,稍稍复集,扫除骴骼,经营苦盖,时则又有大疫,疫之将作,其家之鼠,无故自毙,或在墙壁中,或在承尘上,人不及见,久而腐烂,人闻其臭,鲜不疾者,病皆骤然而起,身上先坟起一小块,坚硬如石,颜色微红,扪之极痛,旋身热谵语,或逾日死,或即日死,诸医束手,不能处方,有以刀割去之者,然此处甫割,彼处复起,其得活者千百中一二而已,疫起乡村,延及城市,一家有病者,则其左右十数家即起迁移避之,踣于道者无算,然卒不能免也,甚至阖门同尽,比户皆空,小村聚中,绝无人迹”。

由记载看出似为腺鼠疫,然则在师道南记载赵州发生的为肺鼠疫,如其

[①] 本篇为前文下篇,所以序号为接排。

所作之鼠死行如下："东死鼠,西死鼠,人见死鼠如见虎,鼠死不几日,人死为圻堵,昼死人,莫问数,日色惨淡愁云护,三人行未十步多,忽死两人横截路,夜死人,不敢哭,疫鬼吐气灯摇绿,须臾风起灯忽无,人鬼尸棺暗同屋,乌啼不断,犬泣时闻,人含鬼色,鬼夺人神,白日逢人多是鬼,黄昏遇鬼疑是人,人死满地人烟倒,人骨渐被风吹老,田禾无人收,官租向谁考,我欲骑天龙,上天府,呼天公,洒天浆,散天乳,酥透九原千丈土,地下人人都活归,黄泉化作回春雨"。

　　到光绪二十年香港发生鼠疫,清朝末年及民国初年,东三省满州里一带鼠疫又见,此次蔓延地域之广,人民死亡之多,在世界各地有史来千百次鼠疫中,当可首屈一指:综计死亡人数达六〇、〇〇〇人,财产损失计一〇〇、〇〇〇、〇〇〇元以上,数百里内不见人烟,诚我国人民之浩劫。民国九、十年,东三省第二次发见鼠疫,此次因防治得宜,流行地域较第一次狭小,死亡数较少,计死亡九三〇〇余人(内有俄人六〇〇人)。以后在山西、陕西、绥远、福建于民国十七、十八、二十年先后发见鼠疫,所幸防治得法,故未蔓延。

　　本月初旬宁波发生鼠疫,幸而发觉尚早,经政府竭力防治,疫势方才不致蔓延,但最近衢州忽也发生鼠疫,情形相当严重。(本年十一月)

　　五、鼠疫预防方法的研究

　　1. 防鼠的处置　甲、防鼠建筑,充当食物贮藏处之房屋室仓库,须用防鼠建筑法。防鼠建筑之惟一条件,为尽量灭除房屋空隙孔缝,墙垣门窗,尽量采用坚固材料,以使鼠类无处居住,且无法破坏。最完善者莫如用混凝土之地基墙壁,(我国历来应用桐油与石灰之混合物,待其干燥,坚固硬度亦不下混凝土)。墙基高度须超出地面三十公分,深入地下六十公分。下水道,阴沟,自来水管入口处,均须分别用金属条拦阻,或混凝土封闭使鼠类无孔洞可入。普通居住房屋,地层可用木板,墙基另用水泥,或砖砌。墙壁亦可用木板及砖,但以无空隙孔缝为原则。

　　若建筑在林中或空旷野外之仓库,四周无其他屋宇毗连者,则可先用混凝土或石块砌成无缝之地基,高约四十至六十公分,建房子于其上;四周更围以三十公分左右之砖墙基,外加密闭无缝之门窗。房屋有如上之设备,鼠类无从侵入矣。又少量食物，亦须贮于密闭器内。以免鼠类偷食。

普通住屋之天花板上，夹墙，重壁，如不另作贮藏什物之用，应设法密闭，并填补其空隙：墙孔地穴，亦应绝对补塞使鼠类无地躲避，而迁徙他处。

乙、厨余什物之处置：鼠之食料，一部份系偷吃贮藏不密之谷类等，其大部取给于吾人平日抛弃之厨余垃圾等，为断绝鼠之食料，对厨余垃圾，宜有妥善方法处理，使鼠无从得食。

至于在田野之五谷，除田鼠赖以作食粮外，普通惯住家室之棕鼠黑鼠因生性不同不善向田野找食，而数量田鼠较黑鼠棕鼠为少。鼠之防御因限于经济，收效每不能如预期之宏，且究属消极方面，故不若直接设法扑灭。

2. 灭鼠方法　扑灭法，扑灭鼠类不外利用药品、器械、动物三类，分述如左：

甲、药品，药品杀鼠较易生效，盖鼠类多馋嘴，每饥不择食，和毒药于食物中使食之即毙。民间因本法简便易行，故多用之。惟普通应用之毒鼠药，其毒性并不能使鼠立刻毙命，总须经过若干时候方能发作。致老鼠往往死在洞中而不知。死鼠在洞中日久腐烂，每是鼠疫发生的开端，虽然未必每只死在洞中的鼠一定可以发生鼠疫，但如一村一镇中天天有数家以不合理的毒药毒鼠，则每天可以有数只吃了毒药的老鼠死在洞中；以后即腐烂起来，每天如此，一年中不幸有一只死鼠作了鼠疫的导火线，其损失就无从计算；景象的凄惨实也无法考虑。所以用普通毒药毒鼠，实是很大的危险，以著者经验，毒鼠药最理想者莫如炭酸钡。

本品为无色无味之粉末混入诱鼠食物中，可免被鼠发现。且毒性甚烈，最大之雄鼠，约须〇·二公分强即能使其致命。炭酸钡之优点，在鼠食下后，必渴而出穴饮水，（水能使炭酸钡毒力加速发挥，）故中毒之鼠，全数可使之出穴饮水而坠水致命，或毙于路上，可无死于鼠穴之虞。为普遍地扑灭鼠类，应由县卫生当局设法大量购买，分发人民应用，并告以使用方法。炭酸钡对人及家畜毒性亦有效，须注意焉。又如普遍应用炭酸钡毒鼠，水坑边，路上田野死鼠必多，事先须切实通知民众，任何人发见死鼠，应随时加以埋葬。否则任死鼠到处暴露，与死于洞中何异？此点宜注意。

乙、器械，捕鼠器有捕鼠笼、捕鼠夹子、捕鼠弹簧等，市面都有出售。我国过去应用捕鼠之器械虽名目繁多,但效率佳良之捕鼠器尚未出现。普通应用者不论活捉或捕杀每次所得,能超过一鼠以上的很少,是故欲赖捕鼠器以期得相当效果,殆不可能。惟在我国目前经济能力与各种设备类者缺乏一点上讲,欲消灭鼠类,器械捕杀仍为比较实际的方法。惟对获得效力强大的捕鼠机一点,实不容缓。这可由省县卫生当局公开征求。是项捕(杀)鼠器之条件,首在效力,以一次能捕杀数鼠者为合格,(如可能多多益善),制造更需简单应用力求便捷,入选者宜酌给奖金以资鼓励。在征得新的捕(杀)鼠器以后,卫生当局应广为宣传其作用并制造法于人民,务使深入民间。或委托商店大批制造,令各村镇依照住户所需数量价购,以资普遍而收宏效。

丙、动物捕鼠,除猫能捕鼠外,在目前似还未闻其他可由人类养育,亦能负责捕食鼠类之动物。养猫捕鼠为我国古来习惯,至今仍不宜废除,为利用各种方法加速消灭鼠类计,提倡养猫,亦不可忽略。但民间所育善捕鼠之佳种甚少,亟需设法改良。

灭鼠类除上述诸法外,尚有毒气、蒸熏等法,惟材料设备均相当化费,不适用于民间,故从略。

又为使人民明了鼠疫之可怕而自动设法扑灭鼠类,省县卫生当局宜不时派员往各村镇作通俗演说,并分发通俗小册子,(易发生鼠疫之县份尤宜注意)。同时,利用竞赛方式以引起民众扑杀鼠类之兴趣。县以乡镇为单位,乡以村保为单位,举行杀鼠竞赛,比赛杀鼠之数目,胜利者颁给奖金奖状。或由政府斥资在各乡、村、镇,指定一处,规定价格长期收买老鼠。总之凡有补于扑灭鼠类之方法,应尽量采用,少数牺牲在所不计。试设想万一发生鼠疫后之惨状与损失,则平时扑灭鼠类之工作当可努力不懈也。

3. 已发生鼠疫的处置方法

(一)各村镇保甲长与各地知识分子,应负对鼠疫报道的义务。如发见鼠疫或可疑似的症候时,要应用顶快的方法,通知县卫生当局,转请防疫队速往扑灭,以免传染。

(二)鼠疫菌苗注射,可有六月之免疫,应预先为病区大多数人民办理,然此并非绝对保险。

（三）预防鼠疫血清注射，仅延持二至三星期之免疫力，然生效最快，对于已与鼠疫接触者或防疫人员为最有用。

（四）已感染鼠疫之病人，其预后须视种类而定，肺鼠疫可说毫无把握，腺鼠疫则较有希望。除予以迅速隔离外，应禁止一切亲友探视，以免传染，对病人用具、痰沫（肺鼠疫全由病人痰沫传染）排泄物皆须密切消毒。病人使用后不必要之用具可予焚烧。同时严禁无防御服装面具手套者与病人接触。仆役皆须有防御服装。其治疗为一般对症疗法，在早期注射抗鼠疫血清颇有效，但目前不易购得，淋巴化脓者，切开后若经三五日而体温下降者，则有痊愈希望。

（五）如发现鼠疫，除立即隔离病人，当迅速调查来源，如某一范围内可疑，为免扩大传染，而澈底消灭之法，厥为连屋宇用火焚毁，如一村镇皆可疑，亦当当立即决断，毫不姑息的焚毁。此时，对可疑范围以内居民，防疫当局应逐个检查，稍有鼠疫嫌疑，即送"嫌疑隔离病室"——鼠疫之隔离病室宜分已染，与嫌疑而未现二处，以防后者亦传染——未痊愈不能出院。此时另一部重要工作，政府对鼠疫嫌疑范围以内家屋因防疫遭焚毁的人民，应赶速由公家予以妥善的安排与救济，使人民不致因此而流离失所，否则以后防疫工作必难顺利进行。

患鼠疫而死之尸体，最好赶快用火焚毁，但在我国限于风俗习惯，殆不可能，惟亦应立即加深埋葬。此等尸体暂厝，停棺——江南风俗中每有因年庚不合，或坟地无着等原因在人死后而暂时停棺材于住家傍边小屋中，（甚或有中堂者）再择期出丧——在严禁之例，宜由防疫人员监视殓埋，以期妥善而免万一传播。

（六）隔离患者，带口罩，穿高皮鞋，带手套，以及其他防疫服装。

（七）焚烧尸体及污染物品，遇必要时烧毁房屋及断绝交通。

鼠疫本为鼠之疫，一经传入地方，即存窜中，长久蔓延，极难歼灭，不时引起人类鼠疫，故极当即早扑灭以免永久后患。

六、对鼠疫之国药治疗法之介绍

腺鼠疫验方（此方可连服三四日）

鲜生地五钱　鲜竹叶三钱　桃仁五钱　鲜大青三钱　青连翘二钱　赤芍三钱　金银花五钱　生菖根一钱　当归一钱五分　藏红花三钱　真川朴一钱　甘草一钱

此症重危之际,必加犀角尖(磨冲)一钱半至二钱,以解热毒,家贫无力服犀角者,以神犀丹——二粒送服,以代犀角。重症日夜各服一剂。加减法:口渴有汗,加石膏五钱,知母三钱。小解不利,加鲜车前草五钱。痰壅神昏,加鲜石菖蒲汁一瓢,鲜竹沥两瓢冲入。便秘热重,加锦纹三钱。脉沉舌滑昏睡者,用散麝三——四厘,前药调灌,每五小时吞服一次,以奋心肠。(加入各品如在日服二剂时,即第二剂不加)

外用涂核散

飞辰砂五钱　上冰片二钱　雄黄五钱　紫地丁五钱　木鳖仁八钱　蟾酥二钱　生军五钱　山茨菇八钱

右药[①]共研细末,用小磁瓶分贮数十罐,以便个别分配。用时轻针结核四面,将如意油调敷此散。又小儿不能服药,用此法涂之,有引病外出之妙。

王孟英治结核方(此方可连服五六日)

银花二两　蒲公英二两　皂角刺一钱　半甘草一钱

水煎和神犀丹一粒服之

如便秘热重,加生锦纹三钱。呕者去甘草,加鲜刮竹茹一两。若见白泡疔,去角刺,加白菊花一两。(摘自《东南日报》)

(《江西地方教育》第 204、205 期,1941 年 1 月 16 日,第 25—28 页)

宁波的巨祸——鼠疫!

(1941 年 1 月)

裘景舟

编者按:本文因去冬收到较迟,故十二月份本刊未能排入,亟于本期刊载,其中关于记述年份之处,不得不加以补改,以期符合,特此声

---

① 原文如此,指"外用涂核散"方子里的各味药。

明。再本期医药消息栏，有关宁波鼠疫消息之摘记，可与本文参阅。

这是我得知宁波鼠疫流行的消息后，留心在各种书报上杂志上搜集起来的材料，纂辑而成，算是我很拙劣地表现一点剪裁技巧。任凭你当作科学小品的兴味来看也好，当做卫生史料的价值来看也好，总要请你耐心地读完它，因为我还希望你的批评！

浙东第一个吐纳口的通商大埠——宁波，在去年夏天里，曾流行过严重的鼠疫。据浙江省卫生实验处调查各县霍乱疫情旬报（自去年六月下旬至八月下旬合计）所载患病人数 2330 人，死亡 106 人，那时惊师动众，费了好大的人力物力，才把它扑灭下来，不料一波未平，一波又起，最近又发生了比虎疫还严重十百倍的鼠疫。阿拉宁波人，真应着俗语所说的"福无双至，祸不单行"了。事实的经过是这样的：——

宁波东后街 118 号至 130 号同顺提庄（专售典当满期旧衣的店铺），有一个诸暨来的王姓客人，居住了四五天，觉得头痛，恶寒，发高热，烦燥，请来一个医生，诊断他是恶性疟疾，替他注射奎宁针，但是王某不待医生离去，就一命呜呼了。此外与东后街毗连的中山东路 248 号新恒兴竹牌店，和 226 号元泰绍兴酒店，开明街 64 号至 90 号以内浆儿店，水果店等相继发生。有一家豆腐浆店夫妻两口，同日死亡。该地县东镇镇长毛稼笙，疑心到这是传染病，报告县政府卫生指导室和鄞县卫生院，派医检查，从十月三十日至十一月三日，卫生院才断定这是鼠疫，同时华美医院院长丁立成，把患者鼠蹊腺肿抽出的血液，注射到两头荷兰鼠身上，经过一夜，这两头鼠都死亡了，剖解结果，鼠身上发现多量的百斯时忒杆菌（Pest bacillus）。四日的宁波报头上，露出一方寸大的触目惊心的"巨祸"两字，下面就是用三号字登载着县政府的一篇告民众书，于是这骇人听闻的鼠疫消息，就从这宁波市区的繁华中心地带，立刻辐射到四面八方的外埠里来。鄞县卫生指导室，立刻在疫区里成立"扑灭鼠疫理事处"，指定中山东路 248 号起至 268 号止；东后街 118 号到130 号；开明街 60 号到 90 号止，划为疫区，实施封锁。区外满撒石灰，并把区内住户六十九家，同时熏蒸消毒。可是疫区封锁的前后，有不少区内住户和死者家属，潜逃出外，虽然警局在查辑追回；但在区外死亡的共有九人，地

点是北门，西郊，江东，及义和乡，善卫乡，白鹊桥，假使把疫菌遗留死亡地
点，那祸患更不堪设想了！

我们读十一月十三日报载十二日鄞县电称：

"宁波城区发生鼠疫，在过去死亡者已有七十八人，现防疫工作，加紧进
行。疫区周围，均筑隔离围墙，以防疫势蔓延。疫区民众，已扫数分送隔离
医院：计甲院住十人，生命危殆；乙院住一六七人，染疫较轻；丙院住八人，尚
无大碍。疫区善后委员会，正办理疫区住户财物登记，是项手续，限五日内
办竣。必要时拟对疫区作澈底之清除，并准备补偿疫区民众之财物损失。"

又十四日报载十三日鄞县电称：

"鄞县鼠疫猖獗，蔓延甚速，防疫处现决将疫区房屋器皿焚毁，筹款五十万
元，办理善后。"

星星之火，可以燎原。我们看半个月内，死亡七十八人，疫区内六十九
家住户的财物损失，需款五十万元来办理善后，一种严重的传染病流行起
来，如果放任不顾，那真可以覆城覆国，多么可怕！这里我请你读一段新闻
记者的巡视疫区速写：

"——中山东路自开明街太平巷；开明街自中山东路至关帝庙；太平巷
自中山东路至东后街；已经成为封锁区，通路口，用铁丝网拦着，经过那里的
时候，必须兜上一个大圈子。本来中山东路开明街以下一段，是全市精华所
在；那里有银行，有大商店，有名菜馆，现在冷静得连人迹都不容易见到，毛
犬从巷里飞快的跑出来，在街头铁丝网旁边，伫立了一回，用鼻子闻了闻，垂
着尾巴依旧跑回去。黑色的恐怖，像网似的笼罩住那个区域，许多人在那里
面死去，没有人哭，只让叹息来代替了。尸骨就封闭在里面，家属蒙惨白的
脸色生活着，什么理想都没有了。生命像狂浪里的一片舟，知道什么时候；
就会被吞没了呢？那几层铁丝网是天梯，在那面划分开天堂与地狱。圣教
徒一天到晚画着十字，咕噜着：'主啊！救我，我是无罪的'，佛教徒没有一刻
不数着念珠，白色的香的烟，在昏暗的屋子里，画着一个又一个的圈子。
黎明和黄昏，白昼和黑夜，在他们的感觉里，已失掉辨别了。生命的暗翳，展
在他们的前面，同时也追随在他们的脚后。在他们的眼光里，太阳已不存在

了,整个宇宙是乌黑的一片。"

在疫区内的学生,那许多平常跳跳跑跑的小天使,哭嚷着要回到父母的怀抱里去。大人的先生们,皱着眉抚摸着,轻声的说:"明天,明天可以回去了",那明天是多么长远,孩子们又没有长着翅膀,就是长着翅膀,带着黑色的恐怖向外飞,也会被击落在区域内的。

街上的行人一刻比一刻在稀少下去,景象同八月九日炸后的第二天差不多,大人耐着性子坐在家里,孩子也被禁绝向外面跑,偶然碰到认识的人,一开口就溜出:"这真是巨祸,今天开明街又死了十多个人,少在外面跑吧!谨慎些,这可不是玩呢!"

那块充满恐怖与生命威胁的地区,以及连日报纸上所载的死亡消息,像洪水猛兽似的向着二十八万市民的灵魂进攻,胆小的再也留不住了,像遭逢火劫的林鸟似的,飞窜向远方,从日出到黄昏,小河里抖出咿哑断绝的橹声,载着大批未受创的生命,流向远乡去,有的机关计划着搬移,在战争发生时,总有许多人强力的反对后撤,如今,都无声的顺从了。黄包车夫和船夫,自早忙到晚,正和每次紧急事变一样,或许更慷慨的获得他们顾主的付与。

一三四六年到一三五一年的八年当中,欧洲有二千五百万人丧在糯米形的鼠疫杆菌上,宣统晚年,东三省二万方里内有五万人,被掠去了生命,哈尔滨变成了死市。近两年从福建到浙江的庆元县,也曾蔓延过。现在这株毒菌繁殖传流到这海滨的城市来了,在无形的恐怖,威胁着人们心灵的当儿,在流窜式的躲闪中,我们应竭力消灭人类生命的大敌。在浙东六万余公里的土地内,一千八百万人民的行动上,从事扑灭这"巨祸"的根苗。

此外,我们在古书堆里,也可以读到一些描写鼠疫流行惨状的文章。例如洪稚存的《北江诗话》,记师道南的死鼠行,以及俞曲园的笔登里记同治初年的云南鼠疫流行。兹录一则如下:

"赵州师道南公望,江会师范之子也。生有异才;年未卅卒,其遗著名天愚集,颇有新意,时赵州有怪鼠,白日入人家,即伏地呕血死。人染其气,亦无不立殒者。道南赋鼠死行一篇,奇险怪伟,为集中冠。不数日道南亦以怪鼠死。奇矣! 其行曰:

'东死鼠，西死鼠，人见死鼠如见虎，鼠死不几日，人死如坼堵。昼死人，莫问数，色惨淡，愁云护，三人行未十步多，忽见二人横截路。夜死人，不敢哭，疫鬼吐气灯摇绿，须臾风起灯忽无，人鬼尸棺暗同屋。乌啼不断，犬泣时闻，人含鬼色，鬼夺人神；白日逢人多是鬼，黄昏遇鬼返疑人。人死满地，人烟倒，人骨渐被风吹老！田禾无人收，官租向谁考？我欲骑天龙，上天府，呼天公，乞天母，洒天浆，散天乳，酥透九原千丈土，地下人人都活归'"——见洪稚存《北江诗话》。

读此诗与前面所举的速写，堪称为古今双璧，都会使我们不寒而栗，想见人们受鼠疫的威胁时，那种"上天无路，入地无门"的情景。

照得人民愚暗，缺乏医药卫生知识，对于瘟疫（传染病）的发生，总是疑神疑鬼，不知怎样去防治扑灭，因此让疫焰像春天的野火，漫天漫地的烧起来，烧尽了范围内一切生命，才自然地熄灭。鼠疫是九大法定传染病中最利害的一种险症，以目前进步的科学医学，对他还没有确切治疗方法（怎么秘制验方，都是吹牛欺人），故惟有讲究预防，以求弭祸于无形，才是上上之策。如果已经发见，也就要拿出"毒蛇螫手，壮士断腕"勇气，来把它扑灭下来。

鼠疫最早发生于欧洲，其后传染过美洲，又传染到远东，所以我国的鼠疫，说起来也是外国轮船装进来的舶来品。乾隆同治时，已有鼠疫，宣统末年及民国初年东三省满州里一带，鼠疫大流行，这次蔓延地域之广，人民死亡之多，在世界各地，有史来千百次鼠疫中，翘得起大姆指，综计死亡人数达 60,000 人，财产损失计 100,000,000 元以上。民国九年，十年，东三省二次流行，虽然地域较小，死亡较少，却也死去 9300 余人，以后在山西，陕西，绥远，福建（民十七，十八，二十）先后发现。近年来浙江闹鼠疫的地方，从本年三月迄今，患疫而死的在 150 人以上，这却有点儿近乎萧山的姜片虫病，江北的黑热病，那样变成地方性疾病的样子了。现在却闹到通商大埠的宁波，说不定从宁波出发的这条水路，公路，铁路，联接而起来的交通线，会把鼠疫菌带到别地方去，也很可能的。所以我们对宁波的巨祸——鼠疫，表示异常的关心之外，不能不使得大家都知道些防治鼠疫的知识，因而提高了一般人对于鼠疫的警觉性。

鼠疫的病原菌——鼠疫杆菌 Pest bacillus，是 1894 年，北里和耶尔辛（Kitasato und yersin）两氏所发见，因为它每每先感染于鼠类，而后经疫鼠身上的跳蚤，转转介绍给人体（详见后），故本病有"鼠疫"之名，又因其病死后，皮肤呈青紫得转黑的颜色，故一名黑死病。如是鼠，蚤，人三丈，形成了三角关系，我们可以说"鼠类不灭，人无宁夕"，像我们目前这样到处有鼠类共栖的情形，我们的生命，正也脆弱得像冬天里的枯叶，经不起大风的狂暴的。

现在我先来谈谈老鼠和跳蚤两方面的事情，想来这不是多余的。因为我们从预防的立场上看来，既然鼠疫的发生，由于老鼠和跳蚤的媒介，那末抗疫必先抗鼠，对于老鼠和跳蚤的生物学上的知识，应该有一种了解，譬如，有一位研究家，研究平常的蚤，和最好的蚤，每次能跳得多少远？现在已有很完全的记录。在一般人看来，好像是吃了饭没有事做，徒费光阴，殊不知我们要研究一种由蚤所传布的疾病时，这正是个重要的关键。明了蚤的跳跃距离，平均大概在五英寸左右，偶然一次可以跳到八英寸。如果能跳到十三时的，那是蚤类中的大英雄了。普通总不会打破这 5—8 吋的记录，有了这个记录，我们便可以拟就一部份的防御计划了。

据说老鼠控制着全世界的能力（除靠近地极的区域之外），还有二百年，这不是神话，确乎因老鼠的天性狡黠，行动敏捷，以及繁殖力甚强等优越条件，人类要想在短时间内扑灭它，事实上没有这样容易。鼠类因为找寻食物和适应气候水土的关系，所以善于游泳和奔跑，行踪飘忽，毫无一定，何处有食粮丰盛，它就搬到那去住。牠天生的一付毒牙，真是最利害的家伙。可以吃木穿墙，毁坏我们的房屋器具，当他饿的时候，任何动物或小孩，都要狠咬几口，饱一饱他的馋吻。说起来蛮有趣。这里让我把重庆的老鼠介绍给你，记得张十方先生这样说过：

"重庆有数多，鼠多即其一。多，多到会在马路上，万目睽睽之下，斯文地镇静地招摇过市。在家屋内无视人的存在而放肆横行。晚间，在盖着你身体的棉被上，打架跳舞，列队游行，那些都是常事。据闻某太太涂有蔻丹的脚趾，会给老鼠了一口，痛得哭叫起来。又闻某孩子夜中给老鼠咬去了鼻子，于是呜呼夭逝了。

"多之外是大,像猫一般大。两斤以上,似乎是无足为奇。目光闪烁地在洞口窥人,胆小的会给他吓一跳呢!

"当然鼠类横行现象的造成,自有其必然的原因。鱼稀而价贵,每餐不可食无鱼的猫,无法普遍与大量地生存,在山城中,猫之不易见到,正像寒带看不到鳄鱼。鼠的唯一劲敌,是不存在了,人们又不想尽量地利用人造捕鼠工具捕鼠笼等……。甚至还有人像家畜一样养鼠的。

"闻说都邮街一所古老的宅第,鼠的众多自不必说,鼠的巨大,也不必说了,而且牠们和人们相处得非常的熟习了,每天都由该宅的仆人盛饭一巨盘以喂鼠,而众鼠亦公然群出就食,毫无畏惧之态,由是鼠就可以不吃啮别种什物云云,这些是否可靠,姑置勿论。但重庆人之对于鼠类,初不深察其未来之为患,怠于努力清除,姑息因循,终至纵鼠横行,养鼠为患,这却是事实。"

学术界有人估计过一只老鼠,给与人类每年经济上的损失,约值五元以上,普通的老鼠,为棕鼠黑鼠两种。每年都能生育三至五次,每次产鼠八至十头。假定一门人家里有一对老鼠夫妻,依平均每年产四次,每次产九头,可得三十六头,那末这门人家第一年的经济损害,就至少要有一百八十元以上;第二年鼠子子孙孙,再生出来以后,数量更大有可观。到第三年的话,那简直是鼠的世界了。我也听说有一门十几万财资的富家,就是给老鼠吃穷的,真的用不到几年功夫呢!

但是这种事实,究竟还是小处;最可怕的,仍旧要说到牠的传播鼠疫,成为人类无比的大敌。虽然老鼠本身也是鼠疫杆菌的牺牲者,而真正传祸于人类的魔鬼,还是寄生在牠身上的跳蚤。可是"我虽不杀伯仁,伯仁由我而死",假使老鼠有灵;也应该知道内疚于心吧。

于此我再来谈跳蚤!

人类在最早的穴居时代,不论他们是在洞里休息,或出外行猎,都难免要费些时间去抓他身上的痒处,这就是因那个小小的人类公敌,——蚤,在作怪。无疑地,跳蚤在人类发生之时,已经有了,它的出去,还远在人类能直立行走之前。直到现在已为昆虫学家知道的,已有八百多种,还不断地有新的发现,我们一想到跳蚤,就会联想到它们咬人的尖嘴,和善于脱逃难捉的本事,跳蚤的这种善避的本事,当归功于他那不平凡的构造。牠有一个扁平而微斜的身体,又有一副坚牢富弹性的外壳,特别能抵抗外界的压力。所以你捉住一个跳蚤的时候,一定要当心地压住牠,否则它会等你的手指一离开,就蹦的跳得老远了。它具有强有力善跳的腿,人类如果能跳跃得像蚤一样,则依照身体与跳高的比率计算,那人真可以飞檐走壁了,关乎蚤的种种生物学上的研究,不想在这里详述,但有二点特性,应该加以说明:

第一、蚤喜欢从这个主人换到那个主人的身上,直到找着它特别中意主人,才肯相从;如果这样的意中人一时难得,那末它们宁愿寄身于中意的动物身上,它在主人身上饱餐之后,便又悄悄地离开,非到肚皮饿了不回来,因此在地上,地板上,或是动物休息的地方,总可以发现它们的行踪,尤其是动物睡觉的地方,或是巢穴中。它们绝不愿意把自己的卵,黏附在寄主身上(因为不能发育),但事实上很多留在厚毛的动物身上,如猫狗之类,那就一时难得落净,因而随处都可以散布,家庭间被蚤所扰,便是由于这些爱物——猫,狗之故,这般动物,若不经以人工清洁,以防蚤类,它们往往成为蚤的麕集所,而主人也就不得安宁了。

第二、蚤有着精锐的武装,钻入人皮肤内吸取血液,往往不留情地咬着,但有时牠们并不咬人,仅是在人身上闲逛,因为这般幸运的人,对它没有诱惑力。不过蚤在身上散步的时候,它的毛鳞,刺着人的皮肤,就会使人起一种抖颤的感觉。

蚤是鼠的老主顾,随鼠的滋生而繁殖,但是它不忠心到底,鼠死之后,它也就毫不留恋;所以鼠死奄奄一息;不能供它大嚼的时候,也就在人的身上寻找牠的栖身之地,此时无论雄蚤雌蚤,都会咬人,谁知这样一来,就会闯下了大祸呢?

早些年前,人们所注意的,只是蚤的这种习见的情状,和咬人的可恨而已,却不知道它和鼠疫的传播,有着下述这段的因果关系:

原来蚤在吸取疫鼠的血液时,便也寄上了不少的疫菌,这也使蚤感到大大的不舒服的;因为疫菌在蚤身上滋生甚速;以致它消化管被菌闭塞;当牠再吸取人体血液时,这种血液不能经过牠的消化管,并且引起了一种反胃作用,使血液与疫菌,反入于被牠所刺破的伤处,于是疫菌在这种情形之下,便很容易的侵入人类,同时,蚤因每餐不饱,常存饥饿状态,所以咬人时也就格外利害了。

这一切情形,都发生在疫症开始流行之时,传染机会既多,罹病而死的人数,也就很大。经过相当时间的用尽人力物力,才把它疫势消杀下来以后,大部居民,固然因此而遭受牺牲,鼠类的数目也大形减少,但不久因稀疏与丰优的供养,又很迅速地增加起来,因而又造成另一次的鼠疫流行。所以鼠疫不断地在各时代发生,周而复始,永无休止之时,直到科学家明白了蚤与这鼠疫的关系,知道牠们有从鼠传播病菌的能力时,才开始感觉到这是可以控制的。借着灭鼠工作,以及制造防鼠屋宇,船舶,消除鼠的滋生处所,禁绝食物等方法,以事预防,虽需用巨量经费,但鼠疫却为之大减了。然而真可怜的,是我们中国,眼前还正有这人类最大的悲剧,不断的在继续发生哩!

这里所记载的,在使大家都知道些鼠疫知识,因而提高了一般人对于鼠疫的警觉性。我还想征求而介绍些这次宁波方面实地所努力防治的经过实际,如果时间与事实许可的话。

（《民生医药》第 54 期,1941 年 1 月,第 15—20 页）

闽浙鼠疫的展望

（1941 年 3 月 15 日）

陈方之

瘟疫和战争,本来是并行而不悖的。人民的流离野宿、逢首斯饥,都是造成细菌原虫的蔓延机会。所以战时有疫,不足为奇呢。然而现今浙江省的鼠疫,闹出新花样来了。甚么敌机投菌嘎,甚么金鱼缸内发现了印度蚤嘎,说得天花乱坠。难道二十世纪的细菌战,真能将瘟疫与战争,打成了一片么? 我为此惧,来抄这个展望篇。

我们所要展望的,第一是鼠疫的蔓延地域问题,第二是鼠疫的发生时日问题。我觉得从这两个切实的问题,可以搜索出疫的来路。究竟是恒在性呢，是从异地输入呢，还是从空中掷下呢？明白了这个，我们可以再谈到防的问题，当然防敌与防疫，分明是办法不同的。

倭寇的狠毒，诚然能无恶不作，然而我们要证明他的这一类作恶，应该有切确的科学根据才好。

第一　蔓延地域问题

就我们所知道的情报，浙江省的鼠疫，先有庆元龙泉两县，次有鄞县慈溪，又次为衢县，最后为浦江平阳，共计七县。福建省的有疫地，已达十三县之多，历数其名，为南平、松德、化溪、安溪、建瓯、仙游、晋江、莆田、龙溪、将乐、福州、永春、平潭等是。其他面既这样辽阔，而地点又这样众多，我们相信其中必有甲地的轻症病人，直接传染给乙地的人，而不是由鼠间接传播的，难道各县统统能证明疫鼠么。所以疫鼠的不能发现，不得说其疫即自空中投下呢。陈君万里等五人所散布的说明书中曾说：

"鄞衢两县病的情形，都是突然发现，病型为腺鼠疫。经过吾们调查所得，知道发病之先，以及流行的时候，疫区里并没有死鼠疫鼠发现。这与我们业经在各地所证实的鼠疫——先为鼠的疫病流行，其次为人类鼠疫——底经验，以及印度鼠疫委员会的调查报告，——鼠疫流行前及流行时，必有多数死鼠的经过。——完全不同"。

我以为这一点主张，应当深长考虑的，按鼠与鼠疫爆发的关系，有两点最密切。

1. 在恒性病源地之鼠疫，所以不绝原因，完全在鼠。鼠疫大流行终熄以后，一部份抵抗力强大的鼠种，能变成慢性鼠疫，以保存菌的持续。迨至抵抗力脆弱的鼠种化生，乃后发现急性疫，而传播到于人间，以此川流不息。

2. 从甲地传到极远的乙地，往往原因在鼠。如西历一千九百十九年美国加州所流行的鼠疫，其来由在于疫鼠自印度输入，所以通商大埠的鼠疫爆发，多自棉花杂粮行而起。因花和粮自外输入，能隐蔽病鼠，使之混入。

至于人与人交通频繁的近地，可以不必依鼠而传的，人传人难道不能么。社会上人事复杂，其来根去脉，不易查明者有之，谁能保其处处能证明外来患者呢？疫在闽省至散布十三县之多，能处处证明其先有疫鼠么，还是处处能证明其传播的来路呢？如果陈君等认为闽浙已是恒在性病源地，与印度同样，有鼠疫必先有疫鼠，那是另一问题了。

第二　发生时日问题

闽省的鼠疫，去年五月上旬，已发现于南平。至五月二十七日，已扩展至于将乐。其后于六月间，向东南延至松溪龙溪福州。于七月间，德化、永春、安溪、平潭等邻接四县，同时爆发。八月间延至仙游、晋江、莆田。最后于十一月中旬，尚有建瓯流行颇烈。以上十三县，展开地图一阅，几乎散布于全省了。菌之不胫而走，本是很快呢。我们浙江省，据公式官报，说是庆元龙泉，于十一月间，发现鼠疫。然而金华的正报，于十一月廿三日短评有说：

“庆元的鼠疫，闹得很久，本报常常接到该县的通讯，说那边的疫情，因为治疗与预防，并不十二分起劲。或许是为了庆元地处僻壤，有些医疗队，只逗留在遥远的地方；或许是为了这是一地之事，与别处无关，所以不屑去理会。……过去庆元鼠疫，不受注意，因而时发时息，蔓延开来，这是一个殷鉴。”

又同报于十一月二十七载卫生处之答函云：

“查庆元鼠疫，上年经中央及闽省派来防疫人员，会同本省防疫队，前往工作，幸得平息。本年复告发生，先曾由驻龙泉之第十七医疗防疫队，前往确切查报，认为并非鼠疫。（短评不起劲之说证明了）最近据报，该县后田地方，死鼠及鼠疫患者，续有发见。本处已派……希望此地方性之鼠疫，能在最短期内扑灭。惟以庆元邻接闽省，人民出省种菰者颇多，交通情形若此，益以地脊民贫，技术人员之各种指导，往往不易见诸实行。此则鼠疫之防治工作，较诸鄞县，实多困难之处”。

我们看到了这两则新闻，又看见十二月三日同报所发的龙泉小梅镇居民的信札，大意说当地鼠疫猖獗，防治不力，很可恐怖。可知庆元龙泉的鼠疫，不单是闹得很凶，并且是闹得很久。因其地处僻壤，没有像鄞衢之易于为人注目、受人指摘，所以防治不甚起劲罢了。殊不知星星之火，可以燎原，福建的鼠疫，既能自南平向东海散播至十二县之多，浙江的鼠疫，何独不可由庆龙散播至鄞衢呢？势有可能，理所当然，何足为奇。

　　陈君万里等说明书中所主张，都是推断忆度之辞。他们说金华敌机投菌，而金华并未发疫。他们说鄞衢之疫，是敌机投下来的，而鄞衢又并未拾到疑似的疫菌。这种逻辑，真真有些费解。如果浙江省境内，除鄞衢而外，别无他处患疫，或如果鄞衢在先，庆龙在后，还可说浙江省鼠疫的祸根，统统是敌机撒下来的。不幸庆龙在先，鄞衢在后，而卫生处又自承为庆龙地脊民贫，防治困难，可见得庆龙的鼠疫，有许多机会，散布于四方呢。其后浦江平阳，不是又发生鼠疫了么，未闻敌机去投菌呢。若说是鄞衢之疫，突然发现，则浦平之疫，难道卫生处已查得来路分明么？而闽省各县之疫，又难道防疫人员，已将其来根去脉，统统查得纤悉毕露么？因为没有查到疫的来路，就说是恐怕像飞将军自天而下，这种模棱影响的逻辑，恐怕有点说不过去罢。

第三　恒在性问题

　　考世界学者所主张，鼠疫的恒在性病源地有四。一为非洲纳尔河上游，二为希玛拉耶山东部，三为希玛拉耶山西部之印度苦玛翁地方，四为中央阿拉比亚。而我国闽浙两省，固未尝被其所算入。

　　一个国家，若被人家的舆论的指摘，说某国乃某城瘟疫的恒在性病源地，这当然不是有名誉的美事，而是民族的耻辱。二十四年秋，我们在广州黄浦，看到了广东省政府公报，内载：

　　"闽广之延平平远一带，年年有腺性鼠疫的流行。土人呼之为核子瘟，已成为地方病"。（延平即今之南平）

　　我读了这个消息，心中觉得很难过，日夜焚香祷视，惟愿此说之不确。然而如今浙江省卫生处的公牍，又说是：

　　"希望此地方性之鼠疫"。

　　地方性地方病云者，就是说局限于该地方之常常发生的疾病，直截了当的说，就是恒在性而已。陈君万里等所散布的说明书，也有两段文字，与恒在问题，颇有关联：

　　（1）"依照福建的经验，流行季节，四五月及七月至九月，为流行最烈期间"。

　　（2）"我们业经在各地所证实的鼠疫——先为鼠的疫病流行，其次为人类鼠疫——底经验,以及印度鼠疫委员会的调查报告,——鼠疫流行时及流行前,必有多数死鼠的经验"。

他们认为常年自夏徂秋,乃闽浙的鼠疫流行季节。他们说与鼠疫死鼠出现情形,以我国与恒在性之印度,相提并论。悠悠苍天,我国真已成为鼠疫的恒在性病源地了么。

我以为这个重大问题,实在有值得卫生官吏拼命的价值。若能脚踏实地,去调查研究,将鼠疫的实情,报告得很明白,再将鼠疫的祸根,芟除得很干净,保全国家的名誉在此,增进民族的幸福亦在此。究竟他们的见解,以为庆龙的鼠疫,是从出省种菰者携带而归呢,还是早有恒在性的鼠呢?有切确的研究成绩,可以公表于世么?他们将闽浙的鼠疫,与印度相提并论,是有切实的意义么,还是道听而途说呢?凡鼠疫的爆发,不出乎三种方式和途径。

第一、从海外直接输入病人,再以人传人。滨海之区,这种方式,多有可能的。

第二、从海外有疫地带入病鼠。鼠族间先行相当期间,再传播于人。

第三、本地早已处为恒在性。病鼠绝终年不绝,到了鼠族间急性疫发生时,死鼠众多,死鼠身上之蚤,因气寒交迫,出而求食,跳至人身以啮人,乃使人类鼠疫流行。

我们以为粤闽浙三省,都是与海外交通繁盛之区,尤以闽商人往来于南不绝,其流行鼠疫,有出乎第一二种方式和途径可能。然而实际究竟如何,当然不能空口说白话,而忆度武断的,极愿他们能将有心得的研究,公布示人。

第四　豫防问题

防鼠疫的原则,分为平时与流行时,二者微有不同。

(甲)在平时检查病鼠,扑灭鼠类,注意房屋街道港湾等的建筑,务使鼠族不易蕃生。

(乙)在流行时除杀鼠外,集合病人,使绝对隔离,并毁灭有疫区之一切对象。对邻近之未病人,施以豫防注射。

　　然而闽浙的鼠疫,应随卫生当局的调查成绩,而定其平时的豫防方针。如果他们认为已成了恒在性,则应先清查其恒在性的地域,究竟限于何县何镇。到了调查清楚以后,再组织灭鼠队,分往各地工作,一面并用细菌学病理学方法,检查其有鼠疫的出现率。至于建筑房屋的条例在我国情形之下,恐有难能。如果他们认为每次是从海外输入,则应在沿海交通之区,检查仓库及船只的鼠类,并注意往来行人。又如果他们认为二者兼而有之,则应二策同时并举。

　　若说到防御方策,我恐怕事倍功半,徒劳无益,因为我们并未曾掌到确实的把握。对于陈君等所散的说明当中检查方法,以及检查结果,我不愿有所批评。

　　　　　　　(《西南医学杂志》第1卷第3期,1941年3月15日,第3—6页)

谈谈细菌战

(1941年3月20日)

黄　岐

　　吾人提到瘟疫,无不谈虎色变,以其流行甚速且广,足迹所至,无以幸存,昔者不明,称之瘟神,谓人心不古,天降之灾,以收恶人,此盲愚之说,迄今日科学昌明,前云之瘟疫,因光学进步,扩大千倍,可见无数颗粒,其形亦不一致,或圆形椭形杆形弧形螺形等,现已知为细菌,由其菌种之不同,故其传播之状况亦异。

　　考巴拿马运河之开凿,死人不知凡几,败于英之不知细菌,卒成美之能避免细菌以为害,又云南西部片马之一带,英人野心吞并,然不得其逞者,天然赋与细菌良好发育之环境,英人能力之不能克制,再观江西疟疾之烈炽,士兵病亡者大半,因而不战即败,又每年之脑膜炎麻疹霍乱赤痢之流行不享天年而遭摧折又不知若干,是细菌对人生之残害威力之大,事实昭彰,无可讳言。

　　昔者任其自然繁衍,随其气温而炽灭,今日细菌学进步,已能由人工培养,使之繁殖,进而使用于战争,古代欧西,有人将泥土着箭放射,人中其矢,即痉瘴而死,因泥土有破伤风细菌,此细菌战之萌芽也。

其细菌作战之方式,如何散布到敌方:(一)利用炮弹之发射,惟因炮弹之火力太大,细菌悉被破坏,故今尚属理想;(二)利用动物之传播,此法只能于阵地退却时行之,否则难及敌人之后方;(三)饮水及食物之散播,惟因煮沸细菌即被破坏,此其弱点;(四)将细菌附于培养基及其媒体或中间宿主,利用飞机以广播,此今日通用之法;(五)利用空气之传播,此只限空气传播之,细菌用之夫短兵战决在人马之多寡,化学战决在工业之发达与否,一者均须浩大之军费,而生聚教养,又非时间上之准备不可,若细菌战,只需培养之所,播之敌方,足以增强死亡,阻漏运输,消耗人力及财力,故细菌战,轻而易举,取胜致果,收效殊大,惜乎不人道之甚也。

凡物有以生,必有以制,全在科学头脑之应变,恐怖之细菌战,虽在萌芽,苟吾人严密卫生组织,饮食起居,均受卫生检查之监视,细菌战亦未勃兴而制胜也。

乃者暴日兽行,竟在金华等地,以飞机散布鼠疫杆菌,以致发生鼠疫,死亡约二百人,亦其用心,在试验是否有效,以便利到处散布,减少我抗战人力,灭亡我人种,其用心之毒辣,世无其匹,须知抗战五年以来敌人泥足愈深,愈不能拔,反之我人力亦愈集中,最后胜利,深具信念,敌人无法进展,遂使用此种最无人道之细菌战,以期自拔,吾人为粉碎暴敌复谋计,亟应充分明了鼠疫之常识并预防之法,以防疫病之蔓延。

鼠疫之历史:自隋唐及北宋虽曾提及,而未尝有鼠疫之名,至元明以后,仍以大头瘟疫等之名,列如瘟疫,迄崇祯十六年,曾大流行北平,始有鼠疫之名,至清吴氏乃有鼠疫之治疗,据学者之欧战西鼠疫之发生来自埃及印度,而中国确始于汉,建安大疫实为我国纪录之嚆矢矣,距今一六八○年适西历第三世纪之初云。

鼠疫之病原,系一种杆菌,在湿润处甚易繁殖,如在千倍升汞水或百倍石炭酸水中,即行死灭,在流行人间之前先流行鼠类,如是由鼠传蚤,由蚤传人而成腺鼠疫,腺鼠疫,人传人者极少,惟一日变为肺鼠疫,则其痰唾之传染力极大,可因呼吸道之排泄物,直接传给他人,而肺鼠疫流行,故言鼠疫之防制,必事先防鼠及蚤,良因鼠蚤为带菌之媒体,而其毒力之强,凶焰所及,城市为墟,无有出其右者,故鼠疫得适用战争。

鼠疫之病状,普通别为三型:(一)肺型即咳嗽吐痰呼吸困难;(二)腺型即皮肤发生溃烂坏疽脓泡及郁血斑;(三)腺型即全身之淋巴腺肿胀疼痛异常,然常相并发者多。

鼠疫之治疗:尚无特效药之发明,虽有使用血清疗法,然效力不确,余则有热用退热剂,心弱用强心剂,纯属对症,故预防实为急务也。

若遇鼠疫之发现,即应调查来源,隔离患者,速行预防注射,严密衣具及其他之消毒,设法加紧捕鼠及灭跳蚤运动,同时严密交通管制,焚烧疫区,至为详细,湖南省防御鼠疫委员会已另行颁布,兹姑就捕鼠及灭蚤法,揭其简而易行者如次。

捕鼠

防御法:此为杜绝鼠类往来之法

(一)房屋之建筑——最低限度,应以砖砌,墙基须高出面三十公分深入地下六十公分,否则用泥筑木建之屋因易被鼠类掏孔打洞,而与外界交通致不易捕灭。

(二)废物之处理——剩余残食,以及垃圾,为诱鼠之良物,故宜设法处置,应每家置一桶,严密封固,不为鼠破坏,限期向田野中运输,以资肥田或焚烧。

杀灭法:此为防御法失效时用之

(一)捕鼠之器具——(甲)捕鼠笼——用木匣或铁丝制,中以弹簧为杠杆,一端扣以食物,他端则扣以活塞,俟鼠入笼窃食,则活塞冲下而笼之门以闭,或不用弹簧用绳为杠杆亦可,(乙)捕鼠弹簧夹——即一木板,上系弹簧,外以铁夹,且与簧相连。

(二)毒物之诱食——(甲)炭酸钡法——炭酸钡一分饵九分鼠食后,即口渴,向外寻水,故不死在穴内,(乙)砒法——又名人性子,药店中有卖,砒一分饵五分因砒有腐蚀作用,故鼠食即死,因鼠死穴中腐败而为细菌之繁殖地,是其缺点。

（三）毒气之熏蒸法——即将硫矿研末，乘钵中，外喷煤油或酒精，着火燃烧，则生二氧化硫，约在二十立方公尺之空间，只须二公斤之硫磺暴露六小时，任何动物，即可扑灭。

（四）简易捕鼠法——坛一，中置清水，较坛口低，上洒以谷谷，再以最香之食料，洒在谷谷上面，鼠闻香气即跃入坛，因不能出坛在水中窸窣作响，他鼠闻之，亦入坛寻食，此法每次可捕鼠数头。

灭蚤

清洁法：不清实为蚤繁殖之最好机会，故清洁为第一要务，且床之高，宜在七〇公分以上，以免蚤之跳上，如能常以肥皂一份水五份，混合加热，充分溶解，再慢慢加入五倍之煤油，搅匀之，即成白色乳状液体再加十倍之水拌匀，然后洒于壁角墙隅或地板上亦可防除跳蚤之滋生。

诱蚤法：用一玻璃杯，内盛水四份油三份，油之中央置一浮灯，再将杯置于盛有少许浓肥皂水之浅碟内，晚间烧点此灯，置地板上，蚤类即被火引诱，均相率跳入碟中而死。

"附"么微之细菌：亦如人类，有相互生存相互残杀之特性，如甲乙丙三种细菌，例甲菌遇乙菌则相互杀灭，然若甲菌遇丙菌，反而增生旺盛，由此，敌人若施放甲细菌，我则施放乙细菌鼠制之，所谓"以毒攻毒"，此虽事实，然以此事实施之于战争，能否成功，今日之理想也，或将见行他日。

（湖南《保安月刊》第 1 卷第 3 期，1941 年 3 月 20 日，第 20—21 页）

鼠疫之国药治疗法

（1941 年 4 月 1 日）

蔡松岩

鼠疫为法定急性传染病中最险恶之疫病。鼠疫杆菌，侵入鼠体而鼠染疫。鼠死，则鼠蚤转附他鼠，而死与枕藉。肺腺鼠疫之病原菌，可藉尘土飞扬，以口鼻吸入，为传染径路。若腺鼠疫，则藉鼠蚤带疫附人，以皮肤为传染径路。鼠身无不有蚤，杀蚤难于杀鼠，使腺鼠疫而无鼠之流窜，蚤之播迁，为之媒介，其传染之危险性即不大。本文所述者，为鼠腺疫之急救治疗。然在救治之前,对于病室之隔离,衣被之焚弃,病室中不容鼠类溷迹。以免辗转传染:自属必然之事。若是言之,治疗之责,似不宜仅由医者私人直接对病家负责,而应服从政府之防疫处置,加之以社会之共同努力也。

腺鼠疫之特征,以一处或各处之淋巴癌,忽然肿大起核,同时体温升腾,至一百零六—七度,为最主要。癌肿坚实焮赤,灼热疼痛。通常以鼠蹊癌,及大腿上三角部之淋巴癌,最易起核。次为腋窝区,及头部癌,其他耳前后区,膝腘癌,肘前后癌等,亦有侵及者,此因血液受毒,以淋巴癌为尾间,不能消绝而掀肿。及毒素漫弥血络,热成燔炭,则唇口颜面,色呈紫黯。脑热则头痛烦躁狂乱。心弱则昏睡脉沉肢厥。其唇焦舌裂,鼻煤耳聋,渴饮便秘等症,皆毒重热极所致。大抵以手足搐搦,意识溷浊,脉象沉濇为最险,肌肤起有黑粒黑泡者不治。以核小色白为轻。脉搏洪数为顺。身发红粒为转机。病象延至一周以上,为有生望。

区鼠疫非不可治者,特杀菌剂缓不济急,且为病者体力所不能胜,过于表散之药,又有分散抗力之嫌。治疗原则,应以通瘀活血之品,疏通崩溃之败血。用生鲜清凉之品,沃其燔炭之血毒。考古惟王清任活血解毒汤,叶天士神犀丹,王孟英治结核方。合此标准,闽粤时贤,从此活人无算。兹为便利救治计,爰选验方,而附以随症加减之法,使病家在纷歧疑虑之中,因理解而坚其信任,专一而期生伟效,使载藉所言不虚,其将应为桴鼓也。

腺鼠疫验方(此方可连服三四日)

鲜生地五钱　　鲜竹叶三钱　　桃仁五钱

鲜大青三钱　　青连翘二钱　　赤芍三钱

金银花五钱　　生菖根一钱　　当归一钱五分

藏红花三钱　　真川朴一钱　　甘草一钱

此症重危之际,必加犀角尖(磨冲)一钱半至二钱,以解热毒,家贫无力服犀角者,以神犀丹一——二粒送服,以代犀角。重症日夜各服一剂。加减法:口渴有汗,加石膏五钱,知母三钱。小解不利,加鲜车前草五钱。痰壅神昏,加鲜石菖蒲汁一瓢,鲜竹沥两瓢冲入。便秘热重,加锦纹三钱。脉沉舌滑昏睡者,用散麝三—四厘,前药调灌,每五小时吞服一次,以奋心阳。(加

入各品如在日服二剂时，则第二剂不加）

外用涂核散

飞辰砂五钱　上冰片二钱　雄黄五钱

紫地丁五钱　木鳖仁八钱　蟾酥二钱

生军五钱　山茨菇八钱

右药共研细末，用小磁瓶分贮数十罐，以便个别分配。用时轻针结核四面，将如意油调敷此散。又小儿不能服药，用此法涂之，有引病外出之妙。

王孟英治结核方　此方可连服五六日

银花二两　蒲公英二两

皂角刺一钱　半甘草一钱

水煎和神犀丹一粒服之

如便秘热重，加生锦纹三钱。呕者加甘草，加鲜刮竹茹一两。若见白泡疔，去角刺，加白菊花一两。

（《复兴医药杂志》创刊号，1941 年 4 月 1 日，第 9—10 页）

民众注意预防鼠疫！

（1941 年 11 月 29 日）

（一）防治鼠疫要破除迷信　国人卫生常识缺乏，对于疾病发生的原因，往往抱一种神秘观念，以为人的疾病，由鬼神作祟所致，或以为疾病可藉鬼神之力驱除。所以一旦患病，就医的主张甚少，先必禳鬼祭神，甚至即有医药观念亦必藉乎神鬼吃神药，结果坐失医治时机，致成不救，其情可怜，其事可耻，在普通疾病不过个人损失，倘遇鼠疫这一种急性传染病，往往贻害大众，实防疫中的一大障碍，凡我民众亟应注意革除，万一有病，即须就医诊察，则病可以早日医治预防设施可以早日实施，疫病之蔓延，可以减少，所以防疫必须破除迷信。

（二）防疫要慎重死亡登记　死亡登记为公众卫生中一重要工作，民众多忽视之，习以为常，政府虽一再宣传，而言者谆谆，师者藐藐，甚至负责办理之人，亦疏忽众事，记载失实，不将对于国民人口统计，发生障碍，对于人民死亡病因，亦无统计，而传染病流行时，因之亦不能早日发现，实亦为防疫工作中一大障碍，民众亟须注意，慎重报告，最好一甲之中，互相注意报告，倘有可疑之病，病家即不报告，壁间邻舍急须报告卫生警法事调查，而甲长尤须注意甲内各户人口之有无疾病，如是防疫始可澈底，所以防疫须慎重死亡登记。

（三）防疫要注重清洁　清洁　是减少疾病的最好方法，强身的第一要务，凡各种传染病之病原，多由不清洁之处发生，所以对于屋内非清洁须常注意，而本县民众尤多人畜共居，实为一种极不卫生的习惯，亟须改进，亦防疫中一要点也。

（《永康县政》第 36 期，1941 年 11 月 29 日，第 2 版）

两周零讯

（1941 年 11 月 30 日）

近以闽北各地鼠疫甚炽，本院健康委员会主席余宝笙博士，除请本市防疫医院派员来校，对全体员生实行防疫注射外，特提倡灭鼠运动。定十一月十五日至廿二日为灭鼠运动周。在该周内每一学生住室，至少须捕鼠三头。多则给奖，少则议罚。该鼠捕到，即交工友水泉收埋，并掣一收条，持向曾淑宜先生处登记，以凭核算。闻同学等当即努力捕获，且著有成绩云。

（《华南学院校刊》第 4 期，1941 年 11 月 30 日，第 4 页）

鼠疫的问题

（1941 年 12 月 15 日）

南平卫生院　李在春医师讲演

主席！各位教授！各位同学！今天鼠疫问题的讲述，本来是第三防疫所赵所长韵闻担任，因为他去永安，所以托本人来代，本人对于鼠疫病学，没有十分研究与经验，不过就我所知道的略微贡献一点，以供大家参考！

（一）历史——鼠疫有历史的记载，是在公历纪元前五四二年，死亡率占最高峰，约百分之六十至九十五，到十四世纪，在欧洲蔓延起来，死亡竟有两千五百万之多，我国沿海各省及陕西新疆蒙古都有，而哈尔滨一隅在一九一〇年至一九一一年三个月间死亡有五万之多,在一九〇五年,俄人阜氏发表于俄文杂志,发明这病与鼠和蚤有密切的关系,即所谓由鼠传蚤,由蚤传人。(在蒙古有一种旱獭也是鼠疫传染的媒介物)鼠疫在本省的历史,一八九四年流行于香港,不久到厦门,渐渐由沿海各县传入内地,最显著者:一九〇一年到福州,龙岩,一九〇二年到永春,一九〇四年到惠安,一九〇五年到南平,一九一一年到永定、上杭,一九一三年到诏安、建瓯,一九一一年到建阳、政和,一九二八年到古田,一九三九年到大田,看牠流行的情形,确是由沿海传入内地,并且由水路较多,厦门到龙岩由九龙江,龙岩到永定,上杭由梅龙江,泉州到永春由晋江,福州到南平由闽江,大概由于船舶所装载的物品,很适合于老鼠的生存,藉搬运的力量,一步一步的迁移,所以有水码头的地方,大有传染鼠疫的机会。

(二)鼠:在现代的研究共有二百多种,本省则有黑鼠、灰鼠、棕鼠、小鼠、屋顶鼠五种,其中以黑鼠和棕鼠与鼠疫最有关系,依据英国鼠疫调查委员会在印度孟买的地方,检查鼠族一千七百余只,属于这两种的,有一千三百只之多,这两种鼠的鉴别法:棕鼠是黄褐色,身长二五公分,尾长一八公分,口形圆,耳短厚,黑鼠毛较黑,身长一八公分,尾长一九公分,嘴尖,耳薄而大,可覆盖眼睛。

蚤:有六只脚,后边一对,跳跃力最强,高可到八寸,宽可到一尺二寸,寄生在人、鼠、猫、狗等这一类的动物,每次产卵约有五十枚以上,卵子是白色,产于上列宿主的身上,宿主一动弹,落在地上不清洁的地方,渐次发育,一变为蛹,再变为成虫。蚤也有二百多种,其中常生在鼠身上的名鼠蚤,常生在人身上的叫人蚤,生在鼠身上也能生在人身上的叫人鼠共同蚤,这种人鼠共同蚤与鼠疫大有关系,牠也很像人身上的蚤,不过比较大些,带赤褐色,也有人称他为赤蚤的,蚤身略现透明,眼前有一根角毛,胸中部有一条内纵线,子宫分为直径相同的头、体、尾三部,又有一种蚤,颈部有木梳状的,就是发现很多的地方,也不致发生鼠疫。人鼠共同蚤的体内组织,可分三部(一),口及咽,(二),刺状的胃前部,(三)胃肠及肛门,当食道开张,血流入胃时,鼠疫杆菌即在胃内繁殖,结果阻血入胃的途径,这时蚤很觉饥饿，不断的吸血，但不易入胃，而生出一种反呕作用，乃将病菌输入鼠体或人体内部，他种跳蚤，或因内部的组织不同，而传布机会也较少，就是有的，也不过是腺疫一种。

（三）流行时间：常在华氏五十度至八十度的气温之间，大概每年在三月至五月，或八月至十月，炎热与大雪概不多见。

（四）鼠疫杆菌：是鼠疫的病原虫，牠有一种毒素，名曰内毒素，有害于鼠和人体，鼠疫杆菌死亡后，牠的毒素游离于血肉之间，使鼠体发生中毒而死，不过此种毒素之强弱时有不同，而人体鼠体的抵抗力也有时增减，所以患鼠疫者不一定尽都死亡。

（五）传染途径：人类鼠疫，如何传布？大概可分为三点：（一）人鼠共同蚤由死鼠跳在人的身上，（二）人蚤食病鼠的血，再吸人的血，传到人的身上，这一类的传染，多为腺疫与皮肤疫，（三）病人咳嗽时由唾沫传播，多半是肺疫。

（六）鼠疫的症状与种类：潜伏期，三天至十天，此期症状，不大明显，不过成疾病状态而已，像这样的病鼠，即成保菌者，为鼠疫病的病源，一遇鼠类的生存环境不好，抵抗力薄弱时，鼠疫杆菌的毒力增强，大能将这病传布于鼠类中。发作期：潜伏期已过，则显突然高热、倦怠、头痛、眩晕、呕吐、眼睛潮红，行路歪斜等症状。再分别其种类，腺疫则有鼠蹊腺或腋窝腺及颈腺的肿大与疼痛，皮肤疫，则现瘫疽状态，肺疫有肺炎状，如咳嗽、吐血、胸部苦闷种种，本省流行者多为腺疫。

（七）预防：分为三种步骤如下：

甲、扑灭病菌：在人体上的病菌，我们用严密的隔离方法和消毒消菌剂清除人体内外病菌，亦非难事，但在鼠体内，则不易着手。

乙、隔绝传染途径：除不与病人接触外，又要励行灭鼠与灭蚤之根本解决办法：A防鼠，注意鼠的食，和住，要能断绝鼠粮，铲除鼠穴，使牠们的生活条件不合，则自行离去，牠们喜欢吃的是垃圾里边的菜屑骨头，人们的食粮和剩余的菜饭，住的是墙角窟窿和黑暗的地方，如破烂家具、破笼、旧灶、乱石堆、天花板、地板、猪鸡儿的房子、阴沟里，及厕所等的地方，常见牠们的足迹，如此则设法封闭粮食，装食品家具的出口，用铁皮三面包嵌，使牠不易咬破,垃圾要日日清除,剩余的食用绳吊挂起来,上面加铁制伞罩,鼠一到上面,就会滑下去了,墙壁发现窟窿时,用三合土杜塞,一切破烂的东西除去,屋里的光线充足,不使黑暗,鼠类在此,无法安身,势必就要逃去。B捕鼠:用猫或补鼠机等。C毒杀:用砒、磷毒物和在小面团里,撒布在黑暗的角落。D熏杀:用一种毒气熏死,常用的是一种药品名氰化钙,藉打气筒之力,散发穴内,化成气体,杀死洞穴内一切的生物。

丙、增高人体抵抗力:鼠疫杆菌何以能致人于死? 上文已经说过,因其有内毒素,但是吾人也有一种抗毒的力量,所谓细胞免疫力,因为突有疫鼠杆菌多量侵入体内,致细胞措手不及,以至发生中毒现象,就有死亡的危险,倘能先期以小量毒物,注入人体内,则细胞可产生多量免疫素,即能预防这种病的发生,依据此理,在鼠疫流行期间,施以鼠疫苗的注射,即可增高人们抵抗鼠疫杆菌的能力。

(八) 治疗:无特种有效的药品,但可施行鼠疫血清注射及对症疗法,但是都不一定能起死回生,仍须大众注意公共卫生,能把预防事宜做得好,务使老鼠减少,自然鼠疫就会绝灭了。

(《华南学院校刊》第 5 期,1941 年 12 月 15 日,第 5—7 页)

灭鼠等于杀敌

(1942 年 11 月 15 日)

蒲

川境的老鼠特多,而且胆子并不小,即使极不留心的人,也常会在大街之上发现它,至于房屋里面,那更不消谈了!

它能穿墙打洞,啮器损物,白天既不避人,夜间尤其肆虐,若不是习久成自然,初来的旅客,实在有些住不惯!

老鼠的为害,不仅如此而已,还能传染疾病,流布鼠疫,蔓延性既广,死亡率也高,民国三十年,敌寇就在浙境金华宁波各处,施放鼠疫菌,我们若不及早预防,以后一经发现,必造成极大的损害,因为时至今日,治疗方面,还没有确实有效的方法。

并非危言耸听,上月底国泰大戏院不是公演过"法西斯细菌"么?法西斯是吸血的魔鬼,人类的刽子手,找不出其它的东西来形容,只有拿细菌去比拟,返过来讲,"细菌",是一个多么残酷恐怖仇敌!

防患未然,我们应该集中全力扑灭鼠蚤,神圣的陪都,岂容小丑跳梁?

（《重庆防毒通讯》第 5 期,1942 年 11 月 15 日,第 2 页）

编辑室广播

（1942 年 11 月 15 日）

蒲

灭鼠防疫,是一件极重要的工作,希望大家从本身做起,推广到全市去。漂白粉,是一种主要的消毒药品,一般人对它的功效与性能,大多数还不明了,本刊第一篇论文,它给我们详细的介绍,使我们对它有一个较深的认识。

（《重庆防毒通讯》第 5 期,1942 年 11 月 15 日,第 6 页）

全国防疫会议今日起在卫生署开幕对细菌战防御将详加讨论

（1943 年 5 月 17 日）

[中央社讯]卫生署召开之第二次全国防疫会议,定今(十七)日上午九时起假新桥该署大礼堂开幕,并邀请中央各有关机关长官参加,截至昨日止,已报到者,计有各省市卫生处局长数十人,连同该署附属各有关防疫机关长官及各专家,出席人数可达百余人,大会主席将由该署金署长担任,会期自今日起至廿一日止,共计五日,大会日程业经排定,今日上午举行开幕典礼及预备会议,下午为该署及附属各有关防疫机关工作报告,明日上午为各省市防疫工作告,注重过去工作之检讨,下午为分组审查提案。此次会议中心,为一般防疫设施之探讨,如地方卫生机构之防疫设施应如何加强,中央与地方及邻省间之防疫工作应如何联系,军民防疫工作之联击应如何推进,疫情报告办法应如何改进,检疫及减虱工作应如何推动等。并为鉴于年来鼠疫霍乱疟疾等流行,敌人施用细菌战术之可能性,故对于特殊流行性传染病之管制,及细菌战之防御方法,必将详加讨论。此外关于医疗、药品、器材、生产管制及卫生人员动员之推进,以及一般保健工作之加强,暨"中国之

命运"中大卫生院之隶属与编制问题等，均将予以周详之讨论。

（《新华日报》，1943 年 5 月 17 日，第 2 版）

云和发现可疑鼠疫

（1943 年 10 月 10 日）

八月十六日云和河上第一保育院发现死鼠，查验结果有些像疫鼠。现在院童完全迁到平阳去了。

（浙江《儿童新闻》第 9 期，1943 年 10 月 10 日，第 1 版）

云和

（1944 年 3 月 12 日）

省会防疫大队为根绝鼠疫，已在云和进行拆除全城天花板及地板，据悉已"熏蒸并堵塞鼠穴四千余处，封锁交通鼠穴千三百余处，焚垃圾八百多批"，人民皆称：这才是坚壁清野的方法。悲矣！云和之鼠将走投无路。

（桂林《正谊》第 2 卷第 7 期，1944 年 3 月 12 日，第 8 页）

福州发现鼠疫

（1944 年 5 月 8 日）

福州气候不调，时晴时雨，冷热无常，曾发现鼠疫患者，症区已严密封锁。

（《湘桂周刊》第 280 期，1944 年 5 月 8 日，第 10 页）

举行防疫会议

（1944 年 9 月 15 日）

本省卫生处电约驻延卫生署医防第四大队长施毅轩，专员伯力士、范日新，及有关卫生人员于本月八日在省防疫大队召开福建省防疫设计会议。议决要案，计有：一、福建省三十三年度追加防疫费支配概算。二、福建省三十三年度防疫工作实施计划。三、福建省鼠疫防治计划草案。四、鼠疫研究工作建议等，均有详细之决定，将来本省防疫工作将能积极开展。

（《新福建》第 6 卷第 2 期，1944 年 9 月 15 日，第 64 页）

根绝鼠疫防范霍乱

（1944 年 10 月 15 日）

卫生处为谋根绝浦城鼠疫计，特饬防疫大队派员专送大量防疫药品赴浦城应用，另有一批赠送该县当地驻军。

迩来天气寒暖不常，榕延各地发生虎疫，本省卫生处为防止蔓延，计特饬防疫大队及南平永安卫生院联络当地各有关机关在南平永安设立检疫站，开始检查行旅，同时并严密管制饮用水及食品摊贩商店卫生，以杜疫源。

（《新福建》第 6 卷第 3 期，1944 年 10 月 15 日，第 67 页）

后　记

　　《中国藏细菌战与卫生防疫档案》是国家社会科学基金抗日战争研究专项工程项目"日军细菌战海内外史料整理与研究"成果之一。近年来中外学界聚焦日本细菌战研究，已整理、编辑相当品种和数量的档案资料，其中中方资料的作用愈加凸显。作为"抗日战争时期细菌战与防疫战文献集"的开篇卷，《中国藏细菌战与卫生防疫档案》内容丰富、翔实有据，依托两岸相关机构丰富典藏史料，特对其加以整理分类编排，惠及学界。

　　在搜集资料、编书的过程中，得到了中国第二历史档案馆马振犊、杨智友、管辉等专家的诸多帮助；此外，南京市档案馆夏蓓研究馆员对全书框架结构、史料甄选等方面给予了细致指导。向他们表示深深的谢意！

　　由于课题需要到访档案馆众多、查阅档案历时较长，因此召集了相当多的同学参与工作，具体名单如下，感谢他们的辛苦付出！

搜集整理：熊慧林、彭　茜、孙　锐、陈腾宇、白纪洋、梁　哲、朱昊楠、
　　　　　潘建建、陈　是、贺海霞、冯　翠、马建凯、王　晨、郑池慧

录入校对：

南京大学　韩新艺、夏琅俊、龚颖成、宋政烨、涂诗曼、闵宣良、刘思柏、
　　　　　卓　越、胡琛婧、胡敏盈、李德政、赵雨萌、郭健音、桂语琪、
　　　　　金　怡、孙亚楠、于小双、朱　淼

浙江大学　邹郑寅、姚　瑶、马竹青、孙傲雪、樊世豪、简睿明、赵心仪、
　　　　　齐馨仪、黄昊天、胡宇宗、吴　萍、蓝寅梦、陈　怡、鲍炜刚

南开大学　杨雅丽

华中师范大学　何沐阳

南京师范大学　刘克剑、吴妙研

编辑翻译：汪　沛、刘诗纯、刘昊阳、杨雅琴、韦方宁、刘锦豪、沈斌清、
　　　　　李若凡

编　者

2024 年 10 月